高校教育教学
与人才培养模式创新

邱晓静 董亚楠 柳超 著

哈尔滨出版社
HARBIN PUBLISHING HOUSE

图书在版编目（CIP）数据

高校教育教学与人才培养模式创新 / 邱晓静，董亚楠，柳超著. -- 哈尔滨：哈尔滨出版社，2024. 7.
ISBN 978-7-5484-8079-2

Ⅰ. G649.2

中国国家版本馆CIP数据核字第2024J95H73号

书　　名：高校教育教学与人才培养模式创新
　　　　　GAOXIAO JIAOYU JIAOXUE YU RENCAI PEIYANG MOSHI CHUANGXIN
作　　者：邱晓静　董亚楠　柳　超　著
责任编辑：韩伟锋
封面设计：张　华
出版发行：哈尔滨出版社（Harbin Publishing House）
社　　址：哈尔滨市香坊区泰山路82-9号　邮编：150090
经　　销：全国新华书店
印　　刷：北京昌联印刷有限公司
网　　址：www.hrbcbs.com
E - mail：hrbcbs@yeah.net
编辑版权热线：（0451）87900271　87900272
开　　本：787mm×1092mm　1/16　印张：13　字数：250千字
版　　次：2024年7月第1版
印　　次：2024年7月第1次印刷
书　　号：ISBN 978-7-5484-8079-2
定　　价：76.00元

凡购本社图书发现印装错误，请与本社印制部联系调换。
服务热线：（0451）87900279

前　言

高等学校具有人才培养、科学研究和社会服务三大职能，而人才培养是高等学校的第一职能，人才培养质量是高等学校的生命线。在激烈的竞争中，为培养出高质量的人才，高校无一例外都在持续不断地优化人才培养模式，只有运用合理的人才培养模式才能提高人才培养的质量，而人才培养质量是高校核心竞争力的重要体现。

我国高校种类很多，在办学过程中，无论是名牌大学还是一般大学，无论是普通高等院校还是高等职业院校，无论是研究型大学还是研究教学型、教学研究型、教学型、应用型大学，这些高校都在竭尽全力培养社会所需要的人才。在高等教育大众化的大环境下，高等学校毕业生的规模逐年增加，大学毕业生就业形势日趋严峻。要从根本上扭转大学生就业难、层次低的困境，应该从更新和转变学生的就业、择业观念入手，切实推进高校学生从被动就业向自主创业转变。

随着"大众创业，万众创新"的蓬勃兴起，创新创业已成为激发全社会创新潜能和创业活力的有效途径。我国的创新创业教育机制研究工作已开展了很多年，并取得了一定的成果，但随着我国社会经济的发展增速放缓，大学毕业生的就业压力不断增大，提高大学生的创新创业能力对解决我国的经济和社会问题变得尤其重要。

目录

第一章　高校教育教学概述 …………………………………………… 1
第一节　高校教育教学本质及其特征 ……………………………… 1
第二节　高校教育教学观念及其发展变化 ………………………… 8
第三节　高校教育教学方法 ………………………………………… 17
第四节　我国高等教育的发展及性质转变 ………………………… 23
第五节　现代教育理念 ……………………………………………… 28

第二章　高校教育教学的现状 ………………………………………… 34
第一节　传统教育教学模式优势分析 ……………………………… 34
第二节　现代高校教育教学分析 …………………………………… 37
第三节　高校教育教学信息化模式分析 …………………………… 42

第三章　高校教育教学理念的创新研究 ……………………………… 46
第一节　高校教育教学理念创新的思路 …………………………… 46
第二节　高校教育教学理念创新的举措 …………………………… 60

第四章　多样化人才培养模式的建构策略 …………………………… 63
第一节　确立多样化的人才培养目标 ……………………………… 63
第二节　多样化的人才培养模式类型 ……………………………… 66
第三节　建构多样化人才培养模式应遵循的原则 ………………… 71
第四节　建构多样化人才培养模式的保障体系 …………………… 73

第五章　高校现代教学模式的创新 …………………………………… 81
第一节　基于资源的主题教学模式 ………………………………… 81
第二节　基于问题的信息化教学模式 ……………………………… 91
第三节　基于深度学习的混合式教学模式 ………………………… 97

第六章　基于 TQM 的高校教育教学质量管理及监控体系构建 … 106

第一节　TQM 的概念和特点 … 106
第二节　将 TQM 引入高校教学质量管理的必要性和可行性 … 108
第三节　教学全面质量管理 … 111
第四节　基于 TQM 的高校教学质量管理模式基本框架 … 115
第五节　高校教育教学质量管理理论 … 117
第六节　高校教育教学质量保证与质量监控体系构建 … 120

第七章　创新创业教育视域下高校人才培养的现状与策略 … 127

第一节　我国高校创新创业人才培养存在的问题 … 127
第二节　创新创业人才培养存在问题的原因分析 … 131
第三节　高校创新创业教育人才培养目标的定位 … 136
第四节　高校创新创业教育人才培养的策略 … 144

第八章　创新创业视域下高校人才培养模式的构建 … 156

第一节　创新创业人才培养模式的内涵及改革背景分析 … 156
第二节　我国高校创新创业人才培养业务规格 … 159
第三节　我国高校创新创业人才培养模式 … 162

第九章　多样化人才培养模式的质量保障 … 176

第一节　多样化人才培养模式的质量观 … 176
第二节　多样化人才培养的质量保障体系 … 179
第三节　多样化人才培养质量管理的原则 … 185
第四节　多样化人才培养质量保障体系的实施 … 188

参考文献 … 200

第一章 高校教育教学概述

高校教育教学是高校教育实现教育目的、培养专门人才、体现社会价值的表现方式之一，是高校教育最主要的组织活动。高校教育的其他活动都是围绕教学而展开、为教学服务的。任何教学活动都是一个历时性的过程，是一个目标差异大、参与要素多、各种影响复杂的教育实践体系。这个教育实践体系的各个构成要素通过多种形式组合为实现各个目标而发挥作用，不同要素组合在不同环境下运行使高校教育教学形式丰富多彩。

第一节 高校教育教学本质及其特征

一、高校教育教学的作用与功能

高校教育教学的作用与功能就是教学活动的基本目标与任务，它主要源于三个方面：教师的需求目标、学生的需求目标、社会的需求目标。以前，受高校教育教学活动的社会本位思想影响，一些国家特别是实施集权式管理的国家，其高校是实施"教育驯化"的工具，而学生则是被"教育驯化"的对象。但在高校教育逐步发展、受教育人群日益扩大的形势下，社会本位的教学功能不断弱化，"以人为本"的教育思想越来越占重要地位。所以，教学活动的目标必须考虑教学活动主体，即教师和学生的个人需求：教师通过教学传播知识，促进自我的进一步探究，同时引导学生获得专业技能的训练机会，从而获得满足与成就感；学生通过对社会愿望、个人兴趣及基本能力的综合考虑，主动接受高校教育、参与教学活动，以达到身心和智力的全面发展。社会对教学活动的需求可能是具体而分层次的，教师和学生对教学活动的需求可能是抽象而含糊的。对这种矛盾冲突的认识和化解有利于教学方法创新。

二、高校教育教学的主体与环境

高校教育教学的主体与环境是教学活动赖以开展的基本条件。教学主体就是有目的、有意识地进行教学实践活动和认识活动，并在教学活动中确立和体现主体地位的现实的人。这里的"人"包括三层含义：现实的人、动态发展的人、个体与群体相统一的人。因此，学生也是教学活动的主体之一。教学环境是相对于教学主体而言的，它包括教学活动中除主体之外的一切物质的、时空的、媒介的关系，尽管环境在教学活动中处于从属地位，但其对实现教学目标有极其重要的影响。

三、高校教育教学的形式与内容

高校教育教学的形式与内容往往表现得最为具体、生动，既反映内容与形式的对应关系，也反映形式与环境的协调关系，还反映教学活动直接主体（教师与学生）与间接主体（教学管理者）协商一致管理的特征。单从教学活动形式来看，就是内容、环境、主体的统一，如课堂教学、课外练习、社会实践就是三者关系的不同组合结果。如果从教学活动主体的作为来看，则有讲授活动、听课活动、师生研讨活动等，每一种活动各自主体地位的表现是不同的。高校教育教学内容是与教学目标紧密相连的，尽管目前我国高校教育教学的计划性正在减弱，但总体上依然比较强，也就是说从国家或社会本位出发对专门人才的知识、技能体系有一个制度设计和进程安排，教学内容按照这些制度和进程逐步展开。现在，我国开始注意发挥教师和学生的主动性，对教学内容的选择权有所放开，但与教师自主裁量教学内容和学生在完全学分制下自由选择教学内容还有一定距离，至少学生的职业规划与学校的学业指导工作短时间内难以跟上。

四、高校教育教学的特点与过程

高校教育教学的特点与过程是联系在一起的，教育与教学是一个循序渐进的过程，世界上没有任何一种瞬时性的教学活动，过程性本身就是教学活动的普遍特点，因此很多学者用"教学过程"代替"教学活动"，专注于研究高校教学过程而不刻意研究高校教育教学活动也是可以理解的，只是过程性特点不为高校教育教学所特有。所以，将两者混淆是不合理的，无论是对高校教育教学活动的瞬时考察还是从教学效果来分析，高校教育教学活动的特点都是十分明显的，具体有如下一些特点：

其一，专业性教学与综合性认知相结合。高校教育与基础教育的最大不同就在于知识的专业系统性，高校教育属于建立在基础教育之上的专业教育。教学目标和内容按照不同学科专业领域的知识体系进行设计，教学组织形式也分专业进行。同时，高校教育教学活动的综合性认知也十分明显。在专业性教学内容与教学情境中，学生的知识、能力、素质得到全面培育，即使是一门十分专业的课程，在课程设置、活动设计中，也会安排有一定分量的基本素质和能力训练的内容和项目，教学活动对学生的影响是综合性的，对学生的培养是多方位的。其二，隐性教学与显性教学相结合。高校教育教学活动对人才培养的影响作用趋于多样化，传统课堂的直接影响、作业与练习的直观影响等属于显性活动部分，还有许多潜移默化的教学活动，比如，学术报告会、参观学习、社会调查、教师对学生得体的表扬或批评等，这些看似不规范的教学活动属于隐性教学活动，它的教育意义和对学生的影响绝不只是现场表现出来的结果，而要比现场深远得多、广泛得多。教育中的所谓"启发""养成"，其实就是对这种隐性教学活动功能的表述。其三，教学活动与科研活动相结合。科研活动是人类有意识地探究世界的实践活动，我们说高校教育教学活动是一种接近于人类认识世界实践活动的有效组织方式，本意就在于表明高校教育教学活动不纯粹是知识传授活动，也不纯粹是师生交往与情景感悟活动，而是有目的地引导学生学会认知和探究世界的方法、获得基本的认知能力的活动。如果说本科生的教学对这方面的要求只是初步的，那么研究生的教学则是典型的认识已知与探求未知的统一，就是教学活动与科研活动的统一，教师和学生在各自的教学活动任务中都可以实现认识已知与探索未知的结合。

五、高校教育教学的构成要素

高校教育教学是一个以动词为主的、内涵比较宽泛的偏正词组，它可以指学校为实现人才培养目标所组织的任何行动。由于各校、各学科专业的人才培养目标、质量规格、层次要求不同，高校教育教学活动也表现出较大的差异性。但就每一个具体教学活动单元的结构来说，它们又有许多相似性，即都是由若干基本相同的要素所构成的开放性系统，不同教学情境就由这个系统的要素的不同组合产生。

关于高校教育教学活动构成要素的研究，历来有不同的争论。有的从共时性角度分析，而有的从历时性角度分析；有的从关系角度分析，而有的从表象角度分析；有的从深层结构分析，而有的从表层结构分析。不同的分析角度决定了不同的分析结果，以至于出现从"三要素说"（教师、学生、教材）到"七要素说"（学生、教学目的、教学内容、教学方法、教学环境、教学反馈、教师）的巨大差异。客观地看，这种差异是正常的，特别是更加精细的结构要素划分，只要在逻辑上没有包含或遗漏，精细的分析应该得到提倡。联系高校教育教学活动的几个特点，我们认为一个比较完整的具体教学活动应该由教学主体、教学目的、教学信息、教学媒介、教学组织、教学环境六个要素构成。

①关于教学主体。以前往往以机械认识论为理论基础从施教与被教角度考虑，认为教育参与者包括作为教育者的教师和受教育者的学生两个方面，即教学主体是教师，教学对象是学生。这实际上忽视了高校教育教学的特殊性，因为隐性的教学效果、探究性的教学活动都依赖于学生主体性作用的发挥，所以教师与学生是高校教育教学活动的共同主体。②关于教学目的。这是所有教学活动的基本要素，只是不同目的有层次上的高低差别。即使是高校教育的教学活动，其目的也有层次之分，比如一个专业培养方案中的教学目的、一门课程的教学目的、一节课的教学目的等等。就教学方法研究需要而言，这里的教育目的主要指一个课之类的教学活动的目的，其中有比较抽象的一般要求，也有比较具体的内容、技能目标。③关于教学信息。以前通常用教材以及教学内容来表示。但实际上，教学内容有一部分应该包含在教学目的之中，作为目标性任务加以明确。同时，教材是教学内容的传统载体，而鉴于现在高校教育可供使用的教学材料日益丰富，来源途径远多于教材，故教材在高校教育教学活动中的地位越来越微不足道。④关于教学媒介。教学媒介就是教学方法及实施方法的手段，由于现代教学技术在飞速发展，传统的方法归纳已经不能准确反映教学活动实际，很多现代教学设施、技术被应用到高校教育教学活动中，其究竟属于什么方法，尚未明确界定。因此，我们称其为教学媒介，既包含了传统意义上的教学方法，又包含了现代教学技术，它是传递教学知识、信息，增强教学信息刺激强度，提高教学影响效果的途径。⑤关于教学组织。没有组织就没有活动，就一个教学活动来讲，教学组织不可缺少。在什么样的时间和空间、由哪些教师和学生参与、参与人员的规模以及教师或者学生在教学时间内的教

学秩序情况等,都是教学组织的内容。还有教学评价,但它属于教学过程与质量管理范畴,不属于一个教学活动的内容。⑥关于教学环境。高校教育教学环境对教学活动的影响越来越大,根据教学活动的需要,不断对教学环境进行必要的调节和控制,有利于教学活动的顺利进行。经过选择、净化、提炼和加工处理的教学环境有利于教学主体实现追求真理、掌握知识、发展身心等目标。

六、高校教育教学模式

(一)"集中式学习"的教学模式

相对来说,集中式学习是一种较为传统的教学模式。集中式学习是以教师为中心,即由教师根据教学计划中统一规定的课程内容和教学时数,把学生集中到一起,按照学校的课程表进行分科教学的一种组织形式。该教学模式强调教师的主导作用。当教学规模不是很大时,集中式学习这种组织形式相对来说是比较经济、有效的。

在这种组织形式下,教师的主导作用易于发挥,便于教师组织、监控整个教学活动的进程,这是其一;其二是有利于教学管理,使教学有目的、有计划、有组织地进行;其三是有利于学生自然学科的学习,自然学科中许多内容需要进行演示、分解和剖析,有些内容需要学生亲自去感触;其四是有利于学生之间以及师生之间的情感交流,充分体现情感因素在学习过程中的重要作用。尽管集中式学习有上述优点,但它在高校教育教学活动中存在的弊端又是十分明显的,首先,这种教学模式无法解决学生参加学习时存在的工作与学习的矛盾、家庭与学习的矛盾以及分散居住与集中学习的矛盾;其次,它忽视了成人学生不同于其他学生在学习活动中的自主性和独特性;再次,集中式学习方式过分强调标准化、同步化、模式化,整齐划一是这种学习方式的目标追求,对成人学生知识的扩展会产生不利的影响。针对学生在学习过程中凸显的矛盾和问题,要真正保证教学效果、提高教学质量,就必须对现有的单一教学模式进行改革。

(二)"分布式学习"的教学模式

随着经济形势和信息技术的不断发展,社会总体人力资源的需求形势也发生了巨大变化,对各类高素质、高学历的专业技术人员的需求提高到了一个新的层次,对高校教育提出了更高的要求,并使传统的教学模式受到了极大的挑战。

新的信息技术在教学活动中的应用和计算机网络的发展能够使教学内容得到有效的远距离传递，学生可以不必像以往那样全体集中到一个地点，由教师面对面地传授知识。电子邮件可以支持学生之间、师生之间的交流与合作，解决学习中的问题，开展各种讨论，教学模式不再单一，因此，分布式学习的教学模式便应运而生，并迅速以自上而下的政策推广形式，借助国家高校教育政策手段投入各地办学实践之中。分布式学习是远程教育的建构主义，采用建构主义的学习环境的设计思想，将传统的以教师为中心改变为以学习者为主体，着重于为学习者提供丰富的资源，使其建立自己的认识和理解。我们将这种新的远程教育形式称为"分布式学习"。

目前对分布式学习的教学模式的理解有几种观点：很多国家的学者认为分布式学习和远程教育是一样的，指的是各种不同于面对面教学的教育；还有的认为，分布式学习是指开放和远程教育在传输课程时逐渐向使用新信息技术的转变；另有观点认为，分布式学习可作为人机交互工作的一个整体。尽管对分布式学习有各种不同的描述，但分布式学习实际上是一种教学模式，它强调的是"分布"，强调为学习者提供灵活的、突破时空限制的教育，使其适应社会经济发展以及对人才的需求。分布式学习教学模式的出现，使面对面教育和开放远程教育之间的边界逐渐消失而趋于融合；加强了以学习者为中心，更有效地促进学习者的学习；使我们认识到要根据时空分布方式的变化调整学习和教学策略；分布式学习强调的是学习环境，学习者分处在不同环境中，有着共同的任务，在分布式学习环境中共同合作完成学习任务，学习是不同环境的分布，不一定受限于正式的机构设置。

随着教育的全球化，分布式学习环境也要具有国际化思维，以适应来自不同文化背景的学习者。可以说，分布式学习是未来学习方式发展的一个新趋势。也有人认为，分布式学习模式可以结合传统课堂教学应用，结合远程教学应用或可用于创建有效的教学课堂。学生可能是身处远方参加远程教育，也可能是集中式学习中的一员，但他们在索取资源、汲取知识时，所利用的资源不仅仅局限于教师或者某个机构，而是充分利用现代信息技术，利用分布在各个不同地方的资源，使学习资源远比以往的单纯的传统课堂授课方式要丰富得多，所以，分布式学习强调的是资源的非集中化。另外，分布式学习的教学模式除了可以使学习者获得丰富的资源外，还可以是传统课堂授课方式的补充和灵活运用。这一教学模式在成人教育教学活动中的优势十分明显，首先它解决了成人学生在学习中存在的工作与学习、家庭与学习、分散居住与集中学习的诸多矛盾，同时丰富了学习资源，学生获取知识的渠道更加宽广，教与学的方式变得更加灵活，学生学习的自主性也得到了加强，对于学生的发现性学习和研究性学习能力的培养也起到了很好的促进作用。

（三）"双元制"教学模式

"双元制"的教学模式也称为"双轨制"教学模式，是德国在具有100多年传统的学徒培训制度基础上发展而形成的，"双元制"中的"一元"指职业学校，另"一元"则指企业。学校承担学习文化和基础技术理论，企业承担职业技能培训，"两元"结合完成教育任务，故称为"双元制"。"双元制"是学校与企业分工协作，以企业为主；理论与实践紧密结合，以实践为主的一种成功的教育模式。学生在企业里接受职业技能培训的同时，又在学校里接受专业理论和普通文化知识的教育，这样，既能使学生具备毕业后立即上岗的能力，又通过学校教育使之基本素质得到提高，从而具备继续学习和终身学习的条件。

"双元制"教学模式具有以下特征：职业培训在两个完全不同的地点进行——企业和学校；受训者兼有双重身份——学生、学徒；培训者由两部分人承担——实训技师（师父）、理论教师；教学内容原则上分两部分——企业培训按政府的培训条例和大纲进行，学校教育按国家和省级教育主管部门公布的教学大纲进行；教学管理——企业培训由政府管理，受政府法规、条例等约束，学校教学由教育主管部门管理，受教育类法规约束；经费来源的两个渠道——企业培训的费用由企业承担，学校教学的费用由政府和学生承担；以职业能力为本位的培训模式；以市场和社会需求为导向的运行机制。

"双元制"在20世纪90年代引入我国，应用到高校教育教学实践中，成为一种特点鲜明同时富有成效的人才培养模式。经过多年的发展，已经取得了一些成就。已经有许多实践性较强的专业采取了这种教学模式，如汽车维修、炼钢和轧钢、保险、物业管理、机械制造和医疗等。"双元制"教学模式的应用为我国成人教育的发展提供了宝贵的案例资源，我们从中可以看到"双元制"教学模式的以下优势：

第一，改革专业课的课堂教学模式，促进学生技能的提高。"双元制"教学以职业能力为本位，各院校在实践中都突出了实践性的原则，使学生在学习的同时获得职业工作的经验，与传统的课堂型职业教育形式相比存在明显的优势。

第二，加强了学校与社会和企业的联系。"双元制"教学模式打破了传统的封闭的办学方式，由学校和企业共同承担培养学生的责任。因此，在办学中学校增强了与外界的沟通，更多地了解了社会和企业对人才的需求情况，克服了以往办学的盲目性。

第三，加快了师资队伍的建设，教师的理论水平和实际水平都有所提高。教师在"双元制"办学过程中，提高了实践能力，改变了以往实践能力不高、动手能力不强的状况。

第四，各院校借鉴德国"双元制"教学模式，改变了课程结构，丰富了教学内容，使教学方法灵活多样，促进了教学模式的改革。

第二节　高校教育教学观念及其发展变化

一、高校教育教学思想观念及其核心内容

（一）高校教育教学活动主体

教师主体论源于以赫尔巴特为代表的"教师中心说"，是长期统治教育研究与指导教学活动的主导流派。该派认为，在教学活动中教师是唯一的主体，学生是用来供教师加工、改造的，与教学内容一起构成教师教学活动的对象，属于教学客体。学生主体论源于以杜威为代表的"学生中心说"，其基本观点与教师主体论相反，认为教学活动的唯一主体是学生而不是教师，教师和教学内容都是被用来塑造和加工学生的，是其成才的工具性对象，是教学客体。而教师学生双主体论则改造了前述单一主体论的思路，提出教师和学生都是教学活动的主体，在一个完整的教学活动内，就对教学效果的最后影响来说，分不清教师的能动作用大还是学生的能动作用大，只能是两个主体并存，共同协调的结果。这时，教学内容、教学设施、教学环境等就基本上属于辅助性的东西了，属于教学客体。

其实，对教学主客体的辨析有一个基本的逻辑起点，这就是从哲学引用过来的主体概念是基于什么哲学观点的，是本体论的观点还是认识论的观点。显然，从本体论出发，只能有一个主体，而从认识论出发，选择的认识活动角度

不同，就会得出不同的主体结果。教学本身就是一个复杂的系统，从教学作为社会活动的实践关系出发，毫无疑问教师是主体，学生是客体；从教学活动的价值关系出发，很明显，学生必然是主体，教师是客体；从认识活动的全面关系出发，则教师与学生都属于主体，客体只是那些主体之外的教学活动要素。提高对教学活动主体的认识，有利于调动教学活动要素的积极性。那些单方面强调教师主体地位的观点，对教师工作积极性、主动性与责任心有极大的激发作用，但在很多情况下，教师的一厢情愿往往达不到教学效果，久而久之，教师的这种积极性也会消解。那些单方面强调学生主体地位的观点，有利于激发学生的自我教育、自我学习、自我塑造，也有利于教师在教学中贯彻促进学生全面发展的理念，但如果缺乏教师的正确引导，学生往往也不能得其门而入，最后效果并不如意；教师和学生的双主体地位，可以比较全面地调动教师和学生在教学活动中的积极性，使其根据实际需要各自发挥应有的作用，共同完成教学任务，实现教育目标。从高校教育的教学活动特点来看，这种双主体观念更符合教学实际。教师和学生在教学活动中主体地位的认定，不是什么权益之争，而主要在于责任的归属。教师和学生对于那些作为客体的已知知识、未知知识的认识与探求是共同的，因此在这种"既认识已知又探索未知"的高校教育教学活动中，对教师和学生属于共同的主体是不应该有疑问的。

（二）高校教育教学活动主体关系

一般来说，任何活动都存在主体与客体的关系，如果按照两种单一教学主体的观点，无论谁为主体，谁为客体，都是主客体关系。但是，高校教育教学活动主体是双重的，不同主体之间必然构成一定的关系，因此，很有必要探讨教学活动的主体关系。至于高校教育教学活动的客体，在双重教学活动主体前提下，它与主体之间的关系比较简单，一方面服从于主体的需要，另一方面充当连接两个主体的纽带。

1. 高校教师

高校教师是教学活动任务的具体组织者、承担者。教师群体是高校履行人才培养职能的直接人员，他们还在自己的专业领域肩负着科学研究和社会服务的使命。高校教师作为一个群体概念，包含所有在高校从事与教学相关的活动的专业人员，既有教学一线的任课教师，也有以科学研究为主要任务的研究人员，还有实验、实践教学以及教学活动组织管理一线的教学辅助人员。高校教师作为一种社会职业者，具有较高的社会地位和重要的教学主导地位。人们常常把高校的人才培养和学术水平看成一个国家文明进步的标志，对履行这两项职责的高校教师寄予厚望。另外，在高校教育教学活动中，教师对教育内容的选择、对教学活动的调节、对教学进程的把握、对教学手段的改造等起着主导作用。因此，教师是教学活动的主体。

总之，高校教育教师肩负着比较多的教学职责。第一，要肩负传授知识，引导学生掌握学科专业基础知识、基本理论和基本技巧，培养和发展学生智力和专业能力的职能。第二，要在教学活动中通过隐性手段启发和培植学生良好的道德、情操、意志与美感，关注学生的全面成长。第三，要精心组织和设计教学活动，不仅要注意课堂教学活动的组织，还要注意由课堂延伸到课外的答疑辅导、作业评判以及相应的实验和实习、实践。第四，为了更好地服务和改进教学，必须不断地开展专业领域的科学研究和教学研究，以引领学生及时了解科学前沿，改善教学方法，丰富教学内容。在这些基本职责中，最基本的两项是教学和科研。能否成为比较合格甚至优秀的教师，关键就在于这两项职责的履行情况。这两项职责任务完成得好，不仅可以相互促进，还可以带动其他职责更好地完成。实际上，中外高校都有不少教师并不能比较好地兼顾两者，相当多的教师把自己的教学目标定为传授课程知识、介绍本领域的概念和方法，很少关心学生的一般智力发展和个性发展。他们作为教学内容方面的专家，与本领域的其他人共同具有专门化的知识、概念、话语、方法，但作为教师，尤其是本科生的教师，他们则难以与学生形成共同认可并乐意接受的训练方法，难以丰富教学活动的知识和理论。

高校教师肩负的职责决定了他们的劳动特点。这就是教学手段的自主性与教学活动的示范性、教育对象的能动性与教学情境的复杂性、教学过程的长期性与教育影响的滞后性、教学方式的个体性与教育成果的集成性。面对这些特点，有的教师可能会无可奈何，有的则从积极方面进行力所能及的改进，由此形成个人教学风格。比如，以教学内容为中心的，以尊重学科为特点，重在教给学生系统的知识、原理；以教师自我为中心的，则相信自我的榜样作用，让学生陷入角色模拟的境地；以智力为中心的，则以训练学生的智能为目的，一切的知识、环境都只是用来训练的道具，知识、技能本身不是追求的结果。这些都是有特点的教师，还不是"全能的教师"，比较良好而全面的教学活动，应该是教师的知识、师生现实的探究、教师引人入胜的个性、人格和激励学生学习动机能力的高度复合。可见，当好一名高校教师实属不易。

2. 高校学生

高校教育教学活动的主要参与者除了教师就是学生，不仅高校的教学如此，任何学校的教学活动都离不开教师和学生，二者缺一不可。学生的积极参与不仅丰富了教学活动的内容与形式，也在很大程度上决定着教学活动的最后效果。

高校学生的构成是十分复杂的，而且随着教育大众化的推行、终身教育观念的深化和学习化社会的建立，到高校接受教育的人群越来越多，学生构成也越来越复杂。一般来说，高校教育的学生不分种族、地域、性别，在年龄上处于青年中期，个体的生理发展接近完成，心理变化趋于稳定，自我意识日益增强，已经接受了基本的基础教育。但这只是高校学生的基本规定性，实际上，世界各国高校的学生要比这复杂得多。就我国来说，目前本专科学生在主体上大致符合以上的规定性，但高等教育政策的调整和大众化教育的发展，以及更多少年的提前入学，使得高校学生在年龄、心理、生理等方面均已突破原有规定和认识。如果将硕士、博士研究生考虑在内，则这种基本界定就显得更加局限和狭隘。

为什么参加高校教育的学习，是解决和了解学生的学习目的和动机的重要依据？高校学生的学习目的、动机是高校教育教学活动的重要影响因素，也是学生作为教学活动主体的重要标志。只有那些目的明确、动机纯正的学生才能在高校教学活动中发挥积极的主体作用。无论高校教育关于人才培养目标的理想设计如何，学生的实际学习目的与动机不一定与之完全合拍，但学生的要求只要是合理而可行的，就应该得到满足。研究表明，多数大学生认为，他们学习是为了得到职业的或专业的训练，获得发展自己本身和个人兴趣的机会，从而最终获得较高的收入。学生学习的态度与方式倾向是什么，这个问题的回答涉及学生的多个方面。

首先是目标决定态度，基础决定方法，情感决定倾向。目标明确的学生其基本态度是积极的。知识基础、能力基础强的学生，其学习方法、参与程度必然得当；依赖型、独立型、表现型、沉默型等不同情感类型的学生，其对教学活动的态度与影响也不完全相同。

（三）高校教育教学活动主体关系模式

教学活动也被理解为教学主体之间的人际交往活动。高校教育教学活动拥有多个主体，每一个教学环节都包含了各教学主体交往的关系，每一对主体关系动力的平衡与消长，都影响着教学活动。高校教育教学活动具有明显的个体性与综合性特点。这就是说，教师的教学既是个人的劳动表现，也是群体的劳动表现，一个教师不可能教好一个班级、培养出一批人才，甚至不可能完整地教好一门课程，必须要有教学助理、实验人员及班主任等相关辅助人员的共同参与才行。学生的学习也是如此，纯粹单个人的学习有时不能很好地完成，我们强调开展主体性教学，所依靠的不只是单个学生的主体性，还包括建立在每一个学生主体性发挥基础上的协作教学、合作探究。所以，高校教育的教学主体实际上有三对主要关系，师生关系占主导地位，师师关系和生生关系居于次要地位。

师生关系是任何学校教学活动都普遍存在并应引起高度重视的一种行动主体对应模式。它是以教学任务为中介，以"教"与"学"为手段构成的特殊社会人际关系，是高校教育最基本的、在教学活动中占主导地位的人际关系。对这种关系的认识也在不断发展变化。就其结构来说，传统的理解就是教师对学生"一对一""一对多"的主从关系，在高校教育教学活动中的表现就是：在课堂教学上，教师读讲义、做演算，学生记笔记、做练习；在课程设置上，必修课多于选修课；在教学管理上，实行学年制，对所有学生按一个标准来要求，个体差异没有受到重视；等等。历史经验和教训告诉我们，认识和建立新型师生关系对高校教育的教学来说十分重要。在这种新型师生关系中，教师与学生是"一对一""一对多""多对一""多对多"的复杂网络系统，这个网络系统功能的全面发挥，就是高校教育教学活动的全部任务与所追求的目标。

师师关系就是高校教育教学活动中所涉及的教师群体内部之间的多边关系。我们发现，我们对高校教育教学活动中的师师关系的关注度不够，但凡谈到教学关系，必论师生关系。其实，在高校教育教学活动中，师师关系的作用非常大，这是与初中等学校、其他培训学校完全不同的。由于这种关系的构成具有长期性、利益性、人格性等特点，所以尽管关系网络不会很庞大，但文人相轻、学术流派、师承传统、利益之争等情况常常发生，甚至影响教师的教学。这是从对立性看的。再从合作性来看，哪怕是一门课程甚至一节课，主讲教师与助教之间、理论教师与实验教师之间、教师与教学调度人员之间等的配合关系，都会直接影响教学活动的开展及其效果。所以说，一个和睦的教师群体对于高校教学活动的有效开展十分必要。

生生关系是由高校教育同辈学生相互之间组成的多边联系。这种关系也被称为同学集体，它可以由同年级、同专业的学生构成正式的稳定关系，也可以由相同学科专业不同年级的学生以学术爱好为基点构成稳定的师兄弟姐妹关系，还可以由教师主导创立诸如电子协会等主题组织关系。生生关系的形成具有随机性，但一旦形成，就表现出比较稳定的态势，这种态势不仅在学生大学学习期间有相互促进、影响的作用，还会在高校教育结束后延伸到社会活动中。生生关系对教学活动，尤其是对学习活动的影响是全方位且深刻的，被认为是仅次于学生个人行为的力量。当然，这种关系结构的规模大小、质的差异性等内在特征会在比较大的程度上决定其对教学影响作用的发挥。

二、高校教育教学思想观念的演变

高校教育教学思想观念具体通过人才观、质量观和效率观等来表现。

（一）人才培养观念的形成

高校教育的根本任务是人才培养，而人才培养的主要途径是教学活动。20世纪70年代末，我国确立了知识本位的高校教育思想观念，但高校教育似乎又一下从"广阔天地"回到了"象牙塔"。同时，教学和科研使命又在高校展开了激烈的地位之争，这使高校教育成为教学和科研"两个中心"的发展轨迹渐行渐远。实际上，很多学校和教师更加重视有深度的科研工作，对教学工作重视不够，教师的教学职能发挥不够。随着国家对人才培养质量的关注与重视，人们开始重新认识和反思高校教育教学和科研的关系，进而确立了教学在学校工作中的中心地位。无论什么高校，首要任务是人才培养，科学研究也要肩负起人才培养的职能。高校教育教师必须把教学放在第一位，切实履行教师的基本职业职责。随着世界高校教育发展和科技、社会进步对人才培养规格新要求的不断提出，能力本位观点越来越受到重视，学生需要成为社会需要的知识全面、技能过关的高素质人才。因此，人们对教学活动提出了新的要求：一方面是出于理论教学与实践教学的关系问题的考虑，既不能忽视理论教学又要加强实践实验教学；另一方面是要协调学校教育与社会教育的关系，既不能在学校教育与社会教育之间走极端，也不能过多增加学生的时间、经费、心理压力等学习负担。于是，新的教学中心地位理论逐步得到丰富和发展，在校内强调理论教学与实验，在科研活动中培养学生能力，在校外加强实习实训基地建设，建立"产学研"机制。

（二）逐渐形成以专业教育为主的教育思想

一般认为，国际上本科教育大致有两种教学模式：一种是以苏联和德国为代表的专才教育模式，学生在校学习时间较长，既打基础，又进行实践训练；另一种是以美国为代表的通才教学模式，学生在校学习时间较短，主要是打基础，实践训练放到大学毕业以后。我国最先主要学习苏联模式，形成了专才教学模式。

但之后，我们发现苏联专才教育模式的许多弊病，开始注意学习美国通才教育模式。同时，这两种模式自身又不断变化和交融。

一般认为，现代专业教育思想源于美国国家功利主义视域下的科学主义高校教育哲学。兴起于20世纪初的以实用为标准的功利主义教育观影响了美国几十年，受苏联1957年"卫星上天"的刺激，美国更加重视高校教育教学的科学功利。1978年，我国召开的全国科学大会提出"向科学进军"，迎接科学春天的到来，这使高等教育深深打上了科学主义的专业教育烙印，此后一直是我国教育方针政策以及学校教育被教学工作的重要指导思想的构成元素。但培养学生一技之长的专业教育思想很快受到素质教育思想的挑战，因为国内外的人才成长及应用实践表明，仅有一技之长的人并不能担当高级专门人才的重任。随着世界科技的迅速发展，学科专业高度分化后再高度综合成为发展趋势，人才培养与社会工作越来越复杂化，社会工作对人员合作、协调、组织能力等综合素质的要求越来越高，人员不仅要具有扎实的基础、宽广的知识面、较强的能力，而且要具有良好的思想政治素质和道德水平，以及健全的身体心理素质。

以自由教育、人文教育、普通教育等形式出现的综合素质教育思想得以萌生，传统意义上的专门人才培养模式、观念逐渐被"拓宽专业口径，增强适应性"的呼声和"通识教育"的理念所取代，仅仅重视科学技术的"精、深、专"被"德才兼备""文理兼备"的人才目标所取代。随后，华中科技大学率先提出以人文素质教育为突破口，我国出台专门文件推进高校教育全面素质教育，并建立了一大批国家人文素质教育基地。人文素质教育并非只对学生进行人文科学知识传授，而是对所有学生加强人文品格、人文精神的全面教育，是通识教育的具体体现。

（三）提高终身学习和终身教育观念

按照传统的职业教育观念，高校教育在教育序列中毫无疑问就是人一生的终结性教育活动。但由于世界科技发展的日新月异以及世界性社会工作的不断变化，由联合国教科文组织的系列报告引发，以素质教育思想为理论支撑的终身教育、终身学习观念逐渐渗透到高校教育领域，高校教育究竟是终结性教育还是基础性教育一时成为学术界的争论热点。特别是高校教育达到大众化甚至普及化程度之后，高校教育的基础性就更加突出，高校教育只能为学生未来成为科技人才、从事科技职业打下知识、能力和继续学习的基础，而不能为未来准备好所需的一切，因而，高校教育人才培养必须更加重视比较宽广的学科领域、比较扎实的基础知识、比较强的学习和研究能力，也必须为在职人员提供大学后继续学习的条件。

（四）以学生为本的个性化教学观念逐渐生成

一场世界性的学习革命，使高校教育教学模式也必须适应受教育群体的历史性变化，这是高校教育教学创新的直接指导原则和方向。具体而言有如下表现：由单纯的掌握知识转变为更加注重智力发展和能力培养；由单纯的、狭窄的专业知识和能力培养转变为同时注重拓宽知识面，培养具有包括外语能力、经管能力、交往能力等多种能力的复合型人才；由单纯注重统一的培养规格转变为同时注重发挥学生的多样化特长和学习潜力；由偏重于理论知识转变为同时注重实际知识，进一步强调理论与实践相结合；等等。

因材施教，促进人的全面发展是一条基本教育原则。为了克服计划时代"标准件"式的高校教育人才规格和培养过程中的固有缺陷，突出学生在人才培养中的主体地位，在教学管理、教学环节、教学方式等方面也要将统一的、封闭的、固定的人才模式变革为多样化、个性化的教学过程和教学形式。既努力拓宽专业口径，又坚持按专业培养人才；既制定人才培养目标和基本规格，又给予学生充分自由的发展；既坚持教学工作的计划性，又给予学校、专业、教师和学生较大的灵活性。在教学管理上，推行学分制，实行选课、选专业等灵活的制度和政策。

三、高校教育教学思想观念变革的趋势

进入 21 世纪以来，随着我国高校教育大众化进程的不断推进，高校教育在条件保障机制等方面遇到了难以预料的困难，由此引发的人才培养质量争议成为高校教育的热门话题。政府和高校教育回应这种社会争议的积极举动就是实施"高等学校教学质量与教学创新工程"，试图既改善高校教育的条件保障状况，又注重将物化的环境与条件转化为人才培养所必需的制度建设，不断推进教学思想观念创新。

（一）全面落实科学发展观

科学发展观的第一要义就是发展，包括高校教育的发展、人的发展。围绕以人为本这个核心，人才培养工作必须是全面、协调、可持续发展的，这也是终身教育和学习化社会思想的基本要求。贯彻党的教育方针，推进素质教育，坚持"巩固、深化、提高、发展"的方针，遵循高校教育的基本规律，牢固树立人才培养是高校教育的根本任务、质量是高校教育的生命线、教学是高等学校的中心工作的观念等都属于新的高校教育教学理念。

（二）建立健全大教育观

具体表现在创新高校教育资源共享上，通过新教材和立体化教材建设、网络教育资源开发和共享平台建设，建设面向全国高校教育的精品课程和立体化教材的数字化资源中心，建成一批具有示范作用和服务功能的数字化学习中心，完善服务终身学习的支持服务体系，提升我国高校教育的质量和整体实力。这需要充分考虑提高教学质量的系统性和复杂性，确定一些具有基础性、全局性、引导性的创新突破口，引导高校教育教学创新的方向，实现高校教育规模、结构、质量和效益协调发展。同时，也需要调动政府、学校和社会各方面的力量，把发展高校教育的积极性引导到提高质量上来，充分利用各方面力量支持高校教育的发展，切实解决高校教育在提高质量方面的实际问题，为高校教育办学创造良好的外部环境。

（三）高校教育教学创新

高校教育教学创新与高校教育质量提高是一对永恒的话题。总体而言，我国高等教育教学创新在实践活动上可谓阵容庞大、气势恢宏，但在形式和内容上并不出彩。因此，在教学制度创新方面，要继续建立和完善教学评估制度、

专业认证制度、高校教育基本状态数据发布制度等；在教学活动创新方面，不仅要落实"教授、名师要上课堂"，还要努力建设高水平教学团队。同时，应继续突出学生的主体地位，不断加大学生选课、选专业的余地，通过学分制使学生学习的自主性、自我责任心进一步增强。还应通过各级各类大规模、高强度的教学研究与教学创新立项和成果奖励，推动教学方法创新的激励机制，根本改变教学方法创新零散、自发、孤立、短效的局面。

第三节　高校教育教学方法

一、高校教育教学方法概述

在已有研究成果中，对于高校教育教学方法的分析和认识有本质揭示型的，也有特征或过程描述型的，对于高校教育教学方法研究的风向转向了"模式"路径。无论是本质揭示还是特征或过程描述，都存在一个致命缺陷——教师本位思想。这样，几乎所有关于高校教育教学方法的本质定义和特征归纳，都陷入以教师为主导的"二元论"泥沼，从教师角度研究教授方法，从学生角度研究学习方法。教授方法加学习方法就构成了教学方法。这种逻辑思路所分析得出的结果自然离高校教学活动真实情境距离较远，教师的教授方法可以在没有学生参与的环境下进行，学生的学习方法更无须教师的直接参与。这两种可以游离的方法不是简单相加就可以组合成新的方法。因此，对传统的教学方法研究成果提出了批评。批评与建构是事物发展的两个不同阶段，但在建构尚无突破也未引起足够重视的情况下，高校教育教学方法的研究却转向了"教学模式"研究，随着教学模式研究的兴起，教学方法研究则式微。

其实，教学模式研究代替不了教学方法研究，或者仅仅是教学方法研究特殊阶段的一个尝试。很多教学模式研究成果显示，它属于教学方法研究范畴，教学模式是多种教学方法的综合。至于说教学模式是稳定的、典型的教学程式或策略或样式，这种表述也背离了高校教育教学活动的本质，与高校教育教学活动特征不相容。因为高校教育的教学活动，尤其是教学方法，不存在可以照搬、套用的"方法组合"，试图设计或概括出一种模式加以推广也不符合高校教师、学生、学科专业、学校类型等差别化的实际。高校教育教学的本质是一种整体性的有机"活动场域",教学方法就是维系这种活动场域的或隐性或显性的"脉络",即在教师的教授活动领域与学生的学习活动领域的交叉重叠部分发生的信息传达、消化、反馈的思维、路径、手段及氛围环境等。在这个交叉重叠区域之外的教授方法、学习方法或者管理方法,他们虽然对教学活动、人才培养有重要影响,但不是严格意义上的教学方法。

在高校教育教学活动场域中,关于方法问题还不只教学方法一端,还有管理与教师活动交集场域的方法问题、管理与学生活动交集的方法问题。但教师和学生活动交集又与管理活动有一小块交集,问题的核心就在于此——教学方法的掌控权限。假如教师、学生、管理者在整个教学活动中的作用是均衡的,而且教学方法的选择与使用也是深度融合的,则三者对教学方法掌控权的共同认可范围大约是各自三分之一的"他控"组合区域,各自的三分之二都是自我控制的。也就是说,在教学方法的控制问题上,管理者、教师和学生都不可用全部的单方面意愿来衡量整体和他方的教学方法,真正可以达到三方共控的,是小于各自三分之一的共同空间。教学方法的自由是"教学自由"的实践根源。

二、高校教育教学方法的特点

认识教学方法的特点是认识高校教育教学方法的理性提升。仅从明确提出高校教育教学方法特点和分类来看,几乎都是循着"探寻模式"和"分析过程"两种思路在进行。薛天祥提出了课堂教学方法、自学与自学指导方法、现场教学方法、科研训练方法的"四分说",陆兴提出了组织和实施学习认识活动方法、刺激和形成学习认识动机方法、效果检查和自我检查方法的"三分说"。我们通过分析大量教学成果奖获奖材料以及"教学名师"的实践经验发现,对于高校教育教学方法特点和分类的认识要首先回归教学活动本身。教学方法必须是在教学活动中充当"脉络"功能的东西,教学活动之外的、教学活动之中但不能充当活动"脉络"的,都不能归于高校教育教学方法考察范围。

在整个高校教育教学活动中,一切活动都是围绕"提高教学水平和教育质量、实现培养目标"这个中心开展的,而且任何活动都具有其方法、途径、手段。在专门人才培养过程中,课程是最基本的知识与能力体现单元,也是高校教育活动中学科与专业相互转化与结合的最小载体。学科是一个按照学术发展逻辑不断丰富起来的系统化的知识体系,专业是教育活动按照社会对专门人才要求所设计的一个相关学科知识体系群,开展这种学科知识体系群的知识传授和能力训练就是专业教育。可以说，专业是按照社会发展的逻辑变化的。课程是学科知识体系的分化单元，也是高校教育实施专业人才培养的最小的完整的知识与能力结构单元。高校教育的复杂性就体现在从课程这个知识逻辑体系到转化为接受教育的学生所获得知识与能力的微观过程之中，这就是教学活动。因此，研究高校教育教学方法必须把课程作为基点，与教学活动关联不大。确定了教学方法的基本范畴，尚需进一步对教学方法的内在特点和结构进行细化。

高校教育教学方法特点的研究近来比较沉寂。早前"二性论"（专业指向性、学术研究方法接近性）、"五个培养论"（学生的自学能力培养、研究能力培养、实践能力培养、合作精神培养、创新精神培养）、"七方式论"等，几乎都是对教学方法的实现功能考察得出的结论。到了"三性论"（学生主体性、探索性、学科专业性），关于高校教育教学方法特点的研究才逐步回归到高校教育教学方法本身。

循着这种思路，在全面考察高校教育教学方法涉及的各个方面之后，我们认为比较集中的、显然区别于其他层次教学方法或者高校教育教学活动中其他范畴的特点主要有以下几种：

一是可感性。可感性与抽象性、不可感知相对。教学方法虽然具有工具性，但一味强调甚至放大它的工具性是不利于创新的，所以要把它看作维系教学活动场域的"脉络"，尽管"脉络"不都是可见的，但必须是活灵活现的。教学活动到了面对面的"方法"程度，感性色彩非常浓厚，不仅要使参与者都能够感知"方法"的存在，而且还要富有效果。可感性是对教学方法的具体化概括，无论是语言、工具、形象、仪态，甚至思路、能量等，都能够让人感触、感知、感觉得到。这就可以避免原来那种"方法是对知识进行加工并呈现出来"的说法的片面性。可感性越强，可接受程度越高。

二是内隐性。内隐与外显、直白相对，近似于含蓄。教学方法的最终目的是教育学生，而无论从理论上分析还是从教学实践经验总结，对于不同的人，或者对同一人的不同时段和处境，教化的方法是截然不同的，这就需要教学方法具有内隐性，不全是直白的指点、训斥。同时，一切社会认知都具有内隐性，根据学习心理学的研究，学习者对于社会性信息感知的内隐性要强于对非社会性信息的感知。这好比大厦结构中的钢筋和水泥，内隐性是"钢筋"，外显性是"水泥"，它们共同构成认知的基本结构。高校教育教学活动虽然是专业性教育，但更多的是社会认知性学习，因此，内隐性是教学方法的普遍特点。

三是双重性。双重性就是事务的两种相对独立甚至对立的特性集于一体，很多事务具有双重性，高校教育教学活动的双重性尤为突出，在教学方法层面，教师和学生的主体双重性、教师和学生参与教学活动动机的双重性、目标的双重性、价值标准的双重性等都集中在一起，交融交汇。具体而言，突出表现在教学内容、方式方法、手段，甚至是目标与结果等之上。这些关系有的是从属的、有的是背离的、有的是不确定竞争性的，还有的是客观性与主观性并存的。总之，忽视高校教育教学方法的双重性，教学方法就会走向死胡同。

四是微观性。微观是个相对概念，社会科学中，通常把从大的、整体方面去研究和把握的科学称作宏观科学，把从小的、局部方面去研究和把握的科学称作微观科学。在高校教育教学活动体系中，教学方法显然不属于宏观层面的概念或范畴，微观性是教学方法的实际处境，只有认识到这一点，才能准确分析教学方法的各种内在问题。任何提升或夸大教学方法层级的认识、企图都会把教学方法研究引向歧途。

五是复杂性。复杂性是一门认识论、方法论科学，它是对"还原论"的批判和超越，是对"整体论"的追求，或者说是既重视分析也重视综合、既关注局部也关注整体的系统科学的新发展。事物的复杂性是指在环境、条件发生变化时，不同行为模式之间的转换能力及其表现比较弱，某些新增条件似乎消解了一些元素。因此，要用非线性关系去把握局部与整体的变化。认识事物的复杂性，必须把握复杂性事物内在的非线性、不确定性、自组织性和涌现性。高校教学活动，完全符合复杂科学的这些特征，因此，教学方法相应地具有复杂性特点。

六是丰富性。感性活动的基本特点就是无限的丰富性，教学活动尤其是教学方法方式，既是有组织的合理性和合规则的建制活动，更是一种师生互动的感性活动。一名教师教授同样的课程，两次的教学感受以及教学方法可能是完全不同的，学生的学习感受也是如此。教学方法的丰富性实际就是教学方法的感性、复杂性以及双重性等特点的衍生结果。因此，期望用教学模式来"类化"教学方法的研究路径是违背教学方法规律和忽视教学方法特点的。

三、高校教育教学方法的分类

高校教育教学方法的分类要从"种属"和"类别"两个方面分析，即按照"种"和"类"两个维度进行分解。第一个维度是"类"的角度，可以分为：

①教学方法总论；②理论课程教学；③实践课程教学；④学习方法。第二个维度是具体的方式与途径，即"种"的角度，可以分为：①课程教学内容与体系创新；②教学方式方法创新；③教学手段与技术创新；④教学艺术与技巧创新；⑤教学方法模式创新与综合创新；⑥教学效果与质量检验方式创新；⑦教学组织方式方法创新；⑧教学方法创新理念与策略。建立这样一个二维方法结构表，基本可以反映高校教育教学方法的全貌，高校教育教学方法的所有特性也能够在其中找到相应的载体。高校教育教学方法研究就是要从高校教育教学活动的整体系统入手，深刻分析教学方法的特点，认识教学方法的规律，并在教学实践中有效运用教学方法。在进行高校教育教学方法研究时，有三个基本着眼点不能忽视。课程：教学方法研究的逻辑起点。教学方法研究从何入手，不同的路径产生不同的结论，比如，以教学工具为基点，就会使教学方法研究偏重于实现教学的手段；以教师主体为基点，就会使教学方法研究走向"教师中心"的单边主义。教学方法研究的适用基点可以有很多种选择。我们所理解的教学方法应该以教学内容为出发点，因为教学方法所承载的主要功能就是知识的传递、接收、转化与学生修养、思维、能力的训练。没有教学内容，教学方法就无从谈起。但是，教学内容是一个复杂的体系，大到学科专业的系统化知识体系，小到一个基本概念和定律、规律性常数等，针对不同的教学内容可能会出现不同层次的教学方法。

  课程在发展演变中，曾被赋予过多种多样的含义，富有代表性的课程定义有如下几种：学习方案、学程内容、有计划的学习经验等。一般认为，课程就是系统的教学内容，是一系列教学科目的集合。具体而言，课程包括"教学计划""教学大纲""教科书"所规定和表述的内容。无论课程的定义表述如何，这里作为教学方法研究逻辑起点的课程特指高校教育课程。高校教育课程不同于基础教育课程，它具有自己的基本范畴和过程性特点。基本范畴就是高校教育课程一个系统性概念，最基本的是为达到某个教育目的而组织的一个单纯性教学内容。推而广之，还有教学科目、学科。过程性特点是高校教育课程的显著标志，无论哪个层次的"课程"都是为实现一定的教育目标而组织的教学内容，而且这些教学内容必须进入教学环节，参与教学活动。尽管从哲学、心理学、社会学以及交往论等不同视角对课程的过程性认识会有不同阐述，但"知识体系""教学资源""教育目的载体""组织模式"这几个核心概念是其灵魂所在。从起源讲，课程就是"课业进程"。

  教学方法是以某一门具体教学科目为基础的教学交往活动要素。在当前课程创新意义上，可以适当延伸到课程组群的教学活动，比如，专业基础课程、专业课程或者理论性课程、实践性课程，还有从表现形态划分的显性课程、隐性课程等。因此，以课程为逻辑起点的教学方法研究必然是丰富多彩的。

  目标是教学方法研究的基本考量。这里的目标不全是高校教育人才培养规格目标，而是指具体课程的教学目标，但它又是整个高校教育人才培养目标的一个组成部分。这个课程教学目标既是课程体系的目标，同时又是教学活动的实现目标。按照课程论的观点，高校教育课程设计具有基础性、实践性和国际性的发展倾向，那么，具体的单门课程目标，既有与其他相关课程目标的分野，又有相互的衔接，即使整体人才目标的组成部分也各具自身的独特性。而要达到这个目标，则是教学环节即教学方法所必须回答的教学目标。一般来说，将课程的知识结构体系传达给学生不是难事，但这不一定需要教师的参与，更无须教师设计教学方法。课程目标的重要任务是以知识体系为载体，通过教学活动达到训练学生能力、提高学生认知水平，并在一定程度上转化学生情感的效果。

  因此，研究和分析高校教育教学方法，必须把实现课程以及教学目标作为考量依据，尽管课程与教学目标也是教学评价的重要依据，但如果在教学活动的方法选择上游离教学目标，那么在没有做到"教考分离"及学生对教学评价主导地位难以落实的情况下，课程教学考核依然会在教师或管理者的单边主义主宰下进行，不能反映某门课程的目标是否实现。这也是长期以来，高校教育教学活动中教师教书本、学生学书本、考试考书本，最后学生除学了一堆知识之外，实践能力、创新思维以及情感培育等非常欠缺的原因。

  教学方法为实现教学目标服务，在教学方法被"艺术化"的倾向下，尤其要防止"为艺术而艺术"的思潮蔓延，使教学方法创新走上一条"为方法而方法"的道路。无论是实施教学组织，还是运用教学方法，或是评价教学方法，都应该把课程及其教学目标放在首位，根据目标实现的程度和效果以及采取某种方法开展教学的效率来考量教学方法的好坏。在各种类别和层次的教学方法中，以一门课程的教学目标实现和其相应的一个教学活动单元组织开展的教学方法就是本研究的基本使用域。

第四节　我国高等教育的发展及性质转变

高等教育的发展历史可以追溯到中世纪的大学，后来不断发展、不断转型，形成了高等教育的三项职能，即培养专门人才、科学研究、服务社会。改革开放以来，我国高等教育事业获得长足发展，改革取得了令人瞩目的成绩，初步形成了适应国民经济建设和社会发展需要的多种层次、多种形式、学科门类基本齐全的社会主义高等教育体系，为社会主义现代化建设培养了大批高级专门人才，在国家经济建设、科技进步和社会发展中发挥了重要作用。

一、我国高等教育近代化的历史进程及进程中的模式转换

我国高等教育近代化的历史进程及进程中的模式转换大致可分为三个时期。

第一个时期（1862—1894），甲午战争以前，中国近代高等教育处于酝酿时期。从19世纪60年代开始，出现了一批培养外语人才和军事技术人才的专门学校，它们不同于传统封建教育机构，不是培养能够成为各级封建官吏的"治才"，而是培养通晓各国语言和技术（特别是军事技术）的所谓"艺才"。最典型的代表即1862年成立的京师同文馆和1866年创办的福建船政学堂。至1894年前后，我国共创办此类学堂30多所。

第二个时期（1895—1911），19世纪末20世纪初，是中国近代高等教育发展的重要时期。1895年、1896年、1897年和1898年分别成立的天津中西学堂、上海南洋公学、浙江求是书院和京师大学堂，一般被认为是中国近代大学的雏形。20世纪初，清政府颁布了第一部包括高等教育在内的具有近代意义的全国性学制——《癸卯学制》。

第三个时期（1912—1927），1911年的辛亥革命推翻了清王朝的统治，结束了两千多年的封建帝制，为中国近代高等教育的发展提供了一个相对宽松的环境。1912—1927年的16年间，可以说是中国高等教育发展模式的多元化时期。1912年，在蔡元培主持下所进行的教育改革形成的新学制"壬子癸丑学制"，对清末颁布的"癸卯学制"中有关高等教育的内容做了相应的改革。其间，教育部还陆续公布了《大学令》《大学规程》《专门学校令》《公立私立专门学

校规程》《高等师范学校规程》等一系列有关高等教育的法规法令。众所周知，作为当时教育改革的总设计师，蔡元培非常关心高等教育，《大学令》就是由他亲手制定的。直到1916年蔡元培出任北京大学校长之后，他的高等教育的理念——学术自由和教授治校，才部分地在他所主持的北京大学付诸实施。就在蔡元培以德国高等教育模式对北京大学进行深刻改造的同时，另一所国立大学——在南京高等师范学校基础上发展而来的东南大学迅速崛起。至20世纪20年代中期，浙江大学和东南大学影响日广，成为与北京大学南北呼应、交相辉映的中国高等教育的又一重镇。

高等教育作为人类所创造的知识和文化的重要传播场所，作为高级专门人才的培养基地，有其自身发展的内在规律。高等教育的发展，既要受处于不同经济发展阶段、不同政治文化背景的各个国家和地区的具体国情所制约，也要受高等教育本身的发展规律所制约。从一定意义上可以说，一个世纪以来，中国高等教育发展模式的转换就是在如何认识和正确处理这一对矛盾的过程中艰难推进的，不能以强调本国情形的特殊性为由而拒绝遵循高等教育发展的一般规律，也不能以标榜追赶世界潮流为借口而置本国国情于不顾，这是我们回顾和总结这段历史所应深刻吸取的经验教训。

二、我国高等教育目标和性质的转变

1894年至1912年的18年间，是中国近代高等教育的起步时期。19世纪末创办的天津中西学堂、上海南洋公学、浙江求是书院和京师大学堂是近代大学的雏形。1904年颁布的《癸卯学制》中有《大学堂章程》《高等学堂章程》《高等农工商实业学堂章程》。在这些章程中，关于办学理念和培养目标，有了新的表述：大学堂"以端正趋向，造就通才为宗旨，以各项学术艺能之人才，足供任用为成效"。通儒院（研究生院）"以中国学术日有进步、能发明新理以著成书、能制造新器以利民用为成效"。从前一个时期的培养"艺才""专才"，到这一时期的提出"通才"，从字面上看，似乎又回到了传统的人才观，因为中国的传统教育也强调"通才"，即所谓"一物不知，儒者之耻"。但是，这里的"通才"是以掌握"各项学术艺能"为前提的，不仅与封建教育的理想人格"通才"在内涵上有所不同，而且这种目标的提出本身也提升了"艺才"与"专才"的地位。在一定意义上可以说，与之前相比，这一时期较多地接纳了西方高等教育的理念。当然，这种"通才"仍必须"谨遵谕旨""以忠孝为本，以中国经史之学为基"。在这里，中国传统高等教育的影响依然十分强大。这是因为，虽然科举制度在1905年已被废除，但是科举制度赐予出身的陋习仍然被保留了下来，秀才、举人、进士的头衔还十分具有吸引力，更重要的是封建专制制度的政治框架还在起着支撑作用，社会主流价值观的变革终究需要以经济基础和政治制度的变革为前提。与此相适应，在这十几年间，高等教育在课程体系、教学内容和方法上发生了较大的变化，最明显的表征是西方近代社会科学的各个门类被大量引进高等教育的课堂，政治学、法学、教育学、哲学、心理学、经济学等社会科学被作为大学或高等学堂的教学内容的教科书大量出版。民国初年，资产阶级革命派和激进的民主主义者从根本上否定了"中体西用"这一直接支配高等教育培养目标的文化观念，提出要用"民主共和"和"科学民主"的精神来改造中国传统的封建主义文化，这也为高等教育培养目标的进一步发展及演变奠定了思想基础。

在1912—1949年的近40年间，当时的政府制定颁布过几部重要的关于高等教育的法令、规程。就培养目标而言，从法律条文上看，最大的变化在于取消了封建社会高等教育的政治方向。1912年颁布的《专门学校令》提出，专门学校以教授高等学术、培养专门人才为宗旨。同年颁布的《大学令》规定，大学以教授高深学术、培养硕学闳才、应国家需要为宗旨。这里强调的是高深学术，是培养"硕学闳才"和"专门人才"。高等教育领域中大学和专门学校的区分标准是"学"与"术"，前者重在学术研究，后者重在应用技术。政治上、思想上的限制与要求，即所谓"忠君""尊孔"，在培养目标中被取消了，特别在民国前期，由于蔡元培的努力和他广泛的社会影响，中国近代高等教育得以在教育理念上有了一次大的飞跃。正如有些研究者所指出的："只有在这一时期，中国才真正开始致力于建立一种具有自治权力和学术自由精神的现代大学。"西方高等教育理念的核心，即学术自由和大学自治的观念，通过蔡元培的理论倡导和身体力行，第一次较全面地被国人所认识和接受。蔡元培在对北京大学的改造中，反复强调学术自由、兼容并包的办学方针。从一定意义上可以说，正是蔡元培在北京大学的努力，才使中国高等教育在教育理念和培养目标上，从根本上动摇了以培养"内圣外王"的"贤士""君子""循吏"为目标的主流传统。在这里要强调的是，蔡元培在宣传、倡导西方大学理念的同时，也充分利用了中国封建社会高等教育的非主流传统，即弘扬古代书院浓厚的学术氛围，师生间砥砺德行、互相切磋的融洽之情以及相对的独立地位等。

在课程体系和教学内容方面，民国时期与清末相比较，最大的变化是废除了反映封建传统文化的科目，增加了大量新学科，在人文社会科学方面如此，在自然科学和技术科学方面更是如此。据统计，1913年《大学规程》中所开列的课程科目总数比清末《癸卯学制》所规定的多300多门；专科学校课程也比清末相应学堂科目增加了1~2倍。

中华人民共和国成立后，关于高等教育培养目标的明确表述，最早见之于政府法规文献的是1950年7月政务院批准的《高等学校暂行规程》，其中规定："中华人民共和国高等学校的宗旨为根据中国人民政治协商会议共同纲领第五条的规定，以理论与实际一致的教育方法，培养具有高级文化水平，掌握现代科学和技术成就，全心全意为人民服务的建设人才。"在这里，除去头、尾两处有关政治方向的要求之外，其核心内容是培养具有高级文化水平、掌握现代科学和技术成就的建设人才。与民国时期高等教育的培养目标相比较，在政治上提出不同的要求是十分自然的。应该说，作为高等教育的特点还是体现了出来，"高级建设人才"的提法也涵盖了学术人才与专门技术人才。当然，由于特定的国际国内环境，所谓学术自由、大学自治等，在刚刚取得政权的社会条件下，是不会受到关注的。在课程体系方面，构建了以马克思主义理论著作为基础的新的课程体系，进一步发展的则是借用苏联的课程体系。

在1956—1957年，中国高等教育领域出现了一股追求学术自由、大学自治的风潮。知识分子们响应国家"百花齐放，百家争鸣"的号召。

1961年，《中华人民共和国教育部直属高等学校暂行工作条例（草案）》（以下简称《高教六十条》）颁布，对高等学校的培养目标做了前所未有的详细规定："高等学校学生的培养目标是具有爱国主义和国际主义精神，具有共产主义道德品质，拥护共产党的领导，拥护社会主义，愿为社会主义事业服务、为人民服务；通过马克思列宁主义、毛泽东著作的学习和一定的生产劳动、实际工作的锻炼，逐步树立无产阶级的阶级观点、劳动观点、群众观点、辩证唯物主义观点；掌握本专业所需要的基础理论、专业知识和实际技能，尽可能了解本专业范围内科学的新发展；具有健全的体魄。"可以说，这是近代以来关于高等教育培养目标字数最多的一次表述。

1978年，教育部对1961年颁布的《高教六十条》略做修改，引发全国高校组织讨论，其中关于高等教育的培养目标完全是原来的表述。这说明了在改革开放初期，注重专业知识的问题已被提到了议事日程上。1980年2月，全国人大常委会颁布了《中华人民共和国学位条例》，其中规定对在高等学校和科研机构的毕业生和科研人员进行严格考核，分别授予学士、硕士和博士学位，其目的是促进科学专门人才的成长，促进各门学科学术水平的提高与教育和科学事业的发展。

1985年5月，颁布了《中共中央关于教育体制改革的决定》（以下简称《决定》）。《决定》指出："高等学校担负着培养高级专门人才和发展科学技术文化的重大任务。"这是中华人民共和国成立以来，第一次如此明确地把高等教育的任务归结为培养高级专门人才和发展科学技术文化。这次会议的另一项与高等教育理念有关的重大决定是，明确提出要扩大高等学校的办学自主权，使高等学校具有主动适应经济和社会发展需要的积极性和能力，可以说，《决定》给予了我国高等学校自中华人民共和国成立以来从未有过的自主权。此外，《决定》还强调高等学校是教学、科研中心，而不是像苏联模式那样，要么负责教学，要么负责专业培训和改革教学内容、教学方法、教学制度以及提高教学质量，开展教学改革试验，改变专业过窄的状况，增加选修课，实行学分制和双学位制等，努力借鉴和移植先进国家高等教育的课程体系和教学内容。

进入20世纪90年代，随着改革开放的深入和经济体制的转变，中国高等教育的发展进入一个新的历史时期。1994年7月，《国务院关于中国教育改革和发展纲要的实施意见》，提出要进一步发挥高等学校在国家科学技术工作中的重要作用，实施"211"工程，面向21世纪，重点建设100所左右的高等学校和一批重点学科。1998年8月，全国人大常委会制定并颁布了《中华人民共和国高等教育法》，规定"高等教育的任务是培养具有社会责任感、创新精神和实践能力的高级专门人才，发展科学技术文化，促进社会主义现代化建设"，"高等学校应当面向社会，依法自主办学，实行民主管理"。这是中华人民共和国成立50年来制定颁布的第一部高等教育法，它突出强调了培养高级专门人才和办学自主权，全面肯定了改革开放以来我国在高等教育办学理念、培养目标、管理体制等方面所取得的共识。与此同时，随着经济的发展和人民群众接受高等教育需求的不断增长，西方发达国家高等教育大众化的理念正在日益被人们所接受，并逐渐转化为政府的教育政策，中国高等教育面向社会精英阶层的传统正在成为历史。可以说，中国近代高等教育在经历了整整一个世纪的曲折之后，终于有了明确的、与世界高等教育发展同步的理念、目标与方向。

三、我国高等教育的类型

教育部教育发展研究中心将我国高等教育分为四种类型。

（一）研究型大学

研究型大学明显的特征是学科综合性强，每年授予的博士学位数量多，培养的人才层次为本科及本科以上学历，满足的是对高层次研究型人才和研究型成果的需求，研究生至少占到20%~25%，每所学校每年授予博士学位的数量至少为50个。

（二）教学研究型大学

教学研究型大学的教学层次以本科生、硕士生为主，个别行业性较强的专业可招收部分博士生，但不培养专科生。

（三）教学型本科院校

教学型本科院校的主体是本科生，特殊情况下有少量的研究生或专科生。

（四）高等专科学校和高等职业学校

高等专科学校和高等职业学校体现了高等教育在学校、专业设置上最为灵活的部分，主要是为了满足当地经济建设及社会发展的需要。

第五节　现代教育理念

一、现代教育理念的内涵

"教育要面向现代化，面向世界，面向未来"，这是邓小平同志1983年10月1日为北京景山学校所作的题词。题词发表后，迅速为各大媒体所转载，在全国上下引起了巨大的反响，并由此拉开了教育界改革的序幕。

教育必须为社会主义现代化建设服务，社会主义现代化建设必须依靠教育。这是邓小平关于教育要"三个面向"思想的基本要求。因此，现代教育要适应政治、经济、文化的快速发展，必须以更加创新与完善的理念引导现代教育的改革。综合起来，现代教育理念大致可以归类为以下几个方面。

（一）以人为本的理念

21世纪的今天，社会已经由重视科学技术为主发展到以人为本的时代，教育作为培养社会所需要的人才来促进经济社会发展的事业，更应当体现以人为本的时代精神。因此，现代教育强调以人为本，把重视人、理解人、尊重人、爱护人、提升和发展人的精神贯穿教育教学的全过程、全方位，它更关注人的现实需要和未来发展方面，注重挖掘人的潜能，重视人自身的价值的实现，从而不断提高人的生存和发展能力，促进人自身的发展与完善。

（二）全面发展的理念

促进人的自由全面发展是现代教育的宗旨，因此它更关注人的发展的完整性、全面性，宏观上表现在，它是面向全体公民的国民性教育，注重民族整体的全面发展，以大力提高和发展全民族的思想道德素质和科学文化素质、提高民族的知识创新和技术创新能力、增强包括民族凝聚力在内的综合国力为根本目标；表现在微观上，它以促进每一个学生在德、智、体、美、劳等方面的全面发展与完善，造就全面发展的人才为己任。这就要求人们在教育观念上实现由精英教育向大众教育、由专业性教育向通识性教育的转变，在教育方法上采取德、智、体、美、劳等多育并举，整体育人的教育方略。

（三）素质教育的理念

现代教育更注重教育过程中知识向能力的转化工作及其内化为人们的良好素质，强调知识、能力与素质在人才整体结构中的相互作用、辩证统一与和谐发展。针对传统教育重知识传递、轻实践能力，重考试分数、轻综合素质等弊端，现代教育更加强调学生实践能力的锻造，全面素质的培养和训练，主张能力与素质是比知识更重要、更稳定、更持久的要素，把学生综合素质的培养与提高作为教育教学的中心工作来抓，以帮助学生学会学习和强化素质为基本教育目标，旨在全面开发学生的诸种素质潜能，使知识、能力、素质和谐发展，提高人的整体发展水准。

（四）创造性理念

传统教育向现代教育转型的重要内容之一，就是实现由知识性教育向创造力教育转变。因为知识经济更加彰显了人的创造性作用，人的创造力潜能成了最具有价值的不竭资源。现代教育认为，教育教学是一个具有高度创造性特点的过程，以启发、点拨、开发、引导、训练学生的创造力才能作为其基本目标。

主张以更新颖的教学手段和美好的教学艺术来创造出教育教学环境，从而更好地培养创造性人才。现代教育主张，完整的创造力教育是由创新教育（旨在培养学生的创新精神、创新能力与创新人格）与创业教育（旨在培养学生的创业精神、创业能力与创业人格）二者结合而形成的生态链构成。因此，加强创新教育与创业教育并促进二者的结合与融合，培养创新型、创业型、复合型人才成为现代教育的基本目标。

（五）开放性理念

当今时代是一个开放的时代，科学技术的快速发展、经济的逐步全球化使世界成为一个紧密联系的"地球村"。以前的教育格局将被打破，取代它的是一种全方位开放的新型教育。这种新型教育包括教育方式的开放性、教育过程的开放性、教育观念的开放性、教育目标的开放性、教育评价的开放性、教育内容的开放性等。

（六）多样化理念

现代社会是一个日益多样化的时代，随着社会结构的高度分化，社会生活的日益复杂和多变以及人们价值取向的多元化，教育也呈现出多样化发展的态势。这首先表现为教育需求多样化，为适应经济社会发展的要求，人才的规格、标准必然要求多样化。其次表现为办学主体多样化、教育目标多样化、管理体制多样化。最后还表现为灵活多样的教育形式、教育手段，衡量教育及人才质量的标准多样化等。这些都对教育教学过程的设计与管理提出了更高的要求与挑战，它要求根据不同层次、不同类型、不同管理体制的教育机构与部门进行柔性设计与管理，它更推崇符合教育教学实践的弹性教学与弹性管理体系，主张为教育事业的发展提供更加宽松的社会政策法规体系与舆论氛围，以促进教育事业的繁荣与发展。

（七）生态和谐理念

自然物的生长需要良好的自然生态环境，人才的健康成长同样也需要宽松和谐的社会生态环境。现代教育主张把教育活动看作一个有机整体，这个整体不但包括教育活动的老师、课堂、学生、教育、实践、内容与方法诸要素的融洽与和谐统一，也包括教育活动与整个文化氛围和环境设施的和谐统一，把融洽、和谐的精神贯注于教育的每一个有机的要素和环节之中，最终形成统一的教育生态链整体。

(八)系统性理念

随着知识经济的来临及学习化社会的到来,终身教育成为现实。

教育成为伴随人一生的最重要的活动之一。因而,教育不再仅仅是学校单方面的事情,也不仅仅是个人成长的事情,而是社会进步与发展的大事,是整个国民素质普遍提高的事情,是关乎精神文明建设及两个文明协调发展的全局性、战略性大业,它是一项由诸多要素组成的复杂的社会系统工程,涉及许多行业和部门,所以需要全社会普遍参与、共同努力才能做好。所以,与传统教育不同,转型时期我国正在形成的是一种社会大教育体系,它需要在系统工程的理念指导下进行统一规划、设计和一体化运作,以培养人们的学习能力,提升人们的生存和发展能力为目标,以实现社会系统内部各环节、各部门的协调运作、整体联动为基础,把健全教育社会化网络作为构成教育环境的中心工作来抓,促进大教育系统工程的良性运行与有序发展,以满足学习化社会对教育发展的迫切要求。

二、高校现代教育理念

(一)高校教育理念的概念

我国学界对教育理念问题的关注和研究,始于21世纪之初的基础教育新课程改革。新课程从教学目标的确立到教学内容的编排,再到教学方式的设计,都与传统课程有着根本的不同。教师要想适应新课程的教学工作,首先必须转变教育思想和观念。其次,教育理念研究逐渐从基础教育领域进入高校教育领域。从已有教育理念的研究成果来看,其概念界定比较有代表性的观点如下:有学者从教学理性认识的角度出发,认为教育理念是从先进的教育理论中演绎出来的有关教学活动的理性认识,是"教学应该怎样、为什么需要如此"的理想化认识,体现了教师对教学实践的价值期待及理想追求。有学者从现实与超越的视角指出,教育理念不仅包括教师对教学问题的现实性认识,也包括教师对教学问题的前瞻性价值判断与结果选择。有学者主张从教学规律的角度解读教育理念,指出教育理念是教师对教学与学习活动内在规律的认识,是教师对教学活动的看法以及所持有的基本态度与观念。有学者从大学教师的维度指出,教育理念是指大学教师头脑中观念性地存在着的关于学科教学和学生智慧发展等方面理论与信念的综合体,是指导教师教学实践活动的理论基础。有学者从融合与统一的视角指出，教育理念就是教学理念和教学理想的一种融合，是主观和客观的一种融合，是认识和信念的一种融合，是思想和行为的一种融合，是事实判断和价值判断的一种融合。有学者则从教学思维和教学价值观的角度出发，指出教育理念是关于教学的根本看法和思想，是教师对教学问题进行思考所获得的结果。综上所述，学者们对教育理念概念的解读和界定，虽然存在着认识视角和侧重点的不同，但也反映了一些共同特点，即都主张把教育理念理解为教师对教学所做出的主观认识和价值判断，是教师对教学所表现出的态度与信念、期待与追求，是教师对教学所持有的思想与观念。

基于上述分析，我们认为高校教育理念是高校教师在长期教学理论学习与教学实践反思基础上创造生成的对教学活动价值及其本质规律的认识和判断。从本质上来说，教育理念体现了高校教师对"教学究竟是什么"及"教学到底能够做什么"的理性思考，深刻反映了教师对教学的应然状态以及教学的理想状态的憧憬和向往，因而表现为一种指向教学实践活动未来的精神范式和理性品格。高校教育理念不同于教育观念，教育观念或者是以"非系统化"的方式呈现关于教学实践的感性认识，或者是以"意识形态"的方式呈现关于教学实践的理性认识，具有强烈的现实性色彩。高校教育理念也不同于教学理想，教学理想是教师对未来教学实践发展趋势的把握、想象和憧憬，它不仅具有鲜明的情感性特点，而且具有极为突出的信念性特征。高校教育理念处于教育观念和教学理想的联结点与关键点的位置，较之于教学观念，它往往弱化了现实性而更具信念性；较之于教学理想，它往往弱化了信念性而更具现实性。教育理念在高校教师的教学实践活动中发挥着方向性和主导性的价值作用，是更新教师教学行为的先导和灵魂。教育理念渗透和融入高校教师的教学过程之中，不仅影响着教师对教学内容的讲解、对教学方法的运用以及对教学进程的调控，而且也影响着高校教师的教学态度及其对教学认知、情感和行为的投入程度，因而是高校教师教学成功的最深层支撑力量。

（二）高校教育理念变革的趋势

进入21世纪以来，随着我国高等教育大众化进程的不断推进，高等教育条件保障机制等方面遇到了难以预料的困难，由此引发的人才培养质量争议成为高等教育的热门话题。政府和高等学校回应这种社会争议的积极举动就是实施"高等学校教学质量可教学改革工程"，试图既改善高等教育的条件保障状况，又注重将物化的环境与条件转化为人才培养所必需的制度建设，不断推进教育理念创新。

1. 全面落实科学发展观

科学发展观的第一要义就是发展,包括高等教育的发展和人的发展。围绕以人为本这个核心,人才培养工作必须是全面协调和可持续发展的,这也是终身教育和学习化社会思想的基本要求。贯彻党的教育方针,推进素质教育,坚持"巩固、深化、提高、发展"的方针,遵循高等教育的基本规律,牢固树立人才培养是高等学校的根本任务、质量是高等学校的生命线、教学是高等学校的中心工作等信念都属于新的高等教育理念。

2. 建立健全大教育观

具体表现在优质高等教育资源共享上,通过新教材和立体化教材建设、网络教育资源开发和共享平台建设,建设面向全国高等学校的精品课程和立体化教材的数字化资源中心,建成一批具有示范作用和服务功能的数字化学习中心,完善服务终身学习的支持服务体系,提升我国高等教育的质量和整体实力。这需要充分考虑提高教学质量的系统性和复杂性,确定一些具有基础性、全局性、引导性的改革突破口,引导高等学校教育教学改革的方向,实现高等教育规模、结构、质量和效益协调发展。同时,也需要调动政府、学校和社会各方面的力量,把发展高等教育的积极性引导到提高质量上来,充分利用各方面力量支持高等学校的发展,切实解决高等学校在提高质量方面的实际问题,为高等学校办学创造良好的外部环境。

3. 不断鼓励和引导丰富多彩的高等学校教学创新

高等学校教学创新与高等教育质量提高是一对永恒的"孪生"话题。总体而言,我国高等学校教学创新在实践活动上可谓阵容庞大、气势恢宏,但在形式和内容上并不出彩。因此,在教学制度创新方面,要继续建立和完善教学评估制度、专业认证制度、高等学校基本状态、数据发布制度等;在教学活动创新方面,不仅要落实"教授、名师要上课堂",还要努力建设高等水平教学团队。同时,应继续突出学生的主体地位,不断加大学生选课、选专业余地,利用学分制使学生学习的自主性、自我责任心进一步增强,还应通过各级各类大规模、高强度的教学研究与教学改革立项和成果奖励,推动教学方法改革创新激励机制的建立,根本改变教学方法改革创新零散、自发、孤立、短效的局面。

第二章　高校教育教学的现状

在现代教育背景下，高校教育教学借助信息网络技术不断发展，下面对高校教育教学现状进行简要分析。

第一节　传统教育教学模式优势分析

传统教育教学模式的优势主要包括：教师面授学生，教学经验丰富，便于管理、控制教学进度；充分发挥教师主导地位，随时把握学生的学习状态，使学生积极地参与到课堂中；提供学生社会基础性教育，促进学生社会化发展；具有良好的集体环境和学习氛围，促进学生间的交流合作及竞争，达到良好的学习效果。

一、教学经验丰富

传统教育教学模式能够兴旺发达，是由其内在规律决定的。其中在教学经验方面，传统教育教学有其独特的优势。我国教育方式中的班级授课最早可以追溯到清朝时期的京师同文馆，延续至今已有160多年的历史，培育了几代优秀的人才，积累了丰富的经验，已经得到了人们的普遍认可，人们对传统教育教学形式有着很高的信任度和依赖度。在传统教学中，将学生固定编班按计划教学，有利于明确教学目标、安排好教学进度，教学管理系统较为规范，规模可控，因此有利于教学活动的顺利进行。对教师而言，教师一人面授多个学生，对于课堂的可控性和有序性的直接把握，不仅方便管理学生，控制教学进度，及时反馈教学效果，有较好的效果，而且大幅降低了教学的成本和学习费用。在课堂中，教师有清晰的教学思路，能够进行直观的情境创设，教学生动，突出重点，熟知教学中的每一个环节且经验丰富，随时应对学生思维的火花闪现。

教师与学生之间的教学与互动在短时间内能够让学生听得明白、听得清楚,理解传授的知识,保证了教学的效率。

同时,实体课堂教学效果好,关键在于"面对面"与"同步"。教学过程中,教师投身课堂的激情和学生的学习热情就是课堂的生命和灵魂,优秀的教师情感融入课堂,易于抓住教学灵感,灵活把握课堂进度,及时调整原来教学设计的欠缺,重视学生情感的诱发及反馈,把新想法、新见解及时表达出来。这有利于教师和学生灵感、思想的相互碰撞,打开学生独有思维,让学生乐于学习、主动学习,学习效率较高,对于知识理论的学习更快速,掌握也更加深入。

在传统课堂中,教师通常将重点和提纲以精练的文字和图像写画在黑板上,学生和教师的思路保持高度一致,在加深知识记忆的过程中能系统化地掌握知识的结构、重点和难点。

二、充分发挥教师的主导地位

传统教学模式是无数教育工作者在长期的课堂教学中总结出来的一种模式,且多年的实践经验证明,虽然传统模式有一定的缺点,但是仍有存在的价值和意义。事实上,现代科学技术的介入是为了更好地解决传统教学中存在的问题,但这并不代表着所有的课程都要本末倒置,为了盲目追求多媒体效果而放弃优秀的教学方式。具体而言,传统课堂上,教师占据着主导地位,比较好掌控教材内容及书本中的重点难点。

另外,相比较线上教学沟通的不方便,传统教育教学模式最突出的优点就是教师可以循序渐进、深入浅出,随时把握学生动态。同时,经验丰富的教师则善于利用巧妙的提问让学生的注意力集中在课堂之上,使他们参与课堂的互动。可以说,课堂提问是最有效的互动方式,使学生能积极地思考问题,主动地接受知识,成为学习的主人。总的来说,传统课堂上教师要善于通过提问展开课堂上的争论,活跃思维,培养学生分析问题的习惯,同时还要密切关注学生的心理状态,巧妙地设计问题以激发他们的学习兴趣,使他们在面对问题时善于运用自身已经具有的知识对问题进行分析和解决,有利于学生思维的发散和能力的提升。

三、提供社会基础性教育

传统教育教学模式注重的是知识性、理论性和目的性。目前，高校必须在教育中加强学生与社会的联系，多设置一些社会实践活动，将教学开展到教室之外，形成学生、家庭、社会的联合体，帮助学生处理社会环境关系，形成属于自己的较为稳定的社会关系网。这对于教师的教学能力、教学方式、教学态度以及教师自身的特性等都有一定的要求，且这些因素都会直接影响学生的成长和发展过程，在教育界中学者称这些因素的教学为隐性课堂。这类隐性课堂提供的教学影响不可忽视，对于学生日后的成长和发展具有重要的意义。

学习知识培养能力固然重要，但在课堂上，师生之间面对面授课、沟通合作积累的社会基本能力更为重要。基于此，部分高校还增设了"公共关系与人际交往能力""职场沟通""中华传统文化与素质建设"等课程。人际交往就是在校园环境的学习生活中，人与人之间进行信息交流和情感交互的沟通过程，它是无时无刻不在进行的一种实际互动，学生之间、师生之间都是通过这种互动来获得知识的满足、社会性能的培养的。在传统教育教学活动中，不仅存在着知识的传授，而且还存在着感情交流与沟通，这就需要教师从立德树人的高度去培养学生的个人素养和学习能力，从而培养学生正确的道德观、人生观、世界观。

四、具有良好的集体学习环境和学习氛围

学习氛围、小组合作、社会实践和社会体验等因素在大学文化和大学教育中都必不可少，而集体活动则是大学生参与的校园实践活动中最基本、最重要的一种形式。大学生的成长离不开班级组织和管理，只有在集体环境中，才能得到全面的发展，传统教学模式对于课堂氛围和师生关系的培养都十分有用，通过传统课堂，学生能更好地形成团结能力、班级凝聚力。

在高校课堂上，教师和学生能形成一个整体，师生关系会更加密切，课堂氛围会相对较好，学生更愿意参与互动过程，自主能力也会得到一定的培养，学生参与感较强。通过打造良好的课堂气氛，学生和老师都会相对身心愉悦，教学过程更易推进，在积极活跃的课堂氛围下，教师和同学的思维也会相对敏捷，各自的潜力也会相对更深地挖掘出来，从而在轻松愉悦的情况下高质量完成教学。

第二节　现代高校教育教学分析

下面将从教师教学、学生学习和课堂发展三大维度对现代高校教育教学做具体分析。

一、教师教学

为便于分析，下面从教学目标达成、教学重难点讲解、教学内容和知识结构、教学环节设置和方法运用、学习反馈获取、教学资源利用以及教师个人特质七个方面分析教师教学的现状。

（一）教学目标达成

在教学目标达成方面，高校大部分教师群体均有明确的教学目标，且每一章教学目标紧扣课程和教材。但也有一些教师无法顺利达成教学目标，直接原因包括：教师难以控制教学时间，无法按时完成教学任务；教师教学方法使用不当，教学效果不理想；学生投入度和兴趣不足，学习效果不理想等。

（二）教学重难点讲解

在教学重难点讲解方面，部分教师会选择PPT直观呈现重难点，如在计算机课堂中，教师讲解新课前，直接将该章几大重难点标注在PPT目录之后。部分教师选择图表展现重难点，如在经济法课堂中，教师采取图解形式，用逻辑箭头讲解专有名词之间的关系。还有部分教师习惯于口头强调重难点，如在英语课堂上教师在讲解文章前，口头强调文章中的专有名词和易错词汇，要求学生记录并默写。也有少部分教师未能向学生强调该节课的重难点内容。由此可见，更多教师能做到强调教学重难点，以引起学生的重视。

（三）教学内容和知识结构

在教学内容和知识结构方面，部分教师选择将教材内容提炼为简短型文字或知识梳理图表以供学生在脑中形成一幅知识结构图。如在教育史课堂上，教师的PPT内容均为简练的整合型表格，对代表人物提出的主张、创办的学堂及重要影响给予清晰的梳理，一定程度上提高了学生的学习效率。部分教师则选择将概念性、叙述性文字内容大段附于PPT页面，降低了学生的观看动力。

另外，也有部分教师在整理教学内容时过于精简，PPT图片远远多于文字、PPT仅几页或仅有标题，导致学生在听课过程中难以及时记录重点内容或难以跟上教师授课节奏。综上所述，教师在教学内容和知识结构梳理方面仍存在不足。

（四）教学环节设置和方法运用

在教学环节设置和方法运用方面，部分教师能够按照教学规律教学，注重小组合作法、导入法、提问法、演绎法及归纳法的运用。如在某节政治课中，教师组织学生小组进行演讲比赛，学生参与打分；教师将演讲内容与新课内容联系起来，形成自然的知识导入。部分教师运用提问法加强与学生的互动。如在计算机教师课前对学生进行作业提问时，学生能顺利作答；但在课堂中提问时，许多学生都无法顺利作答。可见顺利实施提问法仍以学生预先准备为前提，学生当堂思考新问题的能力有待提高。教师在实施归纳法和演绎法时，许多学生跟不上教师的讲解速度。如在数学课上，教师对公式进行逻辑推导，仅有少部分学生能跟上教师的推导速度并做出回应。部分教师尝试创新教学方式。如在法学课上，教师用各类形象的例子帮助学生理解难度较大的概念性词汇，一系列生动的创意举例引起了学生的极大兴趣。总之，教师在教学环节设置和方法运用方面不断进步，但仍有待完善。

（五）学习反馈获取

在学习反馈获取方面，教师工作多有不足。仅有部分教师会采取当堂发放自编习题对学生进行知识检测并提问，一些教师选择给予一定时间让学生当堂完成课后习题并提问，一些教师则选择直接对学生采取课堂知识点提问。这些采取了当堂学习评价与测量的课堂中的学生知识掌握情况能够被直观地展现，从而提醒教师科学地完善教学策略。然而，也有一些教师仅对学生进行简单沟通询问或不提问，无法及时掌握学生的学习情况。

（六）教学资源利用

在教学资源利用方面，绝大部分教师采取PPT教学，仅有个别教师能灵活利用身边的实物进行教学，如一些数学教师采用黑板板书教学。由此可见，在教育技术不断发展的过程中，教师能够逐渐提升自身的多媒体使用技能，然而也造成当前高校教学以PPT教学为主、抛弃其他教学资源的现象，一些教师不能充分利用身边的教学资源。实物、视频等其他的丰富教学资源缺乏，使学生的学习兴趣在一定程度上受到教师 PPT 制作水平的影响，降低了学生多途径增强学习兴趣的可能性。

（七）教师个人特质

在教师个人特质方面，无法否认每位教师都拥有个人优势，如年龄优势、性格优势、专业优势等。在课堂观察中发现，性格较为外向的教师更愿意与学生交流并带动课堂氛围，性格较为内向的教师一般以传统单向教授为主，难以带动课堂气氛；专业性较强的教师一般思考的是教学效能的综合提高策略，普通教师则以完成日常教学任务为主要目的。此外，也有部分教师明显有尝试进行课堂设计的行为，如导入环节和提问环节。

二、学生学习

（一）学习态度

学习态度是指学生对学习及其学习情境所表现出来的一种比较稳定的心理倾向，它通常可以从学生对待学习的精神集中情况、情绪状态和意志力状态等方面来说明和体现。学习态度不是与生俱来的，而是个体在成长过程中慢慢地学习得来的。对大学生的学习态度的研究有助于深刻地把握他们的学习情况。

第一，学习兴趣。学习兴趣是指一个人对学习的一种积极的认识倾向和情绪状态。从教育心理学的角度来说，兴趣是一个人倾向于认识、研究获得某种知识的心理特征，是可以推动人们求知的一种内在力量。兴趣是最好的老师，一个学生如果对学习产生了浓厚的兴趣，那么他就会具有主动学习、积极思维、勇于探索的强大动力。然而，目前有部分学生对学习的兴趣比较淡漠，学习兴趣和热情低下。

第二，课堂出勤情况。课堂教学是高校教学的重要组成部分，也是大学生获取知识的主要途径，大学生的课堂出勤率是学校和教师最关注的问题之一，出勤率的高低影响着教学的效果。从实际出勤来看，大多数学生缺勤的都是选修课，而专业课的缺勤次数远比选修课少。同时，还存在一个很严重的问题，就是隐性逃课现象比较严重。隐性逃课指的是学生虽然坐在教室里，但是却做着其他各种各样无关听课的事情，这些现象都严重影响了教学工作的正常开展。

（二）专业取向

大学生的专业取向，简单来说，就是大学生基于自己的兴趣和对将来工作的预期所选择专业的倾向性。

大学教育的主要目的是为社会培养高级专业技术人才，因而专业性是大学学习活动的一个显著特点。根据我国教育当前的情况，我国大学生的专业选择在当初填报高考志愿的时候就有了定向，甚至在高中教育阶段就已经有了文理科的选择。专业选择的理想与否，深刻地影响着大学生对专业学习的态度和兴趣。然而，在实际专业选择中，一多半的学生在选择所学专业的时候并没有充分地考虑到自身的特点和兴趣，会对学生在后期的学习产生很大的影响。但是随着对所学专业的了解，通过努力发现了专业学习的乐趣，逐步转变了对学习的态度，这也可以说明，学生的学习兴趣、专业学习取向是可以通过学习来培养的。

（三）学习策略

学习策略是指学习者为了提高学习的效果和效率，有目的、有意识地制订的有关学习过程的较为复杂的方案。它具有主动性、有效性、过程性和程序性等几个方面的特征。

第一，学习计划性。对大学生来说，学习是一项任务复杂、繁重并且巨大的工程，要想使学习取得高质高效，就需要制订合乎自身特点的、科学的、恰当的学习计划，并且需要严格按照计划执行，这样才能达到应有的效果。然而，一些大学生的学习计划性不强，或者在制订学习计划的时候，一些大学生重视学习的计划性，但是学习计划的科学性和执行力不强。这说明，一些大学生学习具有盲目性和随意性，自我监控能力较差。一些大学生在学习上的自我组织和管理的实际效果不理想，造成学习计划未能执行，既有计划合理性和可操作性不强的原因，更有一些大学生自身意志力不强的原因。

第二，学习方法。在学习的过程中，为了达到学习目的、掌握学习内容而采取的手段、方式、途径以及学习所应遵循的一些操作性原则被称为学习方法。众所周知，掌握并且使用科学的学习方法可以起到事半功倍的效果，因此，学习方法的重要性对大学生来说是毋庸置疑的。然而，在实际学习过程中，大部分的大学生并没有形成科学、系统的学习方法。课前预习是上课前对即将要上的学习内容进行阅读，了解其大概，做到心中有数，以便掌握听课的主动权。

预习是自主学习的一种方式,是否正确理解了学习内容,是否准确地把握了学习的重点和难点,是否掌握了隐含的思想关键等都能在听课中及时地得到检验、加强和矫正,有利于提高学生的学习能力。课后复习则指的是课后所有的工作,包括做作业、看书本、做课外练习等,是将所学知识进行再学习、消化吸收的过程,目的在于牢固掌握、灵活运用。

三、课堂发展

下面从管理、氛围、互动这三个方面观察和分析课堂发展的现状。

(一)管理

在管理方面,首先,大部分教师并未进行明显的教学环节时间管理,即不能科学、计划和有效地控制教学环节的时间,如教师在多媒体视频教学环节开始前并未做具体的时间规划和安排,遇到学生无法将注意力从视频中转回教材内容中时,难以对学生采取时间控制手段;再如,计算机教师在讲解、提问上花费时间过长,留给学生思考、讨论的时间明显不足。其次,在大课堂中,教师一般未采取分组教学和分组落座或其他合理的座位管理办法,学生择座过于自由,导致课堂上部分消极学习的学生长期落座于中后排和边缘位置,不利于学生在课堂上的共同发展。此外,在课堂行为管理上,部分教师对于学生的不良行为不及时采取措施,如对学生娱乐、睡觉等行为持放任态度,对学生的逃课行为仅仅进行扣分或期末挂科处理,并未主动思考如何通过一些有效的管理办法改善现状。

(二)氛围

在氛围方面,多数课堂气氛和谐程度较高,然而教师却难以把握在何时转换角色扮演参与者。多数教师在教学全程都以主导者角色存在,以讲解为主。例如,在理工科的课堂中,教师多以个人主讲公式推导或实验原理为主,少有学生参与其中,以数学课、物理课最为明显;课堂中也很少设置专门的学生讨论环节,且在学生思考问题的过程中,部分教师难以参与其中,更多以单纯提问者的角色存在于这一环节当中,此种情况普遍存在于多门课程中。此外,教师难以维持某种氛围也是一种明显现象,原因是学生难以长时间集中注意力,而教师也未保持对学生状态的时刻关注。

（三）互动

在互动方面，部分教师往往容易关注与自己距离较近的学生群体，座位越往后，教师越无法兼顾。在课堂提问时，前排学生与教师的交流欲望较强，中后排学生并没有明显的沟通积极性，教师难以关注到中后排学生的知识掌握程度。同时，一些学生的互动不够，仅在教师讲课能引起学生兴趣的课堂中有主动与教师互动的现象，如在教师语言诙谐的课程上，学生积极回应教师并提出问题。但是，许多教师都没有设置专门的课堂互动环节，与学生间的互动严重缺失。

总之，高校教育教学存在的一系列的问题，虽都是微观性问题，有些难以引起教师和学生的重视，但是将多个课堂存在的多种不同的问题综合起来，就会阻碍高校课堂教学效能的发挥。因此，需要从各个细节方面入手，寻找各类问题的优化机制，以更高效地改善或解决某些问题。

第三节　高校教育教学信息化模式分析

一、信息技术与课程整合

（一）信息技术与课程整合的含义

信息技术与课程整合是我国21世纪基础教育教学改革的一个新途径，与学科教学有着密切的联系和继承性，同时也是具有相对独立性特点的新型课堂教学模式类型。

信息技术与课程整合是指在课堂教学过程中把信息技术、信息资源、信息方法、人力资源和课程内容有机结合，共同完成课堂教学任务的一种新型的教学方式。信息技术与课程整合的重点是"整合"这个概念，整合不等于混合，要将信息技术看作各类学习的一个有机组成部分，以便更好地完成课程教学目标。它强调在利用信息技术之前，教师要清楚信息技术的优势和不足以及学科教学的需求，不要把信息技术仅作为一个呈现和传递知识的工具，而应该将信息技术作为激励情感和促进学生思维和交流的工具。另外，对学生来说，要善于将信息技术作为一种终身受用的学习知识和提高技能的认知工具。

在实际应用中，数字化学习是信息技术与课程的核心。数字化学习是信息时代学习的重要方式，主要由数字化学习环境、数字化学习资源、数字化学习方式三个要素构成，课程学习的活动、内容、方式依赖于数字化学习三要素的支持。同时，数字化学习也对学习者和教师提出了更高的要求。

（二）信息技术与课程整合的特征

1. 任务驱动式的教学过程

信息技术与课程整合以各种各样的主题任务进行驱动教学，有意识地开展信息技术与其他学科（甚至多学科）相联系的横向综合的教学。这些任务可以是具体学科的任务，也可以是真实性的问题情境（学科任务包含其中），使学生置身于提出问题、思考问题、解决问题的动态过程中进行学习。同时，通过一个或几个任务，把相关的各学科知识和能力要求作为一个整体，有机地结合在一起。学生在完成任务的同时，也就达成了学习目标。

2. 信息技术作为教师、学生的基本认知工具

在信息技术与课程整合中，强调信息技术服务于学科的内在需求，服务于具体的任务。教师和学生都以一种自然的方式对待信息技术，把信息技术作为获取信息、探索问题、协作解决问题的认知工具，把各种技术手段完美、恰当地融合到课程的教学与学习中去。

3. 能力培养和知识学习相结合的教学目标

信息技术与课程整合要求学生学习的重心不仅仅放在学会知识上，而是转到学会学习、掌握方法和培养能力上，包括培养学生的信息素养。学生利用信息技术解决问题的过程，是一个充满想象、不断创新的过程，同时又是一个科学严谨、有计划的动手实践过程，其有助于培养学生的创新精神和实践能力。通过这种"任务驱动式"的训练，学生可以把这种解决问题的技能逐渐迁移到其他领域。

4. "教师为主导、学生为主体"的教学模式

在信息技术与课程整合的教学模式中，强调学生的主体性，要求充分发挥学生在学习过程中的主动性、积极性和创造性。学生被看作知识建构过程的积极参与者，学习的许多目标和任务都需要以学生主动、有目的地获取材料来实现。教师则是教学过程的组织者、指导者、促进者和咨询者，教师的主导作用可以使教学过程更加优化，是教学活动中重要的一环。

5.个别化学习和协作学习的和谐统一

信息技术能够为我们提供一个开放性的实践平台，使每一位学生在这个平台上可以采用不同的方法、工具完成同一个任务。这种个别化教学策略对于发挥学生的主动性和进行因人而异的学习是很有帮助的。社会化大生产的发展，要求人们具有协同工作的精神。除此之外，一些高级认知任务（如复杂问题的解决、作品评价等）也要求多个学生能对同一问题发表不同的观点，并在综合评价的基础上，协作完成任务。

二、建构主义理论指导下的信息化教学模式

（一）理想的高校课堂信息化教学模式

建构主义提倡在教师指导下的、以学习者为中心的学习。其中，学生是信息加工的主体，是认知结构的主动建构者，而不是外部刺激的被动接受者和被灌输对象；教师则是意义建构的帮助者、引导者与促进者，而不是知识的传输者与灌输者。这样就可以把学生、教师、教学信息、学习环境作为信息化教育教学模式的四个要素，这四个要素相互作用、相互联系，成为稳定的信息化教育的教学模式结构。

以建构主义理论为指导，理想的高校课堂信息化教学模式可描述为：在高校课堂教学过程中，以学生为中心，学习者在教师创设的情境、协作与会话等学习环境中充分发挥自身的主动性和积极性，对当前所学的知识进行意义建构，并用其所学解决实际问题。在这种模式中，学生是知识的主动建构者和运用者；教师是教学过程的指导者与组织者、意义建构的促进者和帮助者；信息所携带的知识不再是教师传授的内容，而是学生主动建构意义的对象（客体）；学习环境包括"情境""协作""会话"等要素。具体而言，"情境"必须有利于学生对所学内容的意义建构，"协作"发生在学习过程的始终，而学习小组的成员之间必须通过"会话"协商并共同完成学习任务。

（二）信息化教学模式与传统教学模式的比较

在信息化教学模式中，教师和学生是互动关系，教师给予学生引导和帮助，同样教师也可以在教学过程中吸收到许多新的信息，即教学相长。

信息化教学模式与传统教学模式的比较，具体内容如表 2-1。

表2-1　信息化教学模式与传统教学模式的比较

	传统教学模式	信息化教学模式
教学目标	课程从局部开始，强调基本技能	课程从整体入手，展开至部分，强调大概念
教学内容	严格忠实于固定的教材	追踪学生的问题和兴趣
教学资源	材料主要来源于课本和手册	原始的信息和可被操纵的材料
教学信息	为学生准备妥当	由学习者自己去发现、分析和处理
教学过程	学习是重复的过程	学习是交互式的，建构在学生已有的认知结构上
教学方法	教师向学生传递信息，学生是知识的接受者	教师与学生对话，帮助学生建构知识
教师角色	指示者、专家和权威	发问者、引导者、帮助者、促进者、协商者、谈判者
学生角色	学生主要是独立学习	学生与小组成员一起学
教师评价	通过测验等来评价学生，强调结果。评价主要采取定量分析的方法	既通过测验，也通过学生的作品、试验报告和观点，过程和结果一样重要。评价采用定量与定性分析相结合的方法
知识状态	知识是静态的	知识是动态的，随着我们的经验而改变

综上所述，在现代信息技术环境下，高校教育教学发展还存在一定的问题，需要借助信息化思维和手段进行创新发展，以培养社会需要的优秀人才。

第三章 高校教育教学理念的创新研究

第一节 高校教育教学理念创新的思路

一、更新教学理念

（一）更新教育思想，形成实践教育教学理念

实践是指将高校教育教学内容中的自然科学知识、人文知识、德育等各种理论知识教育，通过具体的系统实践来消化、固化、融合、升华。在实践中统一科学教育与人文教育，把实践育人贯穿人才培养的全过程，培养学生的实践能力和创新精神，提升个人人文素质和科学素质，达到完全与社会实际需要相符合的目标。高校在校园文化建设中要建立一种新的激励机制，带动学生积极展开创新创业活动，并给予大力支持，全面推进实践教育。

（二）树立以生为本的教学理念

在教育教学中要体现出对学生主体地位的充分理解和尊重，对学生潜能的充分诱导和挖掘，对学生人格的充分培养和塑造，把学生的个人意愿、社会的人才需求、学校的积极引导有机结合起来，使学生在知识、能力、思想道德、身心健康等各方面得到均衡、全面的发展，从而促进学生成长成才。这一教学理念要充分贯彻和体现到高校教学环节之中。在教学模式上，实施弹性教学计划，建立学分制、主辅修制，让学生有一定的选择权和支配权，可以自由支配属于自己的时间和空间，着力于学生创新能力和实践能力的培养；在教学目的上，要一切为了学生，为了学生的一切，为了一切学生；在教学方法上，要大力提倡"以学生为主体、教师为主导"的互动式教学方法，鼓励进行问题式、案例式、讨论式、情境式教学法，开展"后发、互动、探究式"的课堂教学实践，

采取一系列措施，使教师由传统式知识传授型教学向现代式研究型教学转变，引导学生由被动接受型学习向研究型学习转变。

（三）灵活多样的教学组织形式

在教学组织的具体实施方面，应采取灵活多样的教学组织形式，对传统教学方式进行创新，充分发挥学生的个性，对学生进行激发和引导，使学生经过探索研究而学会自主学习，使教学方式以传授知识向培养学生认知能力和全面素质转变。转变以教师、课堂、书本为中心的教学局面，进行师生互动，展开专题讨论，鼓励自主探索与合作的学习方式，培养学生的探索精神与批判性思维；重视教学的创新性和学生个体间的差别指导，让学生在与教师的朝夕相处中耳濡目染，接受熏陶；以学生亲自动手实践为主，采取提供实践平台、鼓励学生积极参与科学研究实践课程创新的手段，增强教学活力，培养学生获取新知识、分析和解决问题、交流与合作的能力。

（四）制定均衡的高校教育资源配置政策

在重点大学和普通大学之间要实现教育资源配置的均衡。在建设和发展"双一流"大学的同时也要兼顾一般大学，着力改善一般大学的办学条件。还要针对目前不同区域高校教育差距越来越大的现象，制定相应的区域高校教育政策，寻求不同教育资源在区域间配置的平衡，增强区域高校教育发展的动力。

科学合理地安排高校教育的学科专业布局，加强教学内容和课程体系创新。合理安排课程设置，高校的办学理念、专业与课程设置、教学模式要与社会需求相一致，培养与社会需求相符的人才。首先，在进行学科专业建设时依据"厚基础"原则构建培养本学科专业人才的基础知识、能力和素质结构。其次，在安排学科专业布局时要依据"宽口径"原则，拓宽学生的专业知识面，把专业设置从对口性向适应性改变，实行"宽口径"的专业教育，优化课程整体结构，拓宽专业课程交叉培养，提高教学质量，提高学生的综合素质，培养学生的科学全面发展，为社会提供高素质人才。最后，高校要抓住自身特色，合理定位，遵循差异性原则，建设优势学科，避免模式单一，合理配置教育资源，促进教育公平，促进高校教育科学发展。

（五）因材施教，树立以生为本的教学理念

因材施教，就是根据不同学生的个性特点来进行不同的教育活动，通过对差异性的辨析制订出适合其特点的教学计划。教育公平的实质不是使每一个学

生都要获得同样的教育，而是使每个学生都获得适合自身的教育，这就是教育公平的适合性原则。我们要充分认识到学生是教育活动的主体，学生是发展的独立的人，每个学生都有自己独特的个性，我们要做到在制定教学目标、教学模式、教学内容及教学方法等方面坚持以生为本的教学理念，尊重学生的主体地位，充分挖掘学生的潜能，使学生的个性得到充分发展，塑造学生的健全人格，促进学生的全面发展，促进教育公平的实现。

（六）构建高校教育教学质量保证体系

高校教育教学的质量直接影响着人的全面发展，最终影响经济和社会的发展，我们要依据相应的政策法规建立高校教育教学质量保证体系，规范学科专业建设，避免重复建设和教育资源浪费，构建独立的、有权威性的高校教育教学质量评估机构，加强对高校教育教学质量的监督，完善高校教育教学评估政策，充分发挥社会的监督作用，对高校教育教学质量进行监督。

总而言之，追求高校教育教学公平是促进高校教育公平的核心所在，也是促进高校教育创新发展的不竭动力，我们必须继续深化高校教育教学创新，优化高校教育结构，不断提高高校教育教学质量，实现人的全面发展，最终促进高校教育教学公平的实现。

二、办学特色的形成

办学特色的形成包括以下方面：

第一，教育教学创新，培育办学特色。一所有特色的高校必定拥有自己独特的教育思想和教育教学理念，这种教育思想和教育教学理念能够在特定的时空环境，指导高校在办学发展过程中的办学思想和办学理念，并能适应时代和社会对教育和人才培养的要求，符合教育思想和教育教学理念的创新要求，符合教育创新发展和社会进步的一般规律，能够促进教育发展方向、人的全面发展及人才培养过程的优化。教育教学的创新必将带来教育思想的转变，先进的教育思想必将促进先进办学思想的实践，包括新的办学目标、办学模式的重新定位标准，如何实现这一标准所采用的方法、途径以及对此办学实践效果的综合评价。

第二，构建学科特色，促进办学特色。学科特色建设是促进高校办学特色形成的关键所在。学科建设作为高校培育人才、科学研究和服务社会三大职能的具体承担者，它的建设和发展水平对高校的人才培养、科学研究、专业建设和师资队伍建设等方面的质量有着重要影响，对高校办学特色的形成有着强有力的支撑作用，并决定着学校的服务能力和水平及办学层次的提高。学科特色是高校办学特色中的标志性特色，是构成高校教育核心竞争力的主要组成部分。学科特色，一是指特色学科，指某一特定的学科特色；二是指学科结构体系特色，指由几个特色学科共同组成的学科特色。特色学科是学科特色发展的基础，学科结构体系特色是学科特色的扩展，真正的特色学科具有不可替代性，是难以被模仿和复制的。

高校在学科建设上不能求"大"、求"全"、求"新"，而要求"精""尖"，要因校制宜地构建优势学科，发挥优势学科所附带的"品牌"效应，形成办学特色。教育家田长霖曾经说过，世界上地位上升很快的学校，都是首先在一两个学科领域有所突破，而不可能在各个领域同时突破，达到世界一流。学校要全力支持最优秀的学科，要有先有后，把优势学科变成全世界最好的，其他学科也就会自然而然地提升上来。所以，从某种意义上来讲，一所高校的学科优势所在，也就是这所大学的办学特色所在。

第三，发扬高校精神，形成办学特色。高校应该是思想自由、学术自由，培养人、完善人，不断提升人格和道德，追求学术真理的。高校精神就是在学校里做学问的心理状态和文化立场。高校精神是一所学校内所有成员在长期办学实践中共同创造、传承、逐步发展起来的，被学校所有成员共同认同而形成的一种精神理念，它反映了一所学校的历史文化传统及面貌，是学校的精神信念和意志品质的准确表达，是学校独特气质的精神形式和文明成果的表现，也是学校所有成员的精神支柱。高校精神犹如个人的品格，是高校最为核心和高度抽象的价值追求和行为规范，决定着高校的行为方式和高校发展的方向，是高校存在和发展的基石，是高校的灵魂和本质所在。高校精神是高校保持永久活力的源泉，是高校优良传统文化的结晶，是高校在长期教育实践中积淀下来的最具典型意义的精神象征，体现了高校所有的群体心理定式和精神状态，展现了高校的整体面貌、风格、水平、凝聚力、感召力、生命力，最终凝聚成独有的办学特色。高校的办学理念以及办学实践应该有利于高校精神的形成和发展，并使之形成一种特色教育，经久不衰。

三、推进师资队伍建设

逐步取消高校行政级别，精简高校管理机构，压缩行政费用开支，使教师真正在高校中处于主导地位，同时进行师资队伍建设。百年大计，教育为本；教育大计，教师为本。教师重要，就在于教师的工作是塑造灵魂、塑造生命、塑造人的工作。一个人遇到好老师是人生的幸运，一所学校拥有好老师是学校的光荣，一个民族源源不断涌现出一批又一批好老师则是民族的希望。国家繁荣、民族振兴、教育发展，需要我们大力培养和造就一支师德高尚、业务精湛、结构合理、充满活力的高素质专业化教师队伍。

（一）优化高校师资队伍结构

高校师资队伍的结构内容主要包括教师的学历、职称、年龄这几个方面，它可以直观地反映出教师队伍的质量、能力和学术水平的一些基本情况。

近些年来，我国陆续实施了"高层次创造性人才工程""高校青年教师奖""骨干教师资助计划""硕士课程进修"等多项高级资质队伍建设工程。我们要继续加大对骨干教师和优秀学科带头人的引进力度，强化高层次带头人队伍建设。对于学术带头人、紧缺专业人才要给予一定的政策倾斜，根据学科发展的目标，有目的地吸引高层次人才，以确保高校师资队伍的职称结构比例合理。还要通过有效措施引进高学历人才，提高师资队伍的学历层次。加强本校优秀人才的培养，吸纳来自不同地区和高校的人才，引进与培养相结合，推动人才与资源的有效整合，以利于各学科专业教师整体知识结构的优化，最终促进高校师资队伍结构的协调发展。

（二）提高高校教师综合素质

高校师资队伍建设是高校教育教学创新发展的基石，它直接关系着高校教学质量的提高与否。高校教育的快速发展对高校教师的教育教学思想、知识结构、教学方法等综合素质提出了更高层次的要求，要求教师具有熟练应用现代信息技术和现代教育手段的能力、教学与科研的创新能力、理论联系实际的能力、将知识服务于社会的能力以及良好的社会交往能力，要建设这样一支学术过硬、综合素质较高的教师队伍，我国的高校教育师资队伍建设任重而道远。

提高高校师资队伍的综合素质要把师德建设放在首位。师德建设是师资队伍建设的基础，不断加强师德建设，是全面贯彻党的教育方针政策的根本保证，是培养德才兼备的高素质的社会主义建设者和接班人的必然要求。在高校师资队伍建设中要遵循"以人为本"的原则，牢固树立"师德兴则教育兴、教育兴则民族兴"的爱国主义教育教学理念，要求教师不断更新观念，用现代教育思想充实自我、完善自我，推进高校师资队伍建设，建设一支为人师表、作风优良、爱岗敬业、治学严谨、教学科研能力强、与时俱进的高素质教师队伍。

提高高校师资队伍的综合素质要注重教师教学素质的培养。教学是培养人才的直接途径，也是高校的主要工作，教师是教学的实施主体，培养教师的教学科研能力是提高教师教学水平的主要途径。要改变过去只注重学历的提高而忽视教育教学能力培养的状况，既要注重教师专业学术水平的提高，也要重视教师教学水平的提高。要求教师掌握教育教学理论、教学方法及教学规律，增强教师提高教育教学水平的积极性和自觉性。还要加强教师对科研工作的重视，为教师提供进行科研创新的条件，提高高校师资队伍的科研能力、学术水平和教师职业化水平。以"特色专业、精品课程"建设和聘任重点学科带头人为龙头，加强重点学科带头人、学术带头人、学术骨干队伍建设，在部分学科领域形成独具特色的人才群体，致力于学术大师和教学大师的培养，带动师资队伍整体水平的提高。

总之，我们要把高校师资队伍看作一个整体，通过多种方式培养高校师资队伍的现代教育教学能力。提高教师的专业理论学术水平、教育教学能力、科学研究能力及科学文化素养，全面提升它的教育教学功能、团队协作功能、科研开发功能及社会服务功能，使其掌握先进的教学、科研方法，具有崇尚科学、勇于创新的开拓精神，具有为高校教育事业不懈追求的精神，为高校培养一支具有良好的职业道德、较强的教学科研能力和充满活力的高素质师资队伍。促进高校教育教学质量和水平的提高，促进师资队伍建设的良性循环，促进我国高校教育教学创新，为高校教育创新的跨越式发展奠定基础。

四、创新课程体系及教学内容

（一）课程体系创新

首先，要优化和调整学科专业课程结构，因材施教，分层次教学、分类别培养，同时进行主辅修、双学位、定向培养、中外合作办学等多样化的人才培养模式，在满足不同基础学生学习的需求和发展需要的同时也能促进人才培养质量的提升；其次，在课程结构上打破传统的单一课程结构类型，即分科课程、国家（或地方）课程、必修课程，重新调整课程结构，优化课程体系。综合课程、必修课程和选修课程都要各自占有一定的比例，以"本科规格+实践技能"为特征，重视学生的个别差异，坚持"四个结合"，即理论与实践结合、人文教育与专业课程教学结合、课内与课外结合、校内与校外结合，构建一种合理的适合学生发展的课程体系，最终培养学生具备两个方面的素质——文化素质与创新素质，提高四个方面的技能——基本技能、通用技能、专业技能、综合技能。

在高校基础课程教育上，构建综合基础教育体系，所有学科专业都进行国防教育、人文教育、自然科学基础教育、德育实践等基础知识培训。要构建综合实践体系，搭建公共实践平台，包括专业实验、实习、设计、毕业设计（论文）、德育实践、科技文化实践、创新实践等。还要构建学生实践能力考核体系，对学生的综合实践能力进行考核，进行"创新课程"研究，转变理论基础。创新课程所依据的理论基础由心理学扩展为社会学、经济学、文化学、政治学和生态学等更具包容性的学科领域。创新不仅包括首次创造，也包括对他人所创造出来的成果的重新认识、重新组合和设计应用。

创新课程并不是以学科的方式向学生传授一整套如何创新的知识、方法和策略，也不是以学生获取学科知识为中心，而是以综合实践的方式为学生提供相对独立的、有计划的研究性学习、设计性学习、体验性学习、实践性学习、反思性学习和生活性学习的学习机会，让学生从自己的现实社会生活中自主选择研究课题并通过对开放性、社会性、综合性和实践性问题的探究，形成自己独特的学习方式，培养学生的创新精神、探究能力、开放性思维、社会实践能力和社会责任感。同时，创新课程也是一种创新性理念，指在一种课程开发与实施的过程中除了独立的综合实践课程之外，原有的所有课程科目在具体实践中都要设置一些必要的干扰性因素，并通过课程内容的复杂性、模糊性来增加课程的难度，以培养学生的探究能力。

（二）教学内容创新

遵循"厚基础、宽口径、强能力、重质量"的复合型人才培养原则，重新规划和设计教学内容与课程体系。改变过去只在专业学科范围内设置专业课、专业基础课、基础课的"三级"课程编排方式，构建专业必修、专业选修、学科必修、公共必修、公共选修五大课程体系，对教学内容与课程体系进行重新规划和设计。按照学科专业普遍大类平行设计学科专业类课程、新公共基础课程、文化素质教育课程和实践性教学课程等较大教学课程内容体系，增加选修课，减少必修课，对公共课进行分级分类教学。

厚基础就是使学生熟练地掌握各个学科专业的基础理论、基础知识、基本技能，并能扎实地运用到实践中去，强化学生基础知识体系，打造精品课程。进一步加强学生基础理论、基础知识、基本技能和基本方法的学习与实践，进行优秀主干课程建设和基地品牌课程建设，重点建设基础较好、适应面广的学科专业基础课、主干课和专业课，使之达到国家精品课程建设标准。

宽口径就是拓宽学生的专业知识面，把专业设置从对口性向适应性改变，实行宽口径的专业教育，提高学生的综合素质，为社会提供高素质人才。在课程体系建设上，优化课程整体结构，拓宽专业课程交叉培养，提高知识质量，加强学生文化素质教育。在公共必修课程之上可以设置学科必修课程，按照分类搭建课程平台，注重文理交叉，在课程体系中设置跨专业课程，强化专业渗透，为学生的宽口径发展搭建学科基础平台。优化学生知识结构，让学生根据自己的专业特长、兴趣爱好和发展趋向自由选择，进一步拓宽专业口径，培养学生的综合素质。

强能力、重质量就是从培养学生全面发展、提高学生综合素质出发，以分析、模拟、教学等基本形式展开实践教学，加强课堂内外的实践教学环节，并通过组织社会实践、社团活动、专业实习等实践活动培养学生的务实能力、操作能力，注重学生的人格塑造，充分挖掘学生的潜能，注重培养学生"从一般到个别"的解决能力，着重训练学生"从个别到一般"的调查分析能力，帮助学生养成可行性分析的良好思维习惯，使培养出的学生具备强能力、达到高质量。

（三）注重实践教学创新

针对我国高校教育教学创新中出现的各种状况，教育部财政部《关于实施高等校本科教学质量与教学改革工程的意见》中决定实施教育教学质量工程，中央财政投入大量的资金支持质量工程建设。同时，教育部也发出了《关于进一步深化本科教学改革全面提高教学质量的若干意见》，指出要重点落实实践环节，拓宽高校学生校外实习、实践渠道，与社会、行业以及企事业单位共同建设实习、实践教学基地，力求提高高校学生的实践能力。对学生进行实践教育，并多方面采取各种有效措施，确保学生专业实践和毕业实习的时间和质量，把教育教学与社会实践紧密地结合起来。

开展实践教学，要求学校通过开辟各种有效途径为学生搭建实践平台，建立一批相对稳固的课内外学生实习和实践基地，并积极组织学生进行社会实践、调研、实习等活动，逐步培养高校学生的敬业精神，培养他们艰苦奋斗的精神和坚韧不拔的意志，有计划、有目的地推动大学生自觉自愿加强职业道德素养。逐步培养学生的实践创新能力，积极支持学生创新创业活动，致力于学生创新素质的发掘和培养。创新素质主要包括创新意识、创新精神、创新能力等三个层面的内容。在一个创新型国家的建设进程中，这种全新的创新素质正逐渐成为学生在就业市场竞争中的核心竞争力。

五、教学模式和方法创新

人才的培养是一个复杂的系统工程，必须不断探索其内在的规律，摒弃不合理的教学模式，认真细致地研究教学，研究其内在的多重因素——教学理念、教学内容、教学方法、教学模式等，从而掌握教学的规律。因此，我们提出了"教学民主"的教学观念，对传统的教学模式进行创新，开创研究性教学、开放性教学和互动性教学等一些能够体现"教学民主"的经典的教学模式，充分突出学生的主体性地位，激发学生的主动参与意识，开发学生的学习潜能，创设民主、和谐的学习氛围，指导学生学会学习，在教学中建立一种和谐的师生关系，充分调动学生学习的自发性和积极性，保证学生的全面发展。

（一）推广研究性教学，培养学生的创新意识

教学从知识传递向注重能力培养的转变，必然要求教学方式方法的变革，推进研究性教学正是深化教学创新的重要路径，也是研究型大学人才培养的一个基本特征。研究性教学是一种将教师自身的研究思想、方法和最新成果引入教学过程的教学模式。利用研究性教学，将教学建立在科研基础上，科研促进教学的提高，教学与科研互动并向学生开放，从而引导学生在参与教学过程中步入科研前沿，激发学生主动思考、主动探索、主动实践的创新意识。

第一，研究性学习的过程是情感活动的过程。让学生自发地参与探究性学习活动，获得亲身体验，使其逐步形成一种在日常生活和学习中勇于探索、努力求知的良好习惯，从而激发探索和创新的积极欲望。

第二，研究性学习的过程就是一个探索的过程。在一个相对开放的环境中寻找问题和探讨解决问题的过程。这一过程，可以培养学生的思维能力，培养

学生发掘和解决问题的能力，对学生掌握一定的科学的学习方法，增强对资料的收集能力、分析能力、总结能力以及学会利用多种有效手段、多种途径获取信息都有积极的推动作用。

第三，研究性学习的过程是一个互动的学习过程。在这个互动的学习过程中离不开学生与团体、学生与学生之间的沟通与合作，可以说研究性学习为学生提供了一个人际沟通与合作的良好空间，为学生分享研究资料、学习信息、创意和研究成果以及发扬团队精神提供了一个很好的交流平台，培养学生学会合作、发现问题、克服困难、共同解决问题的能力。研究性学习的过程也是一个实践的过程，要求学生从实际出发，实事求是，尊重他人研究成果，严谨治学，积极进取。

第四，研究性学习的过程也是一个培养学生全面素质提高的过程。学习实践加深了学生对科学以及科学对自然、社会的积极意义与价值的认知，使学生懂得思考国家、社会、人类与世界共同进步、和谐发展的伟大命题。在培养学生的创造能力和实践能力之余还让学生形成了积极的人生观、价值观。研究性学习过程也为学生提供了综合运用各门学科知识的机会，加深了学生对已学知识的重新记忆，培养学生的积极参与能力及自主创新能力。

（二）推广开放性教学培养学生的创新能力

开放性教学是指为了鼓励学生主动积极地去探究知识规律，对传统教学过程中影响学生发展的不合理因素进行创新，从而培养学生自主创新性学习能力的新型教学。开放性教学的主要思想理念在于以学生的发展为本，通过教学目标、教学方法、教学内容以及整个教学过程的开放，从传统的课堂教学走向开放式教学，充分发挥学生的主体作用，让学生自己掌握学习主动权，自己去探索、发现，培养学生的创新能力。在开放性教学中，教师不能仅仅拘泥于教材、教案的内容，要给学生提供充分发展的空间，创设有利于学生自主发展的开放式教学情境，根据学生的发展情况不断调整教学过程的每一个环节，激发学生学习的动力，促进学生在积极主动的探索过程中健康、全面、和谐地发展。开放性教学不只是一种教学方法、教学模式，它还是一种教学理念，它的根本目的是让学生的创新潜能得到充分发展，以开放的教学活动过程为路径，以最优教学效果为最终目标。

（三）开创互动性教学，提高教学质量

互动性教学就是在教学过程中充分发挥师生双方的主动性，师生之间相互交流、相互探讨，促进师生共同发展，最终优化教学效果，共同完成教学目标的一种教学模式。互动性教学可以活跃课堂气氛，而且能够及时反馈学生的学习进度以及掌握知识的规律。互动性教学包括教与学的互动、教学理念的互动、心理的互动以及形象和情绪的互动等。互动性教学是一种富有生命力的创造性教学，有着现代性、互动性和启发性的特点。它要求教师按教学计划组织学生系统而有目的地学习，并要求教师按学生的发展要求有针对性地因材施教；促进教师努力探索、学习，不断提高自己的专业水准和教学水平，同时激发学生学习的积极性，促进学生个性的发展，提高教学效果和效率，最终提高教学质量。互动性教学以学生为主体，以教师为主导。提倡师生平等沟通、交流，让学生在没有压力的情况下轻松自由地学习，让学生参与教学计划、教学决策，有利于培养学生自觉学习和主动学习的能力以及创新学习的能力。

六、重视高校学生文化素质教育

学生文化素质教育是高校高质量人才培养的重要组成部分，是我国高校教育教学创新的一个重要方面，要将文化素质教育贯穿于高校教育的全过程，进而实现教育的整体优化，最终达到教书育人的目的。高校学生的基本素质包括文化素质（思想道德素质）、专业素质和身心素质，其中文化素质是基础。文化是人们所创造出来的物质和精神的成果，是人的活动的物化，是人观念存在的形式，是超越个人的实物形态或观念形态。一种文化一旦被创造出来，就不再受时间、空间、个人的限制，就会被广泛地传播和使用。文化素质就是人们所拥有的所有文化知识的内在的积淀，文化素质对于人们的人生观、价值观的形成具有基础性的决定作用，并最终成为行为的指导规范。同样，人们已有的人生观、价值观也会反作用于文化素质。学生素质教育，主要是指文化素质教育及创新精神、实践能力的培养。文化素质教育重点指人文素质教育，主要是通过加强对学生文学、历史、哲学、艺术等人文社会科学、自然科学方面的教育，来提高全体学生的文化品位、审美情趣、人文素养和科学素质。

（一）高校学生文化素质教育的目的和意义

国家要发展，经济是中心；经济要振兴，科技是关键；科技要进步，教育是基础。由此可见，教育在我国发展中的作用和地位是至关重要的。在发展过程中，需要主体——人，是有知识、有文化、有创造力的人，进行社会发展和变革。因此，发展最根本又被归结为人的发展。高校教育，主要是培育有知识、有文化、创新型人才，高校教育能够产生新的科学知识、新的生产力。高校教育的三大职能之一是发展科学，高校教育在传输知识、培养人才的同时，亦创造新的科学理论。高校教育所培养的不同专业、不同层次的各种文化素质人才在社会生活各领域的作用，将直接、间接地影响全社会的可持续发展，可持续发展的教育观念即是应从全社会可持续发展的角度来审视教育的创新与发展。在高校教育中，我国已从办学体制、投资体制、管理体制、教育教学、招生就业、考试制度等方面进行了多层次的创新，已经逐步走上了一条可持续发展的新道路。当然这条道路并不平坦，在进行创新的过程中会有诸多的问题凸显出来，其中高校学生文化素质教育显得尤为重要。

（二）观念变化对高校学生文化素质的影响

我们生活的时代正处于急剧变革的社会转型时期，人们的生存方式和形态也随之发生了历史性的变化。目前，受社会上一些现象的影响，各种媒介的导向作用，使我国高校学生的价值观、文化观都发生了巨大的变化。"价值观是人们对人和事的评价标准、评价原则和评价方法的观点体系。它具体表现为信念、信仰、理想和追求等形态。一定的价值观反映着在一定生产关系条件下人们的利益需求，决定着人们的思想取向和行为选择。"在经济全球化的今天，经济的迅速发展、物质的极大丰富，也在刺激着高校校园，高校学生作为最敏感的社会群体之一，其价值观也随之不断变化。当前经济发展、教育创新与媒体导向等是影响大学生价值观变化的主要因素。

文化观是一个人对待文化的态度。我们要树立正确的文化观，不狂妄自大，不妄自菲薄。合理对待外来文化，不一概排斥，但也绝不崇洋媚外。

（三）提高高校学生文化素质的途径

提高学生文化素质，必须将文化素质教育贯穿于高校教育的全过程，要求培养出的学生具备人文科学素质、自然科学素质，具有较强的综合能力，如观察分析能力，研究思考能力，语言、文字表达能力，决策能力，组织能力，处理复杂关系的能力以及应用计算机和现代信息技术进行学习、工作和生活的能力，从而实现教育过程的整体优化，最终达到教书育人的目的。提高学生文化素质，必须从以下三方面做起：

第一，提高学生文化素质，高等院校必须转变教育观念，必须进一步加大教育教学创新力度，建立科学的课程体系，创新教学内容和教学方法。首先，转变教育思想并更新教育观念。我们要转变教育思想、更新教育观念，在教育过程中要注重对学生创新能力的培养，开发学生的潜力，让学生在受教育过程中享受到创新的乐趣，积极进取，把学生培养成为全面发展的人。其次，构建科学的课程体系，进行教学内容和课程体系创新，充分发挥课堂教学的导向作用。文化素质不能纯粹以自然的方式在现实生活中靠个体的感悟和体验来获得或提高，而是需要精心设计和安排，以科学而系统的课程体系为支撑，通过发挥课堂教学的主导作用，来实现学生文化素质教育的目的。总的来说，要全面提高高校学生的科学素质与人文素养。在具体教学过程中，应强调人文与科学的自然渗透与融合，必须以包括文、史、哲、自然科学等多学科门类的知识内容来构建多学科交叉的高校课程体系，为培养学生科学素质和人文素养提供广博而深厚的文化底蕴。强调课程体系的科学性，使学生通过各种必修课和选修课的学习和探索，形成合理的知识结构和深厚的知识基础。

第二，提高学生文化素质，高等院校必须提高教师队伍质量，使教师的科学素质和人文素质全面提高。蔡元培曾指出，大学为纯粹研究学问之机关，不可视为养成资格之所，亦不可视为贩卖知识之所。学者当有研究学问之兴趣，又当养成学问家之人格。教育工作者是社会主义核心价值体系的宣传者和教育者，"身教重于言教"，教育工作者要发扬严于律己、以身作则、率先垂范的优良作风，自觉自愿地做到诚信、肯学、肯干，带头实践我们所提倡的道德标准、价值观念和理论要求，真正起到教育和带动广大学生的领头作用，只有这样，才能真正提高和发挥社会主义核心价值体系中教育工作的说服力、吸引力和感染力。

第三，提高学生文化素质教育，必须创新人才培养模式，把知识、能力和素质三者有机地结合起来，贯穿于高校教育的全过程。使高校学生在这三个方面获得和谐的同步的提高，以期造就高素质的全面发展的人才。要让学生拥有良好的文化素质修养，不仅是传授文化知识，而且要教给他们获取知识的方法和技能，使其在获取知识的同时，能力得到充分的发挥，个人素质得到充分提高，这才是教育创新的最终目的，这才是教育的真正目的。蔡元培先生曾说，教育是帮助被教育的人，给他能发展自己的能力，完成他的人格，在人类文化上尽一份的责任；不是把被教育的人，造成一种特别器具，给抱有他种目的的人去应用的。

除此之外，还要有全社会的积极配合，媒介充分发挥积极正面的舆论导向作用等，只有这样，培养出的学生才是全面发展的人，才会成为有益于社会、有益于人类的有价值的新型知识人才，才能继续推动教育创新，才能推进整个社会的可持续发展。

七、人力资源强国战略推动高校教育教学创新

进入 21 世纪，国家站在创新开放和加速社会主义现代化建设的高度，提出了实施人力资源强国战略的重大举措。

高校的职责就是为建设高校教育强国提供强有力的人才保障和科技支撑。当前我国高校教育已经实现了跨越式的发展，成为一个高校教育大国。要想建设成一个人力资源强国，必须以人为本，从创新教育观念、突出高校办学特色、深化高校教育教学创新和完善体制等方面全面推进高校教育创新，才能将我国从人口大国建设成人力资源强国。我国高校教育人力资源开发的构想是坚持"人力资源是我国持续发展的第一资源"的战略。2020 年，高校教育入学率达到 40%，各类高校教育在校生人数达到 3300 万，这一时期高校教育学龄人口规模的下降，高校教育普及程度快速提高，研究生在校生人数达到 200 万，打造了若干所世界高水平大学，造就了一批世界级先进学科，大幅提高了国家科技的原创力，培养了一大批拔尖创新人才；到 2050 年，高校教育入学率将达到 50% 以上，进入高校教育普及化阶段，各级教育都达到较高发展水平，实现从追赶到超越的战略转变，跨入教育发达国家行列，成为世界高校教育人力资源强国。

我国从高校教育人口大国迈向高校教育人力资源强国的构想是：到 2050 年，每百万人口中科学家和工程师人数达到 3000 人，实现高校教育人口大国向高校教育人力资源强国的跨越发展。我国必须在全面建设经济型社会的同时全面建设学习型社会，强化高校教育人力资本投资，使我国高校教育人力资源的结构更加合理、总量更加充足、质量更加提高、体系更加完善，最终带动全体人民的学习能力和就业能力的发展，提高人民的整体素质和综合能力，使我国从教育人口大国转变人力资源强国。

第二节　高校教育教学理念创新的举措

一、树立终身教育的教学理念

终身教育、终身学习的思想是近代以来各国教育界乃至思想界的热门研究课题之一，构建终身教育体系、创建学习型社会也逐渐成为联合国以及世界各国指导教育改革和社会发展的基本理念。终身教育论者认为教育具有时空的整体持续性，即教育与学习"时时都有，处处皆在"。传统教育往往将人的一生分割为三个时期，即学习期、工作期、退休期。终身教育则冲破传统教育的观念，认为教育应当包括人发展的各个阶段及各个方面的教育活动，既包括纵向的一个人从胎教开始直至死亡的各个不同发展阶段所受到的各级各类教育，也包括横向的从学校、家庭、社会等各个不同领域受到的教育。

《中华人民共和国教育法》明确提出，要"健全终身教育体系"。《面向21世纪教育振兴行动计划》进一步明确，"终身教育将是社会生产力发展与社会进步的共同要求"，要"基本建立起终身学习体系"。可见，终身教育、终身学习，已经成为我们的教育和社会理想，建立和完善终身教育体系，已成为我们义不容辞的职责。因此，要树立终身教育的教学理念，将各类教育形式有机结合，合理配置，创新高校教育的教学模式。高校教育要肩负起发展终身教育的重任，依据社会的发展、职业的需求搞好高校教育、岗位培训、知识更新教育和继续教育，尽可能满足社会和经济发展的各种人才要求。

强化开放办学的指导思想。联合国教科文组织发表的《德洛尔报告》中指出：如果大学能向所有希望恢复学习、接受和丰富知识或渴望满足文化生活的成年人敞开校门的话，大学就能成为人们一生中受教育的最好讲台。世界许多国家通过开放办学使高校教育从精英教育转向大众教育，甚至普及教育。

我国高校教育由传统办学转为开放办学，一方面要大力发展远程教育和网络学校，采取"宽进严出"政策，向每一个人提供接受本、专科水平的高校教育。远程教育和网络学校由于不受时间和空间限制，更加适合各类在职人员学习，必将部分取代传统高校教育的函授、夜校和自学考试的多种助学方式，成为21世纪高校教育发展新的生长点。另一方面要充分利用高等学院是社会主义经济建设当班人这个得天独厚的优势，与企业、社会建立更为密切的关系，把学校办成教学、科研和经济建设的联合体，提高高校教育在市场经济条件下的办学效益和"造血"功能，使高校教育在自身发展壮大的同时，进一步提高为社会服务的能力。还要有强烈的国际意识，推进和发展高校教育的国际交流与合作，大胆吸收和借鉴世界高校教育的成功经验，使我国的高校教育建立起一个面向社会、放眼世界、兼收并蓄、博采众长的开放体系。

二、拓展德育教学的教学模式

从职业发展理论来讲，高校教育在德育教学上的问题，将影响职场个体的职业发展精神和职业道德素养的培育。但是高校教育对象的特殊性，决定了学员德育教学的艰巨性、复杂性。一般意义上的德育教学很难达到令人满意的效果，高等德育教学也成为高校教育中最为薄弱的环节。因此，创新基于职业发展理论的高校教育教学模式，应当积极拓展高校教育中德育教学这一重要组件。

（一）拓展德育教学的内容结构

现代德育是以社会现代化、人的现代化为基础，以促进人的现代化为中心，进而促进社会的现代化的德育。现代德育必然要反映现代社会中人自身道德发展的要求，反映现代社会发展的要求。因此，在围绕高等德育内容的构成上，应该更具广泛性、现实性。职业道德是衡量一个从业者道德水平高低的重要标尺，它影响和决定着人们劳动的态度和方向，成为决定劳动者素质水平的灵魂，在高校教育内容中居于核心地位。另外，高等德育要指导受教育者运用科学先进的价值理念学会判断、学会选择、学会创造。随着科技、经济、社会的发展，人们的生活方式、价值观，包括道德观念、道德准则不断变化，原有的某些道德观念、道德规范有可能过时，不可避免地需要提出一些新的道德准则和规范。例如，在科学道德、信息道德、经济道德、网络道德、生态道德等领域特别需要具体的规范，特别需要道德的创造。因此，这也应该是高等德育教学的重要内容。

（二）拓展德育教学的教学形式

拓展德育教学的教学形式必须充分利用现有教学资源和条件，选取在教学中已经成形的教学方法和模式进行拓展延伸。

第一，应当充分运用课堂教学，开展德育教育。课堂教学是学生学习的主要形式。在课堂德育教学开展过程中，根据高等教育的特点，在教学计划和教学内容上，都要做特殊要求，教育内容应该根据市场经济的形势，适时调整德育目标，将以往的"完人道德"调整为"高等道德"教育。在教育过程中要坚持先进性和普遍性相统一的原则，立足市场经济的实际，提倡"为己利他"的道德建设目标，把"利己不损人"作为道德底线，并且把健全的人格塑造放在德育工作的首位。同时，注重发挥学员主观能动性，强化课堂师生双向互动，创造轻松、活泼的德育氛围，保证对学生开展有效的德育教育。可以聘请知名专家举办专题报告会，作为特殊课堂形式，加强对学生人生观、职业道德、现代教育教学和传统文化的教育。总之，无论课堂内外，德育教育的目标和德育教育的重点应在学生健康人格的塑造上，使学生明了道德建设是人格修养不可或缺的一部分时，他们才能接受我们的教育。

第二，利用多媒体教学，强化德育教学效果。传统的授课方式无法满足现代高校教育德育教学的需要。因此，在德育教学过程中，要以鲜活生动的实例来感染学生。通过学生自主的情感判断来塑造道德榜样，唤起对道德善行的崇敬之情，在纷繁复杂的社会现象中找到自己的道德归宿。注重现代教育技术的充分运用以及信息技术与学科资源的整合。充分利用电影、电视、教学录像等信息化、电子化、智能化的多媒体教学手段，借助于这些灵活多样、内涵丰富的声、光、图像等教学形式的直观冲击力，增强学生的兴趣，使学生的认识更加深刻，产生事半功倍的理想教学效果。此外，可以利用网络授课以及远程教学发挥网络教学的优势，拓展德育教学空间，克服高校教育教学时空上的局限性，整合课堂教学和多媒体教学的优势，充分发挥网络资源在教育教学中的作用；借助网络实施网络教学，可以将专家、学者的精彩专题报告、德育教学录像制作成教学辅导光盘在教学辅导网站上和有条件的教学点进行播放。

这一生动、灵活、便捷的德育教学形式克服了高校教育时空上的制约，发挥了网络便捷、高效、涵盖广、辐射面大的优势，最大限度地拓展了德育教学空间，为广大学生提供了全天候德育教学服务。

第四章 多样化人才培养模式的建构策略

第一节 确立多样化的人才培养目标

人才培养目标是学校对教育过程中所培养的人才基本规格的原则规定，是人才培养模式改革的主要依据。高等院校要从社会的需求出发，结合本地区、本校的实际，科学准确地定位，合理地设计人才培养目标，这对于明确学校的办学方向、建立合理的教育制度、确定教学内容和教学方法、科学地组织管理教学过程都起着决定性的指导作用。

在步入21世纪的今天，人们面临着知识经济时代的到来以及经济全球化的加剧，高等学校应该科学准确地确立新的人才培养目标，紧紧跟上历史发展的步伐。

一、21世纪初世界高等教育改革与发展的要求

21世纪初世界高等教育改革与发展的趋势突出地表现在以下三个方面：

1.高等教育主动适应市场经济发展的需要

按照马克思主义理论的分析，一般认为人类社会的发展要经过自然经济—市场经济—直接社会化经济（商品经济）的由低级到高级的三种经济形态。现代资本主义市场经济已有三四百年的实践，已形成了国家干预下的经济形式，而不是纯粹状态下的市场经济。在现代市场经济的条件下，高等学校作为复杂劳动力和科技产品的生产基地，不可避免地体现出市场经济的某些特征。

进入21世纪后，随着高等教育在国家经济、政治、科技、军事、文化等竞争中的地位日益加强，国家对它的宏观调控力度将明显加强，高等教育本身所固有的市场性质也将明显表现出来，并将逐步从对国家的依赖更多地转向对

市场的依赖，市场对高等教育的介入与参与也会日益扩大。因此，我们在确立人才培养目标时要主动地适应市场经济发展的需要。

2. 高等教育中科学研究与生产实践更紧密地结合

现代高等教育不仅有培养人才的教育功能，而且具有不断创造新知识、新技术的科学研究功能，同时还有为经济发展提供劳动力和科技成果的服务功能。随着高等教育从社会的边缘进入社会中心，高等教育的服务功能将越来越突出，社会、家庭、个人对高等教育的认同和评价，都将越来越多地取决于高等教育所提供服务的质量、数量和类型，主要表现为提供社会经济建设所需要的各类人才、科技成果、智力支持等。因此，在21世纪，一方面，教育、科技、经济的一体化进程大大加速，高等教育必须在服务社会经济中体现自己的价值和合理性；另一方面，当今社会急需的人才是既懂理论知识，又有较强实践动手能力，能够解决经济活动和生产活动中的难题，具有应用研究和开发研究能力的复合型人才。所以，高等教育必须主动地融入生产实践，要把科学研究与生产实践紧密地结合起来。

3. 高等教育的国际化

进入21世纪，经济全球化已成为不可阻挡之势，随之而来的还有技术、贸易、文化、教育等的全球化，高等教育正在恢复其古老的国际性，学者、留学生之间的跨国交流正日渐频繁。在这个过程中，一方面，通过高等教育之间的跨国交流与合作，在办学思想、管理体制、人才培养、科技发展诸方面互相借鉴、互相渗透；另一方面，各国的高等教育为了与生产力发展、科技和社会发展相适应而不断改革与创新。因此，高等学校的发展不能脱离国际大环境，要应对经济全球化，就必须在思想上增强国际意识，要积极推动高等教育与国际接轨，学习借鉴西方发达国家的高等教育经验，提高我国高等教育的质量和办学水平。

二、高等学校自身改革与发展的要求

随着我国高等教育管理体制改革的不断深化，我国政府的高等教育管理职能正在发生重大转变，正从以前的"全能管理"转向"有限管理"，从微观管理转向宏观调控，目的是为高等学校提供更大的办学自主权。与之相适应，中央各部门大多已不再办学，基本形成二级教育管理体制，绝大多数部委属院校已经划转地方，只保留了很少部分的部委院校。在2002年的全国高考招生中，地区性院校录取的新生人数占全部新生人数的72%，已成为区域经济发展所需高级专门人才的主要基地。它们的改革与发展与区域社会经济的发展更加密切，尤其是地区性高校大多是地方政府从本地区经济建设的需要出发而创办的，它们为适应需要而产生，为适应需要而发展，因此更具有明显的"区域性"；同时，它们的发展也必然受到区域经济状况的制约，这就决定了地区性高校办学历史、办学条件存在着明显的"差异性"。

但是，由于我国高等教育长期沿袭苏联的模式，强调专业对口，人才培养目标统一，培养规格单一，形成极具共性的"千校一面""千人一面"的人才培养目标，工科人才培养目标大多是定位在"培养在工程领域从事设计与研究的高级专门人才"，导致培养的人才呈现出知识面过窄、适应性不够强的状况。20世纪90年代以来，科学技术的迅猛发展引起经济结构、产业结构和社会结构的巨大变革，社会对高等学校培养的人才需求呈现出多规格、多类型、多层次、综合化的态势，对人才的综合素质也提出更高的要求。各高校为了适应社会的需要，也积极开展人才培养模式的改革探索并取得一定成果，但就人才培养模式改革的总体而言，由于存在着盲目追求高层次、升格、升级、向重点院校看齐等倾向，导致不同学校同一专业的培养目标与模式、课程体系仍然大同小异，尚未有根本的突破，与形势的要求尚有较大距离。

当然，多样性是高等教育发展的必然趋势，地区性院校的多样性表现在：有一批进入"211工程"建设的高校；一批由原部属重点院校转入的院校；一批省属重点院校；还有一批本科历史较短的高等院校。这些不同类型、层次的学校必然有各自的目标定位和办学模式。最根本的是，社会对人才的需求呈现出多层次、多规格、多样化素质的趋势，这就决定了不同层次、不同类型、不同规格的高校的改革与发展。他们应从学校的办学条件、学科布局、师资条件、生源状况的实际出发，充分发挥本校的优势与特色，对本校的人才培养目标科学准确地加以定位。

三、科学定位、确立新的人才培养目标是改革与发展的基本出发点

学校的定位问题是制定学校发展目标、发展战略和发展格局的依据，是确立本科人才培养目标并使其发挥优势、办出特色的前提，是学校改革与发展的基本出发点。当前，在我国社会主义市场经济逐步完善的驱动下，区域经济的蓬勃发展是市场经济发展的必然结果，也是我国经济与社会发展实施"梯度推

进"战略的体现。地区性高校与地区经济发展有着更紧密的直接联系，区域经济发展必然要求高等教育要在积极推进大众化和国际化的同时，立足于区域化、地方化的发展需要，我国的高等教育体制正在适应这一发展潮流。因此，地方院校要坚持地域特点，主动适应区域经济、社会发展的需要，使高校成为当地经济、文化、科技发展的智力中心，成为新技术、新经济、新产品的孵化基地和人才培养基地。

在立足区域社会经济需要的基础上，一方面，地方性院校要抓住区位优势，在"地方性"和特色上下功夫，通过特色寻求更大的办学优势；另一方面，地方性院校也应站在21世纪的新视野上，制定更长远、更高的办学目标和人才培养目标，要打开胸襟，积极参与高等教育的国际化与全球化，不断用新的理念、新的方法、新的思想指导办学，真正形成"立足地方、依托地方、辐射全国、面向世界"的发展格局；要大力发展本科生教育，积极发展研究生教育，适度发展高校教育，形成多种规格的人才培养格局。

第二节 多样化的人才培养模式类型

人才培养模式是为实现既定的人才培养目标的整个管理活动组织构建方案，它包含专业设置、培养方案、培养途径等几个要素。当今国内外高等院校本科教育模式呈现多样化的格局。

一、高校人才培养模式的主要类型

（一）按人才的整体智能结构分类

1. 通才教育模式

所谓通才，指具有多方面的知识、能力，各方面都得到发展的人才。通才教育指给本科生必要的人文、社会科学和自然科学知识基础，着重培养做人的基本素质及今后参与工程实践的基本知识和基本能力的教育。它强调要重视对学生文理等多方面的基本知识和技能的教育和完整而健全的人格的培养，以及进行学科性广博知识型的教育。这是一种未来型的教育模式，它要求学生在本科阶段掌握系统而广博的知识，具有较强的应变能力，能较好地适应毕业后就业的各种选择和融多门学科知识为一体的现代社会的需要。这一模式有利于学生个性的发展，有利于学生发展自己的才能，成为创造型、自信自立的人才，但它要求社会能为他们提供良好的后续教育（研究生、企业培训）条件，使他们能成长为高级专门人才。美国、日本、英国侧重这一模式，我国的研究型大学用90%的时间为本科生打下广博而坚实的基础。

2. 专才教育模式

所谓专才，即在某一方面或某一领域具有专长的人才。专才教育指给本科生提供掌握某一专业领域的实践与研究工作能力的教育。这是一种现在型的教育模式，它强调要重视对学生进行某一学科、某一专业专门知识与技能的训练，强调理论联系实际，注重培养学生某一领域的独立工作能力，使其在本科毕业后能尽快地承担工程实践与研究工作任务。这一模式培养的人才专业性很强，比较适应生产结构分工较细的具体工作岗位，能够胜任本职工作。因此，在培养计划中较突出专业性，基础知识也偏向于为专业服务，按不同的专业设置相关的基础课程。德国、法国等国家偏向于这一模式，我国一些教学型院校也采用这一模式。

3. 通专才结合的"通识"模式

这种模式指在文化科学基础扎实、知识面广的基础上，以某一专业知识为载体，培养既能从事某一专业领域的工作，又具有较强社会适应性的人才。当今众多国家和地区的培养模式正根据各自国情、区情，吸收通才、专才的优点，互相借鉴，培养专业口径较宽、文化科学基础较扎实、知识面广、专博统一、适应性强的人才。例如，新加坡实施通才与专才教育并重，进行博与专相统一的均衡教育，香港地区亦然；台湾地区推行的"通识"教育理念及其实践也是这一模式的体现；清华大学、北京师范大学等众多高等院校也正在探索这种培养模式。

4. 宽基础复合型的培养模式

这是基于对人才提出的新要求而产生的。宽基础指本科生必须具备本学科较扎实的基础理论及必要的人文社科知识，牢固打下广博的学科基础；复合型指学生具有两个或两个以上学科或专业（专业方向）的知识与技能，具有能跨学科（专业）工作和研究的能力。这一模式的产生是由于地区性高校经过几十年的发展大多成为综合性大学，为这一模式的开展创造了必要的实践条件。经过这一模式培养的毕业生深受社会的欢迎，具有较强的适应性和创新性。

（二）按智能水平结构分类

1. 英才培养模式

这是指以培养从事基础科学研究、新技术研究的学术型人才为目标的培养模式。学校对少数拔尖的本科生采用单独开班、单独授课、个别指导等方式，实施英才教育。为他们提供优越的培养条件，配备高水平的导师，按理科要求打好数理化、外语、计算机基础，通过严格的科研能力训练和社会实践锻炼，为他们成才营造最佳氛围。目前，针对高等教育大众化带来的教育质量下降、教育资源紧张、高学历贬值等弊端，世界各国都采取各种措施维护精英高等教育的应有地位。

2. 优秀人才培养模式

这是指培养具有较强基础和发展后劲、知识面较宽的高级专门人才的模式。学校对优秀学生（在地方院校中指高考重点录取分数线以上的新生）采用单独组班，或"开小灶"方式在公共基础课中强化基础、提高要求；在高年级组织他们介入教师科研，或在导师指导下开展科技创新活动，使他们不仅具有学科专业知识与能力，而且具有较强的实践能力和创新意识，为今后成才打下坚实的基础。例如，新加坡以"理论性"工程师为目标实施优秀人才培养模式，国内部分进入"211工程"建设的地方院校也开展了优秀人才培养模式的改革试点。

3. 应用型人才培养模式

这是指以培养主要面对地方、面向基层企业的具有一定基本理论和较强工程实践能力，能从事设计、制造、运行管理的"实用性"工程师和高级技术人员为目标的培养模式。在地区性高校中，对一般本科生大多采用这一模式，在掌握专业基础知识的基础上，着重加强工程实践能力的培养，提高解决工程实际问题的能力。

（三）按培养过程分类

1. 教学科研结合型模式

这是指在本科生培养过程中，将学生的科研能力培养有机地贯穿在教学过程中，使学生在本科阶段受到科研基本训练，加强创新精神和动手能力的培养，为今后的成才打下基础。这种培养模式越来越受到广泛的重视，各国的高等学校都已经意识到加强本科生科研能力培养的重要性，有许多世界知名的高等学校专门设立了本科生科研机构或者科研计划。加强本科生科研能力的培养也引起了许多高等学校的重视，部分高等院校在尝试推动教学与科研的结合。

2. 厂校结合型模式

这是指学生在学校接受专业知识的基础上，安排一段时间在工厂、企业接受强化实践训练，为社会企业培养充足的应用人才。许多工业化国家高校采用这一模式，如德国的学徒制模式和"二元制"模式就是一种典型的厂校结合培养人才的模式。这种模式要求工厂、企业、公司具有较好的教学培训环境与条件。目前除高等职业教育外，国内高校本科教育由于条件限制，较少采用这种模式。

3. 产学研一体化培养模式

这是指本科阶段实行学校、科研单位、工厂企业三者结合的培养模式，使学生全面接受专业教育、科研训练及工程实践训练。这种模式在发达国家如美国、日本较为普遍，在我国国内也有部分院校开展试点。产学研一体化培养模式有很多具体的做法，通常包括互设联络办事处、建立大学——企业研究联合体、发展应用研究所、创办合作研究中心、建设科学园或者高技术产业带等。产学研合作对于加速人才培养进程、提高人才培养质量有重要意义，通过这种途径，高校可以从民间企业招聘教师，这些教师可以为学生带来实践的东西，这些东西是课堂和书本上无法得到的；学生可以去企业实习，提高实践技能；对企业而言，企业的科技人员可以到高校进修，可以聘请高校教师到企业讲学，为企业提供理论指导、信息咨询等。总之，这种模式对产学研各方而言都是有利的，因此，这种模式已经引起了很多高等学校、企业、政府、科研机构、社会团体等的兴趣。

4. 合同制培养模式

这是指在培养人才过程中，学校与用人单位签订人才培养合同，学校直接为企业培养岗位工作人才，这一模式主要盛行于俄罗斯，在我国少数本科院校也采用这一模式。

二、人才培养模式的特性

上述分类表明，不同模式各有其特点、长处与不足，但就人才培养模式的总体而言，它们具有以下几个特性：

1. 模式构建的多样性

由于经济发展的不平衡性、社会人才需求的多变性、市场就业的竞争性、高校办学的自主性以及学生个体存在的差异性，必然导致人才培养模式的多样性。人才培养模式的多样性也带来人才培养的灵活性，这有利于增强学校办学的社会适应性，世界各国、国内各高校乃至高校内各院（系）的不同专业都应当从实际出发构建适合的培养模式与培养途径。

2. 培养模式的层次性

鉴于历史、社会的原因，以及各个院校办学水平与条件的不同层次，其培养模式有所差异。例如，研究型大学承担着培养高级研究型人才的任务，其本科教育侧重于为研究生教育打好基础；教学研究型的大学同时承担着培养部分研究型人才和大量复合型、应用型人才任务；教学型的高校则一般以培养应用型人才为主。因此，各地方院校要准确定位，从培养目标出发，探索相应层次的培养模式，防止盲目攀比。

3. 人才培养模式发展的规律性

高等学校人才培养模式的形成与发展，是与该时期的政治、经济、科技、文化、教育等因素密切相关的。一方面，社会诸多因素对人才培养模式产生综合作用，不断地推动着人才培养模式的改革；另一方面，不同的人才培养模式又反作用于社会诸因素，通过提供高素质的人才，推动社会各个方面的进步。所以，坚持积极的探索，坚持发展性与探索性的有机结合，不断吸收不同模式之长，创建适合自身要求的培养模式，是人才培养模式发展的基本规律。

4. 模式构建的可塑性

培养模式是为实现高校的人才培养目标而对教学管理活动进行的组织构建方式，培养目标不同，其模式自然也不相同，即使目标相同，由于过程优化选择的不同或培养途径的不同也会形成不同的模式。从本质上把握模式构建的可塑性，就可以不拘于形式、"格式"，大胆地创新，在实践中不断探索，逐步形成自身的培养模式。

5. 培养模式的有效性

每种培养模式的形成都有一定的环境和自身条件，也都有长处和不足，如实施英才教育或优秀生教育模式，将有利于拔尖人才的脱颖而出和优秀人才的成长，但这种模式对生源条件要求高，有可能需要较大的投入，要求学校有较强的综合实力，并且这种培养模式效益也偏低，因此并不适合多数高校。因而各高校在选择培养模式时，必须从实际出发，充分考虑自身条件，形成明确的思路，切忌不顾条件、盲目地照搬别校的模式，从而确保选择的模式能收到预期的效果。

总之，由于人才培养模式存在以上特性，因而各高校在构建人才培养模式时，要明确学校定位，从实际出发，努力在"特色"上做文章，不拘"格式"，不受现有模式的约束，勇于开拓，敢于创新，高校的人才培养模式改革必定会呈现百花争艳、丰富多彩的多样化格局。

第三节 建构多样化人才培养模式应遵循的原则

在建构高等院校多样化的人才培养模式时，应遵循以下原则：

一、开放性原则

当前，面对高等教育的国际化与市场化，高等教育正从封闭走向开放，从社会的边缘走向社会的中心，其人才培养模式的构建也必须遵循开放性原则，既要认真总结近年来本校在人才培养模式改革实践中取得的经验，也要学习国内其他高校在这方面的经验，还要大胆学习、借鉴与利用资本主义市场经济模式下形成的西方发达国家的人才培养模式、工作运作规则和管理经验，在此基础上，结合本校实际，积极探索和建立适合社会主义市场经济需要、符合高级人才成长规律、有中国特色的人才培养模式。

二、教学与科研结合的原则

教育的基本功能是促进人的发展和社会的发展，并通过培养人的教育活动来对社会发展起作用。但是，高校是知识密集、学者集中的地方，又有完备的图书资料、仪器设备以及广泛流畅的信息交流渠道，这就决定了它除了培养专门人才之外，还必须承担发展科学、开展社会服务的任务，所以高等学校本身必然是教学与科研结合的文化组织。

高等学校教师是执行高校三大基本职能的主力军，教师只有通过参加科研不断更新自己的知识结构、提高学术水平和教学技巧，才可能更好地完成培养人才的任务；同时，教师只有通过参与将科研成果转化为生产力的科研推广和咨询活动，才可能更好地为社会服务。所以，高校教师在承担人才培养任务的同时，必须积极开展科学研究。

进入 21 世纪，社会对人才素质提出了多样化的要求，尤其对创新精神和实践能力的培养提出了特别的要求。在这种背景下，学生不仅要从教师那里接受前人的知识，还应当通过参加科研、创新活动，不断增强创新意识，培养求真务实的探索精神并增强实践动手能力，这就要求新世纪的大学生在完成基本知识技能培训任务的同时，还应当积极参加科研与创新活动。因此，在构建新世纪多样化的人才培养模式时必须重视教学与科研的结合。

三、服务性原则

高等教育的三大功能之一是服务功能，随着高等教育在政治、经济、文化、科技等的发展中发挥越来越大的作用，大到国家和民族，小到单个个体，都对高等教育有着越来越强烈的需求，这种广泛的需求反过来又刺激了高等教育服务功能的发展：一方面，高等教育必须根据社会的需要，通过培养大量各级各类合格人才来促进社会的发展；另一方面，高等教育要通过开展科学研究和社会服务活动，为社会发展提供必需的知识、科技、信息等方面的成果。地区性高校大多是地方政府根据本地区经济建设的需求而建立的，它们的学科、专业设置与地方国民经济建设结合紧密，覆盖了地方上绝大多数支柱产业，其人才的层次、数量与就业都具有服务地方的特点。

服务性原则应包含两个方面的内涵：一方面，建构人才培养模式要坚持以人为本，服务于人才的成长，为人才成长营造良好的氛围。这就要求充分尊重学生的个性发展，确立学生在教学过程中的主体地位，充分调动学生学习的主动性，促进学生整体素质均衡、和谐发展。另一方面，要坚持服务于社会的需要，为地区经济发展培养大批急需的高级专门人才。由于教育培养人才存在滞后性，因而在服务社会时，既要重视地区经济建设的当前需要，也要重视为地区经济的长远发展做好人才储备工作。

第四节 建构多样化人才培养模式的保障体系

建构人才培养模式是一项牵一发而动全身的系统工程，改革的实践与深化需要有良好的环境条件和保障体系。

一、进一步扩大高等学校的办学自主权

为了保证高校人才培养模式改革的顺利进行，需要进一步扩大高等学校的办学自主权，为学校"松绑"。其主要包括以下几个方面：

1. 人事自主权

高等学校的人事任免权一般包括干部任免权、用人权、职称评审权等，目前，有的重点大学如北京大学、清华大学等在干部任免、用人、职称评审方面享有较大的自主性，但是，广大的地方高校和一般高校却没有享有这样的权力，因此，应该积极赋予高校在这些领域的权力。在干部任免权方面，处级及以下干部应该由学校自主决定，上报备案，以免久拖不决，影响工作的顺利进行；在用人权方面，应按规模确定学校定编总数，实行工资总额承包，给学校自主确定在编数及人员进出的权力，在人事指标、工资级别、户口关系等方面给高校以一定的自主权，保证高等学校能够引进人才、留住人才并用好人才；在职称方面，很多高等院校由于各种复杂的原因，往往不具有高级职称终审权，这给地方院校的师资队伍建设以及人才的引进带来一定困难，应适当放宽评审权条件或实行双轨制。

2. 经费自主权

经费投入的不足已经严重制约高等学校的改革与发展，应该对它们的各种办学形式给予支持，给予收取费用及支配经费等方面较大的自主权。虽然我国政府对高等学校的经费投入在逐年增加，但是这种增长幅度远远跟不上高等学校自身发展的需要以及广大人民群众接受高等教育的需要，面对大众化的高等教育入学压力，如果没有更多的资金和资源投入，高等学校的办学将难以为继。在这种情况下，高等学校必须享有更多的经费自主权，可以通过各种合法的途径扩大资金来源，多方面筹措办学经费，比如，可以通过合作办学、对外办学、产业化办学等方式，吸引私人企业、社会团体等投资高等教育，扩大资金来源。

此外，在制定收费标准、工资福利发放制度等方面，高等学校也应该享有更多自主权。这样，高等学校就可以通过收取一定的学费，或者收取社会服务费、科研咨询费，甚至通过一定的产业化途径获取商业利润等方式，获得更多的经费收入，从而弥补政府对高等学校经费投入的不足。

3. 管理自主权

随着高等学校逐步走向产业化和市场化，高等学校将直接面对市场，因而必须按照市场规则行事，而市场的变动往往难以预测。为了有效地应对瞬息万变的市场需求，高等学校必须享有较大的管理权和决策权，否则，很容易失去许多宝贵的机会。同时，由于区域经济发展的不平衡，各地的高等学校在面对市场竞争时显然有不同的市场策略，如果使用某种单一的、统一的管理模式，难免使高等学校陷入僵化和困境，因此，不同的高等学校应该根据自身的区域特点、办学特色、规模层次等，对学校的发展和改革进行自主管理和自主决策。

当然，所有这些权限的下放并不表明政府对高等学校可以放手不管。就我国现阶段的实际情况看，政府依然是高等学校最大的领导者、管理者、主办者和资助者，因此，应该发挥政府尤其是省级政府在高等学校办学过程中的宏观调控作用，为高等学校的发展创造宽松的政策环境并指明其总体发展方向；要积极为高等学校的发展提供策略和帮助；同时，要减少政府对高等学校具体事务的直接干预和过度介入。

二、充分发挥大学生的主体意识

在建构多样化人才培养模式的改革实践中，要充分发挥大学生的主体意识，这是因为，任何模式的实行最终都要通过学生这个主体来实现，仅有教师的积极性而没有学生的主人翁意识和主动参与，改革是难以获得成功的，这已被近年来的改革实践所证明。

随着我国高等教育逐步步入大众化阶段以及缴费上学改革的实施，学生的主体意识明显增强，学生的个人发展需要与欲望也越来越强烈，因此，在构建人才培养模式时要正确处理好个人发展需要与社会发展需要的关系，既要考虑社会发展的需要，又要充分考虑满足学生个人成才的欲望和充分发挥个性的要求。要充分发挥学生的主体意识，应从加强思想政治工作入手，把学生强烈的成才欲望和发展需要引导到正确的方向。

1. 增强学生的主人翁意识

学生观是教育工作者对教育对象——学生的身心特点、发展潜能、素质目标及评价标准等问题的看法和观点。现代学生观的核心就是要弘扬学生的主体精神，要以学生为本，遵照学生的身心发展规律，最大限度地发挥学生身心发展潜能，全面提高学生素质，实现学生的主动发展。学生在学习中是认识的主体，是实践的主体，又是发展的主体。主体性是人的本质特征，是人作为社会活动主体的本质属性，这是其他动物所不具备的。人的主体意识和主体能力则构成人全面发展的内在因素。因此，我们必须注意去释放、开发学生的主体性，承认并尊重学生的主体性是开展人才培养模式改革的重要立足点，要让学生从"要我学"的被动状态转变成"我要学"的主动状态，成为人才培养模式改革的积极参与者、推动者和受益者。

2. 积极引导，调动学生主动参与的积极性

在建构人才培养模式实践中，要增大"自由度"，让学生有自主安排、积极参与改革的空间，把一、二、三课堂有机地统筹安排，变"教学计划"为真正的培养计划，开设充分的高级选修课；允许学生跨专业、学科、院系选修；开展各种形式的课外科技活动；参与教师科研，鼓励支持学生撰写科研论文，对于科研成果突出的学生，要给予奖励；开展各种科技、艺术、体育竞赛，以及各种社会实践活动，营造一个宽松、浓厚的成才氛围。

三、把教育教学改革继续向纵深推进

建构人才培养模式只是改革的第一步，实践过程是教育教学改革不断深化的过程，把改革向纵深推进是实现培养目标的重要保证。

（一）建设一支结构合理、素质高的师资队伍是实践培养模式的重要基础

一方面，随着我国高等教育迈向"大众化"步伐的加快，我国高等教育几乎以每年20%的速度扩招，而扩招的压力主要被转嫁给地方院校；另一方面，进入21世纪后，国际经济一体化的发展趋势对高等教育的"国际化"提出更高要求。在这一背景下，地方院校的师资队伍存在着几个十分突出的问题：

1. 在量的方面

教师缺编的状况进一步加剧，普通院校的师生比已达到1∶16，甚至超过1∶20，而地方院校师资的补充还不能满足发展的需要，教师外流或隐性外流的现象也十分突出。

2. 在质的方面

由于普通院校受办学的软硬件条件限制，要引进优秀人才存在较大的难度，要引进顶尖级、能拿到国家级课题的专家就更难，学术梯队断层的状况在短时间内难以得到解决。此外，近年来各普通院校虽然也引进了一批高学历的青年教师，但就整体而言，他们的教学能力、实践动手能力以及师德方面都还有待在工作实践中进一步提高。

3. 在结构方面

在地方院校的师资队伍中，有研究生学历的人员比例偏低，距离教育部提出的"2005年本科院校具有研究生以上学历教师应占全部教师比例的60%"的要求还有较大距离，其中博士比例更低，学科结构、学缘结构也不尽合理，因此，必须下大气力，采取非常规措施，深化人事制度改革。具体可以采取以下措施：

（1）以转变思想观念为先导，以改革统揽师资队伍建设全局。

①树立"大人才"观，不拘一格选拔优秀人才。"大人才"观即凡有能力、有用的，特别是急需的就是人才，要不拘一格识人才、用人才；在人才管理上要树立"突出岗位业绩，淡化身份概念"的思想，以业绩为目标而不是以身份为目标实施可持续发展，让人才脱颖而出，为"小人物"脱颖而出成为"冒尖之才"提供机会。

②树立"人才共享"观，做到人才"不求所有，但求所用"。要转变人才单位所有制的观念，充分发挥优秀人才的作用，对顶尖级人才应提倡"人才共享"，如对业务水平居世界前沿的专家，不一定要他们回到学校，可采用聘其为"客座教授"的方式，既为学校服务，又能使其继续保持与世界顶尖级技术与资源的联系，可聘请其每年来校工作几个月；在高校之间，通过跨校讲学、远程教育、合作研究等形式，实现人才的共享。

③树立"两条腿"观，把积极引进与自力培养结合。在确定引进对象时，要着眼于学科带头人和青年学术骨干，要加强对引进人才的论证工作，既要有真才实学，又要与学校学科建设紧密相关，防止盲目引进造成不良后果。对地

方院校而言，要改善师资队伍总体状况，更要着力于在职培养，要充分挖掘本校的人力资源，创造各种有利条件，促进本校中青年教师迅速成长，同时，必须处理好外部引进与内部培养的关系，一方面要合理引进新生力量和新鲜血液，另一方面要加强自身的"造血"功能。

（2）加强重点学科建设，营造吸引人才、利于人才成长的良好氛围。地方院校要集中力量扶持本校优势学科、重点学科的发展，以重点学科带动其他学科的发展，实行"非均衡"发展战略，提高学校及学科的综合实力。这不仅有利于师资队伍水平的提高，而且可以"筑巢引凤"，为高级人才的引进创造良好的环境。

（3）采取有力措施，加速中青年教师的成长。建设一支年富力强、积极向上的中青年师资队伍，是地方院校发展的重大战略举措，要从本地区、本校实际出发，制订中青年骨干教师培养规划，实施有效的师资队伍建设工程（如"名师工程""百人工程"等），为他们的成长提供快捷通道；通过举办教师进修班的形式，鼓励青年教师在职攻读研究生高级学位课程，以同等学力申请硕/博士学位，尽快提高地方院校师资队伍的学历层次；此外，要重视青年教师过好"教学关""实践关"，推行"双师制"，使师资队伍能更好地适应教学改革的需要。

（4）加大学校内部人事制度改革，实行岗位聘任制。切实改善地方院校教师的工作与生活条件，引进竞争机制，稳定骨干教师队伍，促进教师队伍的合理流动；实行"按需设岗、按岗定编"的人事制度，避免"因人设岗，因无人而不设岗"的不良现象，减少资源浪费，合理使用教育资源。

（二）继续深化教学内容改革

教学内容改革是教学改革的核心，也是人才培养模式改革的重点与难点。

就教育改革总体而言，当前已进入教学内容改革的攻坚阶段。虽然已出现一批优秀教材，但教学内容陈旧、滞后于时代发展的问题尚未得到根本解决，与人才培养模式改革要求尚有较大的距离。

地方院校在教学内容改革上是大有可为的，除可以采用教育部组织编写的优秀教材，尤其是公共基础课和专业主干课程的优秀教材，使教学内容尽可能跟上时代发展的步伐外，还可以通过多种渠道获得和改进教材：

（1）从人才培养目标定位出发，组织力量编写有特色的教学参考书及选修课教材。

（2）积极创造条件，引进有特色的原版教材，推进双语教学，并让学生尽可能接触学科发展最新动态信息。

（3）通过教师的教学与科研的结合，将教师研究成果充实到教学内容中。

（4）组织校际合作，集中力量编写具有地方院校特色、紧密联系生产实际的系列教材。

（三）加快教学方法改革步伐

教学方法是指教师在教学活动中，对学生施加影响，把科学知识传授给学生，并使学生提升能力、发展智力、形成一定道德品质和素养的具体手段。

高等学校的教学方法与普通学校相比，具有明确的专业方向性及科学文化发展过程和研究方法的接近性，因此，高等学校教学方法改革应遵循的原则是：使教师在掌握教学方法的共性、普遍性和规范性原理、技能的基础上去追求个性、特殊性和创造性。随着科学技术的进步和教育学、心理学研究的进步，"发现学习法""问题教学法""案例教学法"等，都是有利于学生智力开发和能力培养的优秀教学方法。

应当指出，教学方法本身并无优劣之分，各种教学方法在教学活动中有着各自不同的功能和作用，关键在于用什么教育思想指导方法的使用。因此，在开展教学方法改革中，应鼓励教师树立正确的教育思想体系，熟练地根据教学目标、教学内容、教师自身特色以及学生的个体差异去选择最合适的教学方法，去探索或创新出新的教学方法。

高等学校的教学方法改革是在整个高等教育改革背景下进行的，当今世界高等学校教学方法改革的共同趋势是：在教学方法的功能上由传授知识到教会学习；在教育方法指导思想上推行启发式，废止注入式；在教学方法的结构上，由讲授为主到指导学生独立地学习与研究为主。这也是地方院校在教学方法改革中应充分注意的发展方向。

（四）推广应用现代教育技术，构建创新教育模式

现代教育技术是指在先进教育思想和教育理论的指导下，应用现代科学技术，通过对教学过程及教学资源的设计、开发、利用、评价和管理，实现教学优化的理论与实践。从一定意义上说，现代教育技术是当代教育的制高点，谁抢占了这个山头，谁就在新世纪中处于有利地位。

由于现代教育技术在我国还处于起步阶段，地方院校与重点院校差距较小，只要我们抓住这一发展机遇，就能在新世纪的现代教育技术阵地上占有一席之地。

创新教育是指以培养具有创造性思维和创造能力的人才为目标所进行的教育活动，创新教育包括教育理念、教育技术、教育方法等的创新，其中，教育技术的创新是其重要方面。应用现代教育技术可以增强学生的创造思维和创造能力，使学生养成积极求异、敏锐观察、丰富想象、开拓进取等方面的个性品质，培养学生获取、分析、处理、交流、应用信息的能力。

现代化教育技术的应用，不仅仅是教学手段的变革，从长远发展看，它必将对教学内容、教学方法及人才培养模式的改革产生深远的影响，在实现"国际型""创造型"人才培养目标上将起着十分重要的作用。所以，高校应充分利用优势，抓住当前发展契机，制订发展规划，加大投入，组织队伍，大量采用现代教育技术，如计算机、多媒体、校园网等，推动教育创新的实现，拓宽人才培养模式改革的思路。近年来，不少地方高校在网络教育、课件研制、多媒体应用方面已取得长足的进步。实践证明，在应用现代教育技术、建构创新教育模式的改革上，地方院校是大有可为的。

四、加强高校与社会的联系，积极探索新形势下产学研合作模式

教育与生产劳动相结合，是我国教育方针的重要组成部分，是培养全面发展的合格的社会主义事业建设者和接班人的基本途径。在高等教育中，它的主要表现形式之一是实现产学研的结合。在构建新的人才培养模式时，要增强学生的创新精神和实践能力，全面提高学生的综合素质，也要求我们必须走产学研结合的道路，尤其是地方院校由于其特殊地位，更应当加强与社会的联系，更积极地探索产学研结合的新路。

当前从总体看，真正开展产学研结合较好的高校还较少，结合的深度也还比较浅，"三结合"还未形成有效的机制。从根本上讲，要使高校在产学研结合上取得更大进展，还有赖于我国经济体制改革的完善，有赖于我国企业活力的增强，有赖于在全社会形成培养人才是全社会共同责任的观念，使全社会共同关心、支持和参与高等学校的改革实践。

由于地区性高校的办学资源主要来源于地方，受到区域经济发展的影响和制约，因此，它们的改革和发展必须跟上区域经济的发展形势，要积极融入区域经济，为其发展服务，同时，要善于借助区域经济发展的东风，不断改善办学条件。

当前，我国经济体制改革正向纵深发展，企业正在进行重大的结构调整和改组，多个区域经济中心正在崛起，高校必须抓住机遇，密切与社会、企业联系，基于互惠互利的原则，尽可能地吸纳办学资源。

1. 通过举办各种形式的教育，满足社会、企业对人才的需求

在我国企业重组、调整、升级的过程中，对高层次人才的需求明显增大，原有的员工也迫切希望有在职进修的机会，这一形势有利于地方院校加强与企业的联系，学校可通过举办各种形式、层次的教育（研究生、本科、专升本、函授、培训班、分校等），满足社会的需要，同时也增强学校的办学活力。

2. 通过共同开展科学研究，为企业排忧解难

充分利用高校知识密集、人才密集的优势，以解决企业生产关键问题为课题，教师与企业科技人员联合攻关；还可组织大学生参与攻关，既可帮助企业解决困难，又可让师生在联合攻关中得到锻炼和提高。

3. 充分利用毕业设计环节，加强学生的训练

高校的毕业设计环节，是学校与企业、学生与工作实际加强联系的大好时机，可以以工厂、企业需要为课题，教师与技术人员联合指导，让学生在毕业设计环节既得到综合训练，又得到工程实际的训练，同时，通过这一形式，也为企业选拔人才和学生的就业提供一个很好的机会，实践表明，这一形式深受学生及企业的欢迎。

4. 成立董事会或产学研结合委员会

这是产学研结合的高级形式，如共同制订教学规划、计划，提供经费、实习基地、培养合同等。

第五章　高校现代教学模式的创新

第一节　基于资源的主题教学模式

一、基于资源的主题教学模式概述

主题教学模式是在建构主义学习理论指导下建立起来的，为提升学生综合职业能力，以主题形式呈现的教学活动框架或教学模式。主题教学模式使建构主义学习理论具体化、可操作化，有助于我们用建构主义学习理论去设计和组织基于资源的主题教学活动。基于资源的主题教学模式是指学生围绕一个主题，遵循科学研究的一般规范和步骤，通过充分发掘和利用各种不同的资源，在教师的帮助下进行的一系列探究活动。主题教学模式的发展是想改善传统教学学科知识彼此割裂的缺点，因此，其主题的选择与教学活动的实施均比传统教学更富有弹性且更加灵活。主题教学作为一种新的教学形态，符合当前新课程改革的基本精神和指导思想，它所倡导的主题性、建构性、探究性和创造性的教学具体实施策略有助于学生认知水平和综合素质的整体提升。但是，在实践设计中，主题教学依然存在着诸多问题，如主题学习肤浅化和去学科化倾向、主题教学的整体理解和把握缺乏、学科整合和知识整合的整体缺乏等，这需要教育理论研究者和实践工作者不断地进行自我反思和自我总结，进行更深一步的探讨分析研究。

（一）移动学习资源

1.移动学习资源的含义

移动学习资源是指根据一定的学习目标，为表现特定的学习内容，在一定的教学策略基础上，支持移动学习环境的特定学习活动的数字化信息资源。移动学习资源与普通的学习资源不同，它是指可支持利用移动终端进行移动学习的一切资源，是知识建构的源泉。移动学习资源是推动移动学习发展的不可缺少的一部分。移动学习资源包括移动学习材料、移动学习环境以及移动学习的支持系统。移动学习资源一般又可分为两部分：一是移动硬资源，二是移动软资源。本书所提到的移动学习资源主要指移动软资源，即根据移动学习资源面向的使用群体不同，采用方法各异和手段多样的方式进行设计，开发出内容呈现方式和特点各不相同的、适合移动学习的资源。

针对平板电脑等大屏移动智能终端的优势特征，可以归纳出当前移动学习资源的特点。第一，移动学习资源由单一媒体类型向多媒体类型过渡。由于目前移动智能终端的屏幕尺寸较大，用户的多媒体体验也更佳。因此，当前移动学习资源在内容设计上较多运用图片、音频、视频等丰富的媒体，提高用户的使用兴趣。第二，移动学习资源的呈现形式简洁。学生一般都在非正式场合下，利用终端设备，通过无线网络访问移动学习资源。因此，移动学习资源要求导航、菜单简单明了，主要以文本、图片的形式呈现。第三，移动学习资源的访问便捷性高。随着移动网络带宽的提高、通信网络覆盖面的扩大，手机、平板、笔记本等终端设备在任何时间、任何地方都可以方便地接入网络，使得学生可以随时随地、便捷地获取所需要的学习资源。

2.移动学习资源的类型

目前常见的移动学习资源类型可以概括为以下几种：短消息、电子书、网页、网络课程、教育游戏、微信、微博等。不管是哪一种移动学习资源，都有其自身的特点。

（1）短消息。短消息类型的移动学习资源是指借助移动通信技术，将文字、图片等信息通过短信的形式发送给学生，实现学生之间、学生与教师之间的互动交流。这种类型的移动学习资源内容简洁、形式单一、成本低。例如，非洲农村的移动学习项目就是通过群发短信给所有学生或某一门课程的所有学生，向他们提供教务教学支持和常规的管理支持服务的。

（2）电子书。电子书是按照一定的标准规范，将数字化的文字、图片、影音等多媒体内容与相应终端设备结合的集合。电子书不仅包括数字化内容，还包括承载这些内容的终端设备。

电子书类型的移动学习资源以文本为主，可用于多种移动设备，如各类电子书阅读器、智能手机、平板电脑、笔记本电脑等。

（3）网页。网页类型的移动学习资源就是指 Web 站点，它类似网络学习资源，是以浏览内容页面的方式访问学习资源。网页学习资源的特点是内容充实且覆盖面广，能够涵盖较多的信息；而且，其包含的媒体形式丰富，不仅包含文本、图片、动画、视频等常见的资源类型，还可以包含一些利用虚拟仿真技术来模拟真实场景的三维资源。此外，网页资源在任何终端上都可以显示，用户体验度较高。

（4）网络课程。网络课程是通过网络表现的某学科的教学内容及实施的教学活动的总和。它是信息时代条件下课程新的表现形式。自 2012 年起，在线课程取得了飞速发展，为学习者提供了广泛的学习支持。人们将这一类新兴的大规模开放在线课程称为"慕课"，它沿袭了开放共享知识的理念，突破了传统学习方式和教学方法的束缚，实现了全球优质教育资源的共享。慕课的不断发展与完善，将会对传统的网络课程产生巨大的影响与冲击。

（5）教育游戏。教育游戏类型的移动学习资源以游戏的形式呈现，是专门针对特定的教育目的而开发的，目前在移动学习领域应用得较少。它以游戏作为教育的手段，具有寓教于乐的特点。

（6）微信。微信是腾讯公司推出的一个为智能终端提供即时通信服务的免费应用程序，微信支持跨通信运营商、跨操作系统平台通信，通过网络快速发送免费（需消耗少量网络流量）语音短信、视频、图片和文字。微信平台能够实现信息的快速浏览与转发，极大地方便了移动学习的开展。

（7）微博。微博是一个基于用户关系的信息分享、传播以及获取平台。用户可以通过 Web、WAP 等各种客户端组建个人社区，以文字和图片更新信息，并实现即时分享。微博作为一种分享和交流平台，更注重时效性和随意性，使移动学习更加人性化。

从资源建设的情况来看，短消息、电子书、网页、网络课程、微信、微博是目前开展的移动学习研究中主要涉及的学习资源，教育游戏则相对较少。

（二）云计算教学资源

云计算技术在教学上的应用主要是通过教师利用云计算提供的服务，结合教学云中的教学资源，构建符合自身所教学科教学特点的个性化的教学信息环境，以带给学生更好的教学体验，从而提高教学质量。这种基于教学云的云计算辅助教学能够很好地帮助教师实现科研和技能培训的便捷化，帮助教师轻松地构建个性化教学环境和交流平台，促进教师与教师、教师与学生之间的交流，有助于教师之间的教学成果共享和教学经验学习，有助于教师更好地辅助学生学习，在师生间形成教学相长的良好氛围。但是这种云计算辅助教学体系仍然只是某一高校内部的教学资源整合，这种教学体系虽然大大提高了本校教学资源的利用率，但是并不能从根本上解决高校之间教学资源失衡的问题。不过，这种辅助教学体系的出现为实现高校间的教学资源共享打下了一个良好的基础，高校自身教学资源的有力整合能够更好地适应今后高校之间教学资源共享的超级云教学模式。

通过云计算技术，不同高校之间可以形成一个基于互联网的资源共享体系，使每一所高校都构成一个小的教学云，然后再通过云计算公司的服务器节点将不同高校的教学云进行连接，从而形成一个庞大的教学云资源共享体系。通过对云资源内部的资源权限设置，不同高校的学生可以根据自己的需要进行各种教学资源的应用，而不局限于本校的教学资源，同时不必去资源实际所在的高校进行资源的获取。

二、基于资源的主题学习的现实意义

（一）形成多学科/跨学科课程学习内容

课程一般与科技发展紧密相关，科技在影响社会和教育的过程中也需要课程内容的改变，早期科学发展主要以综合为主，因为人们是从总体上认识事物的。随着科技的发展，人们对事物的认识需要更深、更广，所以科学转向了以分化为主，从而产生了许多的边缘学科、交叉学科和超学科，但是高度分化的学科让人们的认识缺乏整体性且日趋片面，割裂了事物之间的联系，人们开始意识到分化的局限性，从而迫切地呼唤以全局观念看待问题，于是，科学又开始了新一轮的综合。科学发展其实就是一个"综合—分化—综合"的过程。

科学的综合化要求学科内容的综合化，这也决定了课程内容的综合化。为适应现代科学技术的飞速发展和解决人类面临的种种社会问题，我们应重新整合学科知识，加强课程内容的综合性，如环境问题、人口问题、资源问题等，这些是学校教育亟待加强的内容，而这些内容在分科课程中难以综合体现，因此，课程的综合化趋势是现代社会加强科技综合性的必经之路。

基于资源的主题学习解决了综合实践课程如何开展的问题。这种学习方法极大地拓宽了课程资源的利用渠道，在整个学习过程中学习内容弹性大，没有固定的学习内容，而是根据学生的兴趣、社会的热点、培养的需要、资源的优势来确定学习内容。在学习过程中，学生需要运用多学科的知识才能解决问题，因此具有跨学科性的特点。由于各个地区、各个学校的情况不同，也就形成不同的校本课程，从而形成了多种多样的课程学习内容。

（二）发展学习者的问题意识，培养学习者解决问题的能力

在基于资源的主题学习过程中，主题既可由教师确定，也可由教师和学生一起确定。但是在真正的教学过程中，一般鼓励由教师和学生一起讨论确定主题，从而让学生形成问题意识，促使学生善于从日常生活中发现自己感兴趣的问题。这样有利于学生学会发现问题、识别问题。教师帮助学生思考问题的解决过程，而不是解决结果，同时在信息技术与课程整合的过程中，实现问题解决与各学科领域知识的整合。基于资源的主题学习以基于建构主义的问题解决教学观为基础，提倡在真实的环境中培养学生的能力。在这个过程中，教师作为学生的指导者、合作者，负责教会学生一般的解决问题的策略，让学生利用解决问题的技巧解决学生在现实世界中的问题。

（三）通过学生的探究活动发展批判性思维能力、自主与协作能力和反思能力

批判性思维能力是指对于某种事物、现象和主张发现其问题所在，同时根据自身的思考逻辑提出主张的能力。批判性思维包含的范围很广，主要有批判性思考、怀疑精神、问题解决等方面。批判性思维能力也是创新能力的基础，没有批判性思维就不可能有创新。

当前的社会发展需要既有自主能力又有协作能力的人才，要求自主与协作能力统一，具备了自主能力，学生就获得了终身学习的基本方法，而具备了协作能力，就能与人融洽相处，拓展个人的能力，也就增强了社会、团体的竞争实力，所以自主能力和协作能力也是学习者必须具备的能力。

反思能力即元认知能力，培养学习者的反思能力，有利于学习者自觉运用方法和技巧来提高学习成效，具备了反思能力也就知道了如何更好地控制自己的思维过程和学习活动，学会了如何学习。

三、基于资源的主题学习（RBTL）过程解析

基于资源的主题学习的整个过程，是以主题开发为前提，以活动探究为核心，并通过不断评价、反思来优化整个学习过程的一个系统过程。其中包括三个主要环节：主题开发、活动探究和评价。

（一）主题开发——RBTL 的前提

主题是基于资源的主题教学模式中的核心概念。主题是指整合教学目标的、跨学科的学习内容或学习任务。在整个 RBTL 过程中，活动都是围绕主题展开的，主题开发的优劣直接影响教学效果。为使学生在学习过程中占主动地位，教师应调动学生学习的积极性，提倡主题由师生共同开发，在开发的过程中要求主题具有亲和力、跨学科性、开放性、挑战性和实践性，同时主题还应当整合知识技能、过程方法和情感态度与价值观目标，以使学生在学习过程中获得知识、培养能力和发展情感水平。

（二）活动探究——RBTL 的核心

主题一旦确定，学生就可以在教师的指导下进入实质性的学习过程，具体可分为以下几个步骤：

1. 明确问题，阐述问题情境

主题在确定时只是一个比较笼统的概念，还需将其转化为一个或多个待解决的、可操作的问题或任务。这一过程步骤需从多方面不断地追寻问题所在，描述问题产生的情境，恰当地呈现或模拟问题情境，并描述问题的可操控方面，使学生进入问题情境，拥有问题意识或问题的主人翁感，为以后进一步探究做准备。

2. 形成假设，确定探究方向

学生在自己或他人经验的基础上，就问题的答案和解决问题的原则、途径和方法提出自己的设想，然后进行论证，在论证的过程中，可能需要不断修正或改变，形成新的假设。

3. 组织、实施探究活动

这一步骤是整个教学和学习过程的核心，是培养学生知识技能、过程方法、情感态度与价值观的关键，教师可以根据学习目标组合多种活动进行教学，让学生获得直接的学习体验。

4. 收集、整理资料

大部分活动在实施时是一个收集、整理资料的过程。资料的收集、整理是有目的的，只有找到资料的意义，才能使资料发挥最大用途。

5. 形成解决问题的方案

由于解决问题需要学生建立多个问题空间，解决问题者必须将问题空间之间的认知或情境联系点结合起来，因此，学生应确定并阐明问题求解者的多种意见、立场和观点；生成多个可行的解决问题的方案；需要收集充分的证据来支持或反驳各种观点，以支持自己或他人的论点；需要讨论和阐述个人观点，评价各种解决方案的可行性，以最终在最佳的行动方案上达成一致意见。

6. 展示和交流

学生根据探究内容展开相应的展示和交流活动，主要有报告、角色扮演及辩论三种方式。

（三）评价——RBTL 的保障

RBTL 评价提倡综合性评价与过程性评价，倡导评价内容的丰富性与评价方式的多样性。在 RBTL 活动过程中，充分、恰当的探究有利于培养学生的综合素质，如问题意识、科学素养、信息素养、创新能力、实践能力、自主与协作能力和反思能力等。在教学效果价值取向方面，RBTL 评价比较关注学生的问题意识、探究能力和反思能力的发展。

1. 问题意识

问题的确定非常重要，是开展基于资源的主题学习活动中非常关键的一步。学生能否发现问题，取决于学生的问题意识强不强。学生问题意识的强弱，主要从学生的观察力、认知兴趣和求知欲以及丰富的知识经验等方面评价。

2. 探究能力

探究能力是基于资源的主题学习活动所培养的核心能力，在探究的过程中重点培养学生的信息素养、自主能力、协作能力、学习策略、批判性思维能力等。

3. 反思能力

除了教师、家长、专家等人员对学生学习效果进行评价之外，学生还需要对自我学习效果进行不断反思。反思是一个反省的过程、一个自我评估的过程。反思主要是对前一阶段的学习任务进行反省，获取反馈，了解自己所获得的知识，知道自己的不足，明确改善措施。

(1)反思工作目标。教师可通过视频或实物呈现学生上节课完成的任务，对任务质量问题提出疑问，考查学生对这些任务的目标在理解方面是否有缺陷，唤起学生对影响学习质量因素的思考和对专业知识的理解。但这个过程并不需要有明显的教育痕迹。

(2)反思学习过程。教师应点拨和引导学生分析、判断错误产生的原因，引导学生反思学习过程。教师要善于提出问题，引发学生反思，如从接受任务到完成任务，"我做了什么？""我是怎样做的？""我的做法有效吗？"对学生有价值的说法要及时肯定，适时对细节追问，有助于学生认识这些问题背后的原因，包括知识、技能和态度方面的原因。

(3)引导互助反思。在学生个人反思的基础上，教师要借助小组成员的交流，引发反思，这是学生学习与反思的主要推进措施，借助小组成员的讨论、交流，学生可以对先前的个人反思结果进行再反思和补充。这有助于获得更好的解决问题的方法，并可直接运用于改进行动。互助反思能促进学生素质的自我完善。

教师要对学生学习反思的效果进行点拨和评价。争辩式的互助反思可以集思广益，拓宽思考视野，有利于反思向更广、更深的层次发展。

四、基于资源的主题教学的优化策略

主题教学设计是以主题为中轴，驱动师生"双适应、双发展"的整体性教学设计，是教学模式的创新。主题教学设计主要包括主题内容、主题目标、主题形式、主题方法、主题评价等要素，因此，基于主题教学设计的课程资源开发探索实际上就是根据以上要素特征或需求进行课程资源的开发、组织和筛选。下面以英语学科为例，深入探讨基于资源的主题教学的优化策略。

（一）根据主题教学目标厘清课程资源开发方向

英语课程资源包括交际对话、英文原著、各种教辅材料、英语实践活动、英语文章、英语应用软件等。众多英语资源的存在会使英语教师难以确定课程资源开发方向，因此，对课程资源开发探索的首要问题便是明确开发方向，这需要通过主题教学目标来明确。例如，随着英语语法知识学习目标的日益深入，我们在进行主题教学设计时，会在英语语法知识学习的课程目标基础上，形成服务于特定主题的学习目标。初始的课程内容对应初始的课程目标，主题教学设计下的课程资源开发需要和主题目标相一致。

英语学习的总目标是培养学生的综合语言应用能力，主题教学设计下的课程资源开发方向确定可以按照以下思路来进行：第一，英语学科教材资源开发方向。课程目标是主题教学目标的基础，主题教学目标包括课程目标，而课程目标和国家规定的教材内容基本上是相对应的，英语课程教材基于课程目标而设置，因此，英语主题教学目标对应的一个重要课程资源方向便是对英语课本、英语练习册等现有英语教材资源的灵活开发。第二，与课程目标相关的英语教材之外的资源。国家规定的课程目标内涵丰富、立意深远，相对而言，现有的教材内容较为单薄，难以完全支撑课程目标的实现，如英语教学中的英语听力目标要求学生能听懂和理解基本听力材料，并能够在现实中沟通对话。而现有英语教材中的英语内容并不能完全满足这种目标实现的需求，听力训练方面的内容和现实结合方面略显不足，因此，在实践中还需要把专业的英语听力训练资源补充到课程体系中。第三，学生英语学习需要的其他资源。主题教学设计的一个重要目的是促进学生更好地发展，而对学生来说，不同学生群体有不同的实际状况，所需求的英语学习资源就有所差异，如有的学生需要情境对话资源，有的学生需要听力训练资源，还有的学生需要写作资源等。在这种情况下，就需要把各种英语原著作品、英语对话情境训练软件等资源引进教学中。

（二）依据主题教学内容指向，明确课程资源开发内容

开发合适的课程内容服务教学是课程资源开发的一个重要方向。而由于课程资源概念的宽泛性，英语教师对教学中的知识拓展很容易没有目标。而从主题教学设计来说，在明确主题以后，已经形成了以主题为中轴的教学知识框架，不同的框架方向延伸形成了主题教学的指向，因此，对课程知识的拓展就可以围绕相应的指向来拓展课程知识。一般来说，根据英语主题教学内涵拓展英语课程知识的步骤如下：第一，围绕英语主题方向确定英语内容范畴。不同主题对应不同的教学内容。例如，英语情境对话能力的主题教学设计，所有的内容都是围绕学生的情境对话能力来进行的，或是情境对话的实例举证，或是情境对话的要求罗列，或是情境对话能力培养的关键点，或是情境对话的活动开展，都要和情境对话相关。在英语主题教学设计中，所有的英语教学内容都和英语主题有关，或是主题原因，或是主题分析，或是主题内涵讲解，都和主题有着各种关联。第二，分析英语主题内涵的内容需求。主题内容源于课程，又高于课程内容，如特定英语写作的专题教学会应用到英语教材中的知识，又综合了学生在读写识记、时态、语法等方面的知识能力，在这个过程中，写作主题对

应的资源内容就包括特定年级阶段学生的英语水平、写作中涉及的词汇语法知识，以及其他教师在此问题上的经验教训等。第三，根据英语专题的内涵需求进行课程知识拓展。明确英语主题内容的基本需求后，就可以进行对应的课程知识拓展。例如，英语阅读理解专题的目的是让学生能够读懂常见体裁的阅读材料，能根据不同阅读目的运用简单的阅读策略获取信息，找出文章主题、理解故事情节等。因此，对于相关专题，就需要进行阅读技巧内容、多种类体裁阅读材料等对应内容的拓展。

（三）根据主题教学逻辑安排课程资源内容顺序

在英语学科中把不同的情境对话片段放置在不同位置，就会使课程资源形成不同的状态。主题教学设计实际上就是让特定知识基于不同主题形成不同的知识体系，将主题相关知识内容合理串联，使各种课程知识更好地被学生掌握吸收，使学生的知识能力得到更多锻炼。主题教学设计中的各种资源实际上存在千丝万缕的关系，因此，可以基于主题的知识逻辑合理安排课程知识内容，使各种课程资源形成不同的状态表现。具体到英语教学实践中：第一，基于不同的英语主题原点发掘主题教学中的各种知识的内在关联。例如，在时态主题教学中，相关时态知识之间的逻辑关联可以使基于主题而阐发的内容体系更加合乎实际和逻辑。第二，对各种英语知识按照对主题影响的大小、轻重来分类。不同知识和课堂主题的关联不同，关系有轻重之别，影响有大小之分。例如，在英语写作专题中，单词、短语和语法都是写作的重要内容，在专题教学时需要对不同内容之间的逻辑关系进行梳理，以便相关知识按照内在的逻辑关系合理排列；再对课程内容进行合理排列，在厘清众多英语课程内容之间的内在关系后，基于各种关系对各种英语知识内容按照远近顺序进行有序排列，即围绕主题教学做出知识关联的英语专题思维导图。第三，让学生通过英语主题学习，掌握时态、语法、词汇等方面的知识内容。不同年龄阶段的学生认知水平有差异，特定主题要强调的教学目标也不一致。因此，相关英语知识在依照基本关联进行排序后，还需要基于英语课堂教学的实际情况进行整体审视，使之更加符合英语课堂教学需要。

（四）基于主题教学组织形式进行课程资源的灵活运用

主题内容不同，采取的主题教学组织形式也有差别。例如，英语教学的主题内容可能是词汇识记主题，也可能是现在完成时、句子结构等各种各样的语法主题，这些主题对应的知识内容不同，要求的能力有差别，其面对的问题也有不同。因此，对于相关主题的教学组织形式自然会有差别，可以是小组合作，也可以是班级授课，以及多种教学组织形式组合等。基于主题教学组织形式的组织需求还需要对课程资源进行灵活应用。以英语写作主题为例，第一，要明确英语写作主题教学组织形式所需要的资源，包括写作模板、体裁分类、写作知识技巧、写作要求等方面的写作资源。第二，要明确英语写作教学相关课程资源的应用方式。例如，有关英语写作教学的英语视频需要通过多媒体教学设备来播放，还有一些英语作文需要通过手机联网来使用，不同英语写作资源的应用方式也有差异。第三，要对英语写作主题教学内容的组织形式进行明确。教学组织形式是基于主题教学内容来选择的，只有明确了写作主题教学的组织形式或方向，或是实地体验写作，或是例文分析写作等，各种写作资源的应用方式和范围等基本问题才能最终落实。第四，要基于英语写作主题教学组织形式，合理组织课程资源。在明确英语写作主题教学的组织形式后，教师要对相关的英语写作课程资源进行合理应用。例如，先利用英语视频让学生掌握学习写作的技巧方法，再以对不同例文的分析让学生对相关知识加深理解，在此基础上就可以指定特殊写作对象让学生模仿写作等。

第二节 基于问题的信息化教学模式

一、基于问题的信息化教学模式概述

（一）信息化教学模式的含义

信息化教学模式是在人们通常理解的教学模式上增加一个信息技术支持的概念，是指在教师的指导下以学生为中心的学习。学生发挥个人主观能动性，在大脑中对信息进行深度加工，以获取个人的认知结构，教师只起帮助、引导与促进作用。该模式由学生、学习环境、教师、教学信息这几个因素组成。

从文化角度分析，信息化教学模式具有如下基本特征：学习目的注重学生的潜能激发、能力发展以及自我完善；资源形式多样，参与范围扩大；身份转变明显；学习动力从外在获得转变为自主自发，有利于培养学生的高阶思维能力。

（二）信息化教学模式的分类及特点

目前，国内外有很多教学模式产生，较为常见的有基于项目的学习、基于问题的学习、基于案例的学习、基于资源的学习、探究学习、个性化学习、操作与练习、虚拟学伴、协同实验室、情境化学习、协作学习、认知工具、虚拟学社等。随着教育信息化的不断深入和发展，新的信息化教学模式将会不断涌现，构成更加丰富有效的教学模式群。针对我国目前的教育现状，信息化教学模式可分为以下三类：授导型信息化教学、探究型信息化教学、自主型信息化教学。

授导型信息化教学按传统教学模式的过程进行，但与之又有差别。在传统教学模式中，学生处于被动状态，以教师为主体。而在授导型教学模式中，教师的主体地位有所下降，仍以讲授为主，不单纯进行灌输式教学，更加注重对学生的引导。在整个教学过程中，教师不断引导学生发现问题、独立思考，最终解决问题。在这种模式下，教师的引导最为重要，没有好的引导，学生的思想会成为"脱缰的马"。例如，课堂讨论，从问题的提出到解决，必须有教师很好的控制。

探究型信息化教学模式强调以学生为中心，采用小组讨论的方式来学习相关的知识，通过信息技术的资源和这种交互的优势，培养学生协作学习的能力，培养学生发现问题、解决问题的能力，不仅提升学生的内在素质，还提升学生的外在技能。学生可以自主控制和管理自己的学习。教师则是学生学习的组织者、辅导者和监督者，主要任务是构建学生自主学习的环境并制订适当的教学策略。该模式强调评价的多样性和非量化性，主要采用过程性评价，此外兼顾学生间的互评以及学生自评。典型的有 Web Quest 教学模式中基于案例的学习、基于问题的学习、基于资源的学习等。

自主型信息化教学模式要求学生学习前自主确定学习目标，制订学习计划，做具体学习的准备，包括自我监控、反馈、调节、检查、总结、评价、补救等过程。学生是学习的主人，教师则是简单的引导者，学生有问题可以找教师询问。常见的自主型教学模式主要有任务驱动型模式、基于项目的学习、基于问题的设计等。

教学模式都是经过许多人的实践，由专家或者专业人士总结出来的，只代表大多数人的教学经验和过程，并不代表所有人的。所以即使选定了一个教学模式，也不一定完全按照既定的步骤实施，在实践教学中，教师可以根据自身的特点选择合适的信息化教学手段，在探索中不断前进，逐渐提高自身的教学水平。

（三）信息化教学模式的运用策略

信息化教学模式的运用核心在于利用信息化教学环境与平台，在实现双向互动式教学、增强教学展示效果的同时，实现学习效果的及时反馈与教学过程的动态生成，让学生积极主动、高效地参与到课堂中，真正实现以学生为主体的智慧教学，支撑起整个项目学习过程的信息化环境、平台、工具与资源，在项目规划、项目实施、项目成果形成以及学习延伸和能力拓展等环节起到积极的作用。在探究前期，教师利用互动系统的文件传输功能分发情境问题与数据，使学习小组进入问题情境，明确探究任务。

（四）基于问题的信息化教学模式的含义

基于问题的教学是把教学与学习置于复杂的、有意义的问题情境中，通过让学生以小组合作的形式共同解决复杂的、实际的或真实的问题，来学习隐含于问题背后的科学知识，发展解决问题能力的一种教学与学习模式。基于问题的教学模式有三大基本要素——问题、学生和教师。基于问题的教学模式与传统教学模式相比，在教师、学生、教学策略以及评价方式等方面都发生了变化。

学生积极主动地进入学习环境，进行单元问题求解，从而实现对知识的意义建构。同样，教师不再只是知识的传授者，更多的是通过提出问题引发思考，并且监控学习。而基于问题的信息化教学模式区别于其他信息化教学模式，在于教师以问题为中心组织教学并作为学生学习的驱动力；教师提供问题情境，并作为合作研究者参与学习过程；学生综合并建构知识，提出解决问题的方案，在解决问题的过程中获取知识、习得能力。

二、基于问题的信息化教学模式的设计

学生的探究活动是在教师预先设计好的具体步骤中展开的。学生需要学习的新知识，不是由教师直接抛给学生的，而是将所要学习的新知识隐含在一个或几个问题之中，学生通过对所提供的问题进行分析、讨论，明确这些问题大体涉及哪些知识，需要解决哪些问题，在教师的指导、帮助下找出解决问题的方法，经过探究，最后通过问题的解决去实现对所学知识的意义建构。

学生通过探究活动获得新知识并培养能力。探究教学不是先将结论直接告诉学生，再通过学生加以验证，而是让学生通过各式各样的探究活动，如观察、调查、制作、收集资料、设计等亲自得出结论，让他们参与并体验知识的获得过程，建构起对知识的认识，并培养科学探索的能力。

基于问题的探究式教学注重从学生已有的经验出发。对学生认知理论的研究表明，学生的学习不是从空白开始的。已有的经验会影响现在的学习效果，教学只有从学生的已有知识和生活实际出发，才会激发学生的学习积极性，学生的学习才可能是主动的，否则就很难达到预期的教学目标。

该模式重视协作学习。在该模式中，学生常常需要分组制订工作计划，分组调查和收集资料，需要采取讨论、争论和意见综合等协作学习方式。基于问题的探究式教学模式重视形成性评价和学生的自我评价。该模式教学的评价要求高，如它要求评价每一名学生理解哪些概念，能否应用知识解决问题，能否设计并实施探究计划，能否独立完成问题，小组协商时参与态度是否积极等。要弄清这一切，单靠终结性评价验证是难以奏效的，该模式在重视终结性评价的同时，也很重视形成性评价，与此同时，还注重学生的自我评价和师生互评。

（一）信息化平台的选择

智慧教学环境下的教学设计依托信息化平台，以学生为中心创造智能化、个性化的教学情境，而信息化平台应用已进入一个相对成熟的阶段，且平台繁多，功能也有所差异，那么如何应用平台结合自身学科进行教学设计与应用就变得至关重要。以市场运营商的平台为例，有PC端的慕课、精品课程，移动端的学习通、云班课、雨课堂等。这些平台都有其自身的优势和缺陷，教师可以依据自己的学科特点，根据具体的教学要求、教学场景、教学内容等选择合适的平台。目前移动综合性平台因其方便快捷深受欢迎，在高校中普遍被使用。

（二）信息化平台教学设计

教学活动设计一般有探究性学习、研究性学习、主题性学习和协作性学习几种类型，即让学生从探究中获取知识、应用知识、解决问题，以问题为导向，让学生观察、查阅资料、实验，从而找到解决方案；以科学研究为依据，学生通过社会调查、收集资料、选题、制订研究计划、撰写研究报告来完成自主研究；以主题为学习的核心，围绕该主题对内容进行结构化学习；通过小组或团队的形式组织学生进行学习。这几种类型究其实质，都是以学生为中心，以问题或主题为导向，通过各种学习方法进行自主探究和协作探究学习，学生是主动学习者，学习是一种过程性学习。这些类型的学习可以根据需要混合设计，通过在信息化平台上传课件、发布问题、分组讨论、分组研究来实现。依据教学设计的原理，教师在进行信息化教学设计之前首先要进行教学分析，教学设计是建立在教学分析的基础之上的，根据教学分析的结果来设计相应的内容、过程等。

教学目标（学习主题、要求）分析，实质上可以理解为"是什么"，包含知识目标、能力目标、情感目标，根据培养计划和教学大纲要求来确定。教学内容（知识的分类）分析，实质上可以理解为"如何做"，包含陈述性知识（关于事物及其关系的知识，如事实、规则、事件等信息）、程序性知识（关于完成某项行为或操作步骤的知识）、策略性知识（关于"如何学""如何思维"的知识，是调节自己注意力、记忆思维的能力的知识）。教学内容分析依赖于教师对教学内容本身的理解和把握以及教师自身的逻辑思维能力。学生分析包含学生的基础知识、认知能力、个性态度等。这在传统教学模式中很难实现，但可以通过智慧教学中的信息化平台完成。例如，在雨课堂中发布测试问卷来了解学生的基础知识水平；发布预习视频供学生课前学习，配备相关知识点的线上测试来探知学生的认知能力；推出主题讨论，初步熟悉学生的个性和态度。通过这些课前活动可以得到相关的数据，为教师的教学设计提供有力的依据。

信息化平台教学设计是指依据前期教学分析的数据，进一步地进行学习情境设计和教学活动设计。学习情境对学习活动起到一种支撑作用，学习情境设计必须在学习活动设计的基础上进行，而不同的教学活动可能需要不同的教学资源和不同的认知工具。其实质是在特定的教学环境中，以问题为中心，设计相关的学习资源，根据不同的资源选择不同的认知工具，开展各种类型的教学活动。

学习资源中主要的组成部分是学习问题（疑问、主题、项目、分歧），通过回答问题、完成项目、解决分歧来达到学习目标。学习问题可以通过主题讨论、项目小组合作、案例分析投票等具体地开展教学活动。学习资源还包括学习参考资料（图书、视频等）、多媒体教学课件、范例等。例如，在雨课堂中可以插入免费的慕课视频、PPT及范例等资源。认知工具设计有任务表征工具、知识建模工具、信息搜索工具、协同工作工具、绩效支持和评价工具。任务表征工具是对学习内容进行分析和组织，如数据库、概念图、电子表格等，即利用数据建模、图示、计算机化的数字记录跟踪系统的方式，使知识可视化和显性化、数字化；也可以利用不同的计算机软件完成知识构建并嵌入雨课堂PPT中。知识建模工具是以动、静态建模的方式，如思维导图，用图文将各级主题关系以相互隶属、分层级等形式表现出来，将思维形象化、直观化，可以采用专门的软件完成导图并关联到雨课堂中。协同工作工具是通过小组或团队的方式组织学习，有助于学生交流合作，提高社会合作能力，如在雨课堂中可以小组讨论、小组互评、闭环交流等。绩效支持和评价工具是采用多种评价工具立体地进行评价，如雨课堂中的测验投稿弹幕、各类奖惩（加分、评语、课红包等）。

三、基于问题的信息化教学模式优化策略

（一）加大信息化教学管理力度

随着我国教育改革的不断发展，各领域对教育教学发展越来越重视，再加上信息化时代与信息技术的影响，各阶段的教育教学都加大了信息技术的教学力度，在课堂教学上积极采用多媒体引导教学，新颖的教学模式能够吸引学生的注意力，多媒体设备可把抽象的知识直观化，强化教学资源的整合与应用。对此，教师要发挥自身的引导作用，能够对教学内容与学生实际情况进行综合分析，对传统教学理念与教学模式进行优化、创新，不断激发学生的思维能力与自主能力，为高校整体教学质量的提升提供有利条件。同时，学校要给予大力支持，结合目前高校自身的教学现状全面分析，明确信息化教学目标，避免信息化教学与创新教学产生冲突，满足每位学生的学习需求。

例如，高校通过对自身教学情况的全面分析，改革与完善学生考核体系、管理体系；积极开展信息化教学活动，引导教师、学生积极参与，以原有教学情况为创新基础，加大信息化教学、建设的管理力度；利用信息技术建立档案管理库，确保教师、学生、教学资源等的完整性，并对各类信息资源进行信息化管理，为学校招生、招师等提供重要信息依据，使各项工作都可在信息化管理平台中实施；全面提升高校管理工作的质量与效率，使学校、教师有更多的精力与时间对教学模式进行创新，不断完善教学管理体系，从而促进高校的稳定发展。

（二）积极采用信息技术教学方式

高校与教师应遵循"以学生为主体"的教学原则，积极采用信息技术教学方式，并与情境教学、实践教学、小组合作教学等综合应用，全面调动学生的积极性与自主性。只有学生亲身参与、学习，才能真正感受到学习的乐趣，只

有学生对学习产生浓厚的兴趣,才能自主学习、探究,不断提升自身的综合能力。以教材知识为教学基础,教师对学生进行引导、拓展教学,丰富学生的知识面,使学生掌握更多的信息技术知识,从而满足学生的学习需求。

例如,在高校的积极组织下,全体教师都参与信息技术教学方式的创新活动,结合目前高校自身的教学情况全面分析,把教学内容、教学资料、教学方案等都发布到信息平台中,让学生可自主安排学习时间,对掌握不扎实的知识进行自主学习,这在提升学生自主能力的同时,还可以促进学生的全面发展,为现代化社会培养更多复合型人才。

第三节 基于深度学习的混合式教学模式

一、深度学习与混合式教学

（一）深度学习的含义

深度学习是相对浅层学习而言的信息加工方式,是学生能在理解的基础上,运用批判性思维客观地审视、选择性地接纳新的知识与观点,发现并建立新旧知识之间的联系,把它们有效地整合到原有的认知结构中,形成新的知识体系,并且能够将已有的知识迁移到具有差异化的新情境中的一种学习方式。

（二）混合式教学的含义

混合式教学又称混合（式）学习,是对传统面对面教学与远程在线学习深刻反思后形成的新的教学方式,最早在企业培训中兴起。有人认为混合式教学将传统面授教学与网络学习优势互补,既发挥教学过程中教师的引导、启发、监控的主导作用,又充分体现学生作为教学主体的主动性、积极性与创造性。混合式教学是为了让学生掌握所学的知识、态度和技能,将内容方法、媒体模式、环境等教学元素有机地融合起来,采用同步或者异步的方式,充分发挥教师的主导作用与学生的自学能力,以使学习效果最大化的教学模式。混合式教学的形式是多样化的,需要根据不同的学习对象、学习内容、学习需求和学习情境等进行混合教学,以达到最优的教学效果。当前,基于数字资源（微课、慕课、SPOC）及新型教学平台的混合式教学研究层出不穷,翻转课堂被视为混合式教学的代表。

（三）混合式教学模式的特点

1. 教学方法与手段多样化

现阶段，高校教学方法与手段不再局限于传统课堂上的讲授、练习，而是贯穿于课前、课中与课后的多元化活动设计，将传统的教学手段与现代化教学手段进行有机整合。现阶段主流的教学方法包括翻转课堂教学法、课堂讲授法、案例教学法、讨论教学法、任务驱动法、拓展训练法等。教学手段以多媒体教学为主、传统讲授式教学为辅。例如，课前的线上学习预热，课中的 PPT 展示结合传统讲授，案例分析结合实物展示，提问互动结合线上操作，翻转课堂，课后的线上答疑与作业辅导，等等。

2. 教学内容深刻化与拓展化

随着经济和社会日益发展，课本中有限的理论知识已经无法满足学生对专业知识的进一步理解和掌握。因此，混合式教学模式下的教学内容正在逐渐深刻化与拓展化，主要表现在三个方面。一是教材内容注重理论联系实际。与时俱进的案例的增加是这个阶段教学内容改革的重要特点之一。学生通过对实际案例的深度理解、逻辑厘清、理论应用与创新设计等环节，提高自身的综合分析能力、实际应用能力与创新能力。二是教学内容从专业知识拓展至通识。从专业知识的逻辑体系出发，总结和转变出可以应用于任何领域的本领，完成基本素质培养与思维体系建设。三是思政与专业相融合。每个阶段主题的专业内容都会融合当下的思政主题，使学生在正确的价值观指引下，有方向、有目标地学习相关理论知识，有效、合理地运用专业技能，培养出高觉悟、高素质和高水平的新世纪人才。

3. 考核方式数据化与双向化

混合式教学模式的优势在于依托互联网平台将教学活动与学习活动进行量化与直观化，因此，对学生的考核方式也逐步开始改革。为了体现教学效果的过程性与生成性，传统的期中考试与期末考试占比较大的一次性考核方式正逐渐调整为双向的、分散的、可视化的、全方位的过程性考核体系，不仅要考查学生的学习效果，也要考查教师的授课效果，以便教学调整与升华。例如，利用线上教学平台（超星、雨课堂）等可以实现教学数据的统计与分析，将教师的授课行为和学生的学习行为可视化，形成"教师—学生"双向课堂实效性评价体系。

二、基于深度学习的混合式教学模式构建原则

（一）让教学过程更具交际性

相比传统的课堂教学模式，基于深度学习的混合式教学模式更能增加课堂互动的有效性。根据不同的课型确定具体的教学目标，借助现代多媒体及网络技术，设置高效的互动环节，线上互动以弹幕和连麦为主，还可以使用线上公共平台讨论区，和除了班级同学以外的其他参加该课程的人一起进行沟通交流。在线下的课堂教学中，教师有时间设置更多的交际性活动，让学生在交际中熟练地掌握并运用知识。

（二）让教学方法更灵活多样

基于深度学习的混合式教学模式采用多种教学方法，以精讲多练为原则，可以在教学过程中实现图示法、直接法、陶冶法、实物展示法、全身反应法等多种操练方法。教师可以随机组合、搭配，灵活地使用多种教学方法。

（三）培养学生的自主学习能力

基于深度学习的混合式教学模式由两部分构成，其中线上的部分更多的要靠学生的自主性。课前线上视频资源教学的部分打破了信息不对称的局面，实现了教学资源的共享，弥补了资源不均衡的差距，能共享名师的教学课堂，也能提高学生的学习兴趣，激发了学生的学习动力，让学习者能更主动、更积极地探索学习，不会再把学习当成一种压力，在潜移默化中培养学生自主学习的能力。

（四）让评价方式更多元化

基于深度学习的混合式教学模式的评价手段打破了传统课堂中课堂表现加期中、期末成绩的单一的评价方式，使评价方式变得更加多元，包括学生的平台、资源利用情况、线上任务完成情况、在线测试情况、信息素养情况、创新精神、情感态度与价值观方面，也包括学生的课堂积极讨论情况、游戏参与情况、交际活动表现情况，还包括作业完成情况和期末考试情况。多元化的评价方式更符合当下以人为本的教学理念，重视人的个性和潜能的开发，是一种动态的评价过程。

(五)提高学生的信息获取、处理能力

在如今信息爆炸的年代,处理信息的能力是学生必备的技能之一,面对海量的学习资源,学生甄别和选取信息的能力就显得格外重要。比如,教师要求学生提前了解有关知识的内容,学生在网络上寻找相关内容时,如果直接将网上搜索到的信息进行利用,没有甄选信息就会导致学生本身抓不住学习重点。因此,有必要培养、引导学生选取有用的学习信息的能力。教师应做引导、协助学生的好帮手。长此以往便使学生形成更好的信息处理能力,以便培养自主学习能力。

(六)培养学生的合作精神

基于深度学习的混合式教学模式注重引导学生通过合作探究的学习方式解决线上学习中存在的问题,强调学生之间的协作,因此,在该模式的引导下,与传统教学相比,学生拥有更多的主动权,学生的团队协作意识有所增强,更有利于学生对知识点的内化吸收。课堂活动中更多的小组活动、小组竞赛和小组游戏,也可以考验学生的团队协作能力,培养学生的合作精神。这一模式注重引导学生通过互帮互助的形式提升自我,帮助他人,这也是学校德育的重要组成部分。

(七)实现学生的个性化学习

基于深度学习的混合式教学模式不再单纯地依赖传统的课堂教学,而可以增加在网络上的线上教学,让学生随时随地都可以听课学习,不会受到时间和空间的限制,还能将没有听懂的部分反复地听,根据自身的能力和水平决定听课的次数,控制学习的进度,实现个性化学习。学习形式也不局限在课堂里,传统的学习是在教师的监督下进行的,枯燥乏味的记笔记环节容易让学生对学习产生厌恶情绪。混合式教学的课堂更加注重操练,教师是引导者,学生是真正的主体,从而把课堂的主动权真正交到学生手里,这样才能真正开展以学生为中心的教学。

三、基于深度学习的混合式教学模式构建

本书将混合式教学分为准备阶段、实施阶段和评价阶段。基于深度学习的混合式教学准备阶段需要做的准备工作主要有分析混合式教学内容、了解学生

学习情况、确定教学目标、进行混合式教学设计。实施阶段包括线上课前预习、激活先期知识，知道、了解新知识；线下面授40分钟的课堂对知识进行深度加工；课后进行个性化的线上辅导三个步骤。完成前面两个阶段的学习后，对混合式教学情况进行评价和反思，以指导下一阶段的学习。

（一）准备阶段

1. 分析教学内容

对教学内容的分析应结合教材，这样才能清楚"教什么"以及"为什么教"。分析教材既要分析教材本身的文字内容，也要对其内涵和外延进行研究，这有助于我们对教学目标有更加深入的理解和把握。通过对教学内容的分析，教师可以发现难度较大的教学内容，需要学生有较强的能力，那么就要选择合适的教学策略来帮助学生进行学习。采用基于深度学习的混合式教学模式能够把整体教学内容分布到课前、课中、课后三个环节，这样的学习方式对学生的学习有极大的帮助。教师只有认真地分析教材，才能清楚知识结构、把握重难点，有效地利用教学资源，进而思考对何种知识该采用何种教学策略。

2. 分析学情

分析学情，即分析学生的实际学习需要、认知水平和能力水平，从而更有效地实现教学目标。通过对学生的生理、心理特点进行分析，结合日常对学生的了解，教师能预测学生可能出现的问题，选择合适的教学方式，从而提高教学效率。教师要分析学生目前的知识掌握情况，知道在教学过程中哪个部分是需要讲授的、哪个部分是学生可以独立进行探究的。学情分析还要着重分析学生的学习特点和差异，据此设计基于深度学习的混合式教学各个阶段教学任务的广度和深度，从而实现促进全体学生进行深度学习的目标。在线上课前预习阶段，学生要先对相关知识进行复习，在预习阶段扫清知识障碍，这样就可以跟上正常的线下面授课堂的进度。学生已具备一定的自主学习能力，因此在本阶段，他们可以通过自主预习对新知识有一个大概的了解，知道相关概念，完成相应的预习任务。由于学生学习水平不一，因此在课后个性化学习环节可以设置不同梯度的选做学习内容，学习能力较强的学生在这一环节解决问题的能力可以得到进一步的提升；学习困难的学生可以在这个环节先对有问题的知识进行查漏补缺，待核心知识都掌握后，再进行进一步的练习，从而使全体学生先后达到教学要求，实现深度学习。

3.确定教学目标

教学目标是实施教学和进行教学活动评价的重要依据。教学目标的设计要以课标为基础，在分析教学内容和了解学情后再进行设计。基于深度学习的混合式教学将教学内容分布在课前、课中、课后三个环环相扣的环节中。所以，笔者建议将目标分为两层。一层是总目标，即整个教学结束后所需达到的目标；另一层是各个环节所需实现的具体目标，即在课前预习、面授课堂、课后个性化学习的每一个阶段都设计具体的教学目标。因为深度学习并不是一朝一夕形成的，设计阶段化的教学目标有助于引导学生循序渐进地进行学习，从而最终实现深度学习。

4.进行混合式教学设计

前面我们已经明确了学习内容、教学对象及教学目标，接下来便是进行教学设计来落实教学目标。需要说明的是，课前、课中、课后是教学的整个连续环节，缺一不可。对于传统面授课堂这里不赘述，对于课前和课后的线上教学，要注意以下几点：

（1）创设安全且舒适的网络教学情境，学生能够在这个环境中随心所欲地进行交流、学习、评价。他们可以随时提出问题，也可以回答其他同学的问题，发表自己的看法。在这个过程中，学生的学习主动性有所提升，也可以在讨论的过程中培养有效沟通的能力和批判性思维等。

（2）增加师生、生生之间的沟通互动，形式可以是语音、文字、图片等。在沟通过程中，要提高沟通的深度和广度，避免在线上聊一些不必要的话题，影响沟通的质量。学生可能会在讨论区聊一些与学习无关的话题，这样会降低沟通的质量，浪费线上学习的时间，所以教师在线上要发挥监督作用，将学生的讨论引到学习上来。

（3）线上教学面对不同的知识要采用不同的教学方法，教师要根据教学实际选择合适的教学方法，增加学生的学习深度。比如，在课前预习阶段，引入相关教学视频，帮助学生理解相关概念及意义。

（4）线上教学的一大优势便是学生会随时留下学习的痕迹，那么在教学评估阶段，就不仅仅可以通过成绩来评价学生的学习，还可以通过参考学生观看视频的时长、频次，以及作业完成时长等途径进行教学评价。

（二）实施阶段

1. 线上课前预习

线上进行课前预习的目的在于教师通过提供教学资料，辅助学生复习与本节课相关的旧知识，为本节课的学习扫清障碍，同时初步了解所学知识。另外，教师也可以通过学生预习任务的完成情况对其学习情况有所把握，从而在线下面授课堂有针对性地解决疑难问题。具体来说，首先，提高了听课效率，学生通过课前预习实现带着问题走进课堂，对于未解决的问题会渴望在课上得到答案，这样学习更有积极性且有针对性，学生对知识的理解也会更加深入。其次，可以扫除课堂学习的知识障碍，教学过程中很有可能存在着对旧知识掌握不清楚但是学习本节课需要的知识，因为无法在面授课堂中随时中断授课去回答某个学生的特殊问题，那么这部分学生就会跟不上课堂节奏。课前预习可以解决这个问题，使学生能够扫清知识障碍，跟上正常的课堂节奏。最后，线上课前预习可以促进学生自主学习能力的提升，有效改变学生学习被动的局面。

2. 面授课堂

面授课堂主要是教师根据课前对教学内容、学情、教学目标和学生预习情况的分析，解决预习环节学生存在的主要问题，通过师生、生生之间合作探究、讨论交流突破本节课的教学重难点。学生通过预习收获了部分知识，再加上教师的指导，便可以在线下面授课堂中围绕有挑战性的任务进行讨论交流；班里学习困难的学生因为在课前预习阶段扫清了课堂学习的知识障碍，也可以跟上正常的上课进度。因此，在这个环节，教师就可以尝试将课堂交给学生，组织学生合作探究、解决问题、汇报学习成果，教师在这个环节主要起到引导启发的作用，从浅到深地提出问题，指导学生进行学习。学生在这个过程中不仅能够学到新知识，还可以培养发展性思维，提高其创新能力。

3. 课后线上个性化辅导

每个学生个体在各个方面都存在差异，混合式教学的线下教学目的在于针对不同程度的学生设计不同层次的教学内容，力求使每个学生均能通过努力取得成功，使全体学生的能力都能得到充分的发展。这一环节的顺利实施依赖于教师了解学生知识的薄弱点以及学习能力，做到有针对性地为各种水平的学生提供适合其自主学习的资源，对学生的了解可以通过课前预习情况、课上学习表现、课堂检测等方面进行。在课后个性化学习阶段，知识掌握较好的学生可以提升解决问题的能力；知识较为薄弱的学生可以在这个阶段先进行查漏补缺，再利用其他时间通过线上学习等方式进行更高水平的学习。学生通过这样的系列学习能够发现知识之间的联系，形成迁移，学会自我提问，先后达到课程标准的要求，从而促进深度学习，逐渐掌握深度学习的方法。

（三）评价阶段

对基于深度学习的混合式教学的学习效果进行评价，可以采用过程性评价方法。线上学习使学生的学习留下了痕迹，因此，过程性评价可以依据学生在线学习的时长、习题完成的准确率、讨论的频次、质量等进行客观评价，面授课堂根据学生的参与度、学习态度、合作探究情况等进行主观性评价。评价阶段以学生为中心，采用客观评价为主、主观评价为辅的方式进行过程性评价。

四、基于深度学习的混合式教学模式优化策略

（一）提供丰富的教育供给，激发学生内生动力

利用混合式教学模式实现因材施教的重要手段之一就是通过丰富、超量的教育资源供给，让学生能够在教学资源中自主选择课程。针对课程核心素养的要求，课程可以以问题、兴趣等为导向，形成有效的任务链，所有的学习任务都由学生亲自参与和体验。教师通过线上前导与线下跟进，引导学生独立思考、合作研究并解决问题，帮助学生提升自主学习的动力；将学生个性发展作为教育资源开发的着力点，开发多样化的教学资源，促进学生成长。教育供给中课程资源的建设是实现泛在学习的关键，尤其注重资源的丰富性、适切性及易用性。为实现有效教学，从现实学习的需求出发，需要从线上学校、课程资源、认知工具三个方面构建学习环境。鼓励教师和学生共同建设课程资源，教师在整体教学计划的框架下，重点开发项目学习等方面的优质资源，并在教学过程中根据学生的疑难困惑，提供有针对性的资源，积累有序管理经验，使课程资源不断完善。

数字化教学资源是混合式教学高效开展的保证，可以在促进教育信息化的同时为广大师生获取资源提供便利。目前，数字化课程资源建设、优质教育资源共建共享等已成为高校教学资源建设的主流业务。数字化教学资源建设的核心内容是微课资源建设，还包括与该教学主题相关的教学设计、素材课件、教学反思、练习测试及学生反馈、教师点评等辅助性教学资源，以一定的组织关

系和呈现方式共同营造半结构化、主题式的资源单元应用"小环境",供学生自主学习探究,激活数字原住民运用互联网学习的内在驱动力。学校可以通过自建、引进或共建共享等多元协同方式推动资源库建设,推动混合式教学模式广泛展开,革新教学教研方式,推动教育信息化发展。

(二)构筑无边界学习场域,拓展学生成长空间

学校根据课程标准,以立德树人为根本任务,以不变的学习追求来整合线上线下的场景,形成泛在学习场域,由学生掌握交互工具,形成多向的学习接口,使学生在无边界的学习场域中成长。学校应构筑多元学习场域,为学生成长的无限可能探究落地的有效方式,努力满足学生成长的多元诉求,突破学生成长中的真实世界与虚拟世界、直接经验与间接经验、显在效应与潜在效应的界限,让学生在无边界的空间中主动选择、积极成长。

需要注意的是,教师信息技术能力应有一定提升。笔者在对技术与教学整合的研究中发现,人们大多重视技术本身,对如何进行教学整合关注较少。

整合技术的学科教学知识(TPACK)框架,是基于教学内容提出的。该理论由技术知识、学科知识、教学法知识相互作用形成,三者整合才是有效的教学方法。随着信息技术在教育教学中的应用,互联网时代的优秀教师不仅需要具备扎实的专业知识和检索网络前沿知识的能力,会运用PPT、录屏软件、微课制作软件、动画制作软件,而且要具有大数据分析能力,整合技术、内容和教学三个因素的协调能力。因此,学校应充分发挥整合技术学科知识的指导作用,开展相关课程,对教师进行培训,帮助教师进行基于TPACK的教学设计并将其整合到课堂中去。

第六章 基于TQM的高校教育教学质量管理及监控体系构建

第一节 TQM的概念和特点

(一) TQM的概念

TQM（Total Quality Management），即全面质量管理的概念是由美国著名质量管理大师费根鲍姆在20世纪60年代初首先提出的。他定义为："为了能够在最经济的水平上并考虑到充分满足顾客要求的条件下进行市场研究、设计、制造和售后服务，把企业内各部门的研制质量、维持质量和提高质量的活动构成为一体的一种有效的体系。"

这一定义强调了以下三个方面：首先，这里的"全面"一词是相对于统计质量控制中的"统计"而言的。也就是说，要生产出满足顾客要求的产品，提供顾客满意的服务，必须综合运用各种管理方法和手段，从而更全面地去解决质量问题；其次，"全面"还相对于制造过程而言。产品质量有个产生、形成和实现的过程，这一过程包括多个环节，它们相互制约、共同作用的结果决定最终的质量水准。最后，质量应当是"最经济的水平"与"充分满足顾客要求"的完美统一，离开经济效益和质量成本去谈质量是没有实际意义的。

我国在长期开展全面质量管理的实践和理论探讨中，逐步对全面质量管理的含义有了更深的认识。目前对全面质量管理的含义是这样理解的：全面质量管理就是"企业全体职工及所有部门同心协力，综合运用管理技术、专业技术和科学方法，经济地开发、研制、生产和销售用户满意的产品的管理活动"。国际质量科学院院士、中国工程院院士刘源张则指出："世界上最好的东西莫过于全面质量管理。"他对全面质量管理有十分精辟的见解："全面质量管理是改善职工素质和企业素质以达到提高质量、降低消耗和增加效益的目的。全面质量管理关键是质量管理工作的协调和督促,而这件事最后只有一把手有权去做。管理的历史就是从管人到尊重人。"

(二)TQM的特点

1. 全内容的质量管理

传统质量管理关注的是狭义的质量概念,质量就是产品自身的质量,主要是指产品的技术性能(如精度、耐用度、操作安全等)。这种认识使传统质量管理往往是就事论事的管理,难以解决根本性问题。由于顾客的需求具有多样性,不但要求高品质的产品,而且要求价格合理、按期交货和完善的售后服务等,因此企业不仅要提供给顾客满意的产品和服务质量,还要提供包括工作质量在内的广义的质量。全面质量管理建立的就是一种涵盖全部内容的广义的质量概念,既包括产品的质量,也包括产品赖以形成的工作质量和服务质量;全面质量管理就是对产品相关的各个部门、各个方面的工程质量、工作质量和服务质量的全内容管理,对影响质量的各种因素(包括人员、机器、材料、工艺方法以及环境等)进行全面的控制。

产品质量是企业一切工作质量和工序质量的结果,其质量高低是由这些工作和工序的优劣所决定的,企业工作和工序质量是产品质量的原因。企业抓质量管理应该首先抓原因,管住影响产品质量的因素,从单纯的管结果变为首先管原因或管因素,这是全面质量管理的一条重要经验。企业把一切工作质量和工序质量管好了,产品质量也就有了保证。

2. 全过程的质量管理

全过程的管理需要从质量问题产生的根源入手,覆盖企业生产、经营活动的全过程和整个产品生命周期,而质量管理体系则是实施全过程管理的有效载体。组织(企业)应通过建立质量体系,对所确定的全部过程和各个环节进行系统管理,并深入理解和有效运用"过程方法"对所有环节进行管理和控制。全过程中各个环节的配合和信息的反馈也是非常重要的。

例如,制造过程中可以反映出设计过程中的质量问题,使用过程中又可以反映出设计和制造过程中的质量问题,及时地把这些信息反馈到有关的部门,是现代企业质量管理中的重要环节,是不断提高产品质量、促进产品质量良性循环不可缺少的条件。

第二节　将TQM引入高校教学质量管理的必要性和可行性

一、必要性分析

（一）解决高等教育大众化进程中数量与质量矛盾的需要

我国已经由高等教育基础薄弱的国家一跃成为规模世界第一的高等教育大国。高等教育规模的扩大，适应了社会经济发展和人民群众教育消费的需求，是开发和储备人力资源的有效途径，对实施人才强国战略目标意义重大。但与此同时，高校也存在着办学资源紧张、师资队伍、硬件设备、后勤服务和软环境建设相对滞后，生源质量差别增大，教学过程和办学秩序受到市场冲击等问题。高校教育教学质量面临着多方面的严峻考验，包括家长、学生、用人单位在内的社会的方方面面，对我国高校的教育教学质量问题越来越关注，也提出了新的更高的质量要求。因此，建立健全高校教学质量管理体系，具有重要的现实意义。

客观上要求高校管理工作者摒弃狭隘、落后的传统管理理念，走出相对狭小的学校圈子，到社会上去广泛吸收各种管理理论的精华，尤其要吸收工商界中应用广泛的、相对成熟的全面质量管理理念和模式，并将其兼收并蓄地融合在高等学校的教学管理工作中，以提高高校内部教学管理水平和效率。因此，引入全面质量管理理念，全面加强教学质量管理，已成为高校在大众化高等教育进程中的必然选择。也只有进一步提高教育教学质量，妥善解决数量扩张与质量提升的矛盾，才能使我国大众化教育获得可持续发展。

（二）适应经济全球化挑战，加快我国高等教育与国际接轨的需要

我们所处的时代已经进入经济全球化的发展时代，经济全球化在给世界经济带来新的繁荣和发展机遇的同时，也推动了高等教育及其资源的国际化，这必将给国内高等教育带来新的机遇与挑战。所谓高等教育资源国际化，就是指不同国家和不同地区的高等教育在办学实践中，通过联合培养、合作研究等方式，在人才、知识、技术、设备、资金和资料等方面进行经常的、广泛的国际交流，从而建成国际性的高等教育体系，培养出大批国际性人才，以应付日趋

激烈的国际竞争。我国加入WTO后，已承诺把教育作为服务贸易的一部分向国外开放，教育领域的竞争日趋国际化。随着高等教育国际化的发展，国内外高校与教育机构之间的合作交流日益增多，国家间在教育资源上的竞争也越来越激烈，而质量则是国际竞争的根本保证，要提高高等教育人才培养的质量，必须建立国际化的高等教育质量保障体系。

（三）提高教学质量和办学效益、增强市场竞争力的需要

高校在服务经济社会发展的同时，也消耗着大量的公共资源，需要大量的办学资金支持。当前，我国高等教育经费不足是制约高校数量发展和质量提高的瓶颈，要想解决这个问题，除了改革高等教育投资体制和高校自身加大教学投入外，更主要的问题是如何提高现有教学资源的利用率，提高办学效益。提高教学资源的利用率，归根结底是提高教学管理的水平和质量，实现高校教学管理的科学化。这是高校"做大"后继续"做强"所面临的一个重要课题。由于全面质量管理的一个重要理念是强调低成本和高效益，因此，全面质量管理是提高管理效益和解决经费不足的有效途径之一。建立健全教学全面质量管理体系，有利于实现学校教育教学资源的最优化配置，有利于加强高校质量成本管理，不断提高人才培养质量和办学效益，并依靠良好的质量信誉在资金市场上获得更多的办学经费支持。

二、可行性分析

（一）从质量管理目标看

"以顾客为导向"或"以消费者为中心"是全面质量管理的核心原则之一。高等学校的顾客（消费者）主要由内部（直接）顾客和外部（间接）顾客两部分构成。对高校来说，它提供的是一种教育教学服务，其直接的"顾客"是学生。学生既是教育教学服务的对象，也是教育教学服务的"终端产品"。但由于高等教育又要为国家和社会培养人才，国家投资是主渠道，学生缴费只是高校收入的一部分。因此，除了学生这一直接顾客外，高校还有间接顾客——政府和社会，高校也必须让这些顾客满意。可见，在市场经济条件下，高校也是有目标市场的，不管是教育教学服务，还是学生产品，只有准确适应目标市场（特别是学生和用人单位）的需要，满足目标市场的要求，这样的高校教育教学质量才可能是高质量的。让顾客满意，首先是让学生满意，要让学生对学校的教育教学服务和人才培养环境感到满意；其次是用人单位满意，用人单位对

学校通过教育教学服务而"生产"出的"产品"（即毕业生）感到满意。因而，保证和不断改进对学生及其相关顾客的服务成为学校的中心任务，尽一切可能关注和满足人的需求成为学校管理工作的核心。高校教学管理的功能也就从被动保障转换为主动服务，学校工作的重点都紧紧围绕不断改善、提高服务质量这个基本目标。

显然，高校与企业在质量管理目标及其实现途径等诸多方面具有相通之处，两者的质量管理目标都是根据"顾客"的需要来提高"产品"和服务质量、提高管理工作的效率和效益的；为实现质量管理目标，两者都要调动全员的积极性和主动性，控制质量形成的全过程及诸多影响因素。

（二）从质量管理过程看

高等学校的人才培养过程与企业产品生产过程有着相似性，高校质量管理与企业质量管理也有许多相似之处。例如：生产型企业的全部生产过程可用输入—过程—输出三个部分表述，高校的人才培养过程也包括输入（招生）—过程（培养）—输出（毕业）三个部分。也就是说，企业生产具有生产活动属性，它有原材料、设备等的投入，通过生产加工（设计制造）产出有形产品，企业可以对从投入到产出的全过程进行质量管理，使最终生产的产品达到让顾客满意的程度；而高校的教育教学活动具有服务活动和生产活动的双重属性，它同样可以实现过程的质量管理，只不过其产出是无形的。高校通过教师、课程、教学设施、仪器设备等的投入，向学生提供一系列教学服务；对于家长，高校通过教育教学服务，提供的是受过教育和知识、能力、素质得到提高的学生；对于政府和社会用人单位，高校通过教育教学服务，向社会输送的是合格的"终端产品"——毕业生。可见，将企业界的全面质量管理原理与方法运用于高校人才培养过程及其质量控制，应该是可行的。

（三）从质量管理主体看

质量管理以人为本，人是 TQM 中的第一要素和赖以运作的主体，TQM 强调参与管理人员的全员性。教学工作是高等学校的中心任务，它涉及教、学、管等方方面面，每一环节都对教学质量产生影响。高校教学全面质量管理的主体是全体教职员工，每位领导、教师、管理人员、服务人员乃至学生的工作质量，都与整体教学质量密切相关，教学质量管理人人有责。教学质量是全体师生员工共同努力的结果，任何一个人或任何一个部门的工作质量出了问题，都会引起"质量链"的中断。只有做到每位人员的质量意识强，教学与管理水平高，工作自觉自律、尽职尽责，才会有高的个体工作质量，进而集合成为高的整体工作质量。

（四）从质量管理实践看

TQM 代表了质量管理的发展方向，它所提供的普遍的质量管理理念、方法和模式，具有广泛的适用性，反映了质量管理的普遍规律。从质量管理实践看，TQM 理论已被世界上许多国家的高校所应用，在我国高校也有一定的实践基础。我国教育组织的 TQM 实践始于 20 世纪 80 年代后期。随着人们对质量问题的日益关注，学术界也开始有人研究 TQM 理论与我国教育教学实践结合的问题，并发表了一大批学术论文，出版了一些著作，为我国高校实施教学 TQM 提供了很好的理论基础。国内外教育组织推行 TQM，将全面质量管理的理念与方法应用于高校教学质量管理，是必要的，也是可行的。但是，将 TQM 引入高校教学管理，绝不能照搬企业的做法，关键是把握 TQM 理论的精髓和内涵，结合高校教学管理实际，加以移植、整合和创新，建立适合我国国情的高校教学全面质量管理体系与模式。

第三节　教学全面质量管理

一、教学全面质量管理的内涵和特点

（一）全面性

高校教学质量管理是全面的质量管理，这里的全面性有四层含义：一是树立全面的质量观。高校的教学质量体现在所培养学生的综合素质上，必须贯彻党的教育方针，使学生在德、智、体、美诸方面得到全面发展，达到培养高素质专门人才的教学目的。二是坚持全面的质量标准。即评价教学质量的高低，不能只看对学生某一方面的培养工作，而要进行全面衡量：既要重视对学生的理论知识、实践能力和创新精神的培养，又要重视对学生的政治思想品德、身心素质等方面的培养，以促进学生知识、能力和素质的全面发展以及智力因素与非智力因素的协调发展。三是促进所有学生的全面发展，重视人才培养的全面教学质量，不让一个学生掉队。四是对学校的全部工作都要进行质量管理，注意对管理、教育、教学工作的各个层面、各个环节进行质量控制。

（二）全员性

高校教学质量管理是全员质量管理，它涉及全校各个部门、各个单位的所有成员，需要学校所有人齐抓共管。也就是说，教学质量管理不单是教学校长、教务处、教学院长等某些人或某个部门的事，而是需要各级领导、行政管理人员、教师、教辅人员和学生的共同参与并接受管理。各级领导和行政管理人员要服务于教学部门和教师，教师要以高质量的教学服务于学生。在高校这个系统中，所有成员都处于管理与被管理的体系之中，教学质量是全校所有人员工作质量的综合反映。因此，在教学质量管理中，必须充分调动每一个干部、教师、职工和学生的积极性、主动性和创造性，自觉地提高自己的工作质量，保证整体教学质量的提高。

（三）全过程性

教学全面质量管理也强调过程控制，强调预防为主，坚持质量管理的全过程性。所谓全过程性，从横向看，是指高校教学质量管理贯穿于教学工作的整个过程，即从市场调研、专业设置和招生开始，直到学生毕业设计（论文）及就业的全过程。从纵向看，教学全面质量管理的过程主要包括招生过程的质量管理、计划过程的质量管理、教学运行过程的质量管理、教学辅助过程的质量管理和考试过程的质量管理等。有关教学工作的每个过程和每个环节都影响学生的培养质量，必须对每个过程的具体教学环节和可能影响教学质量的各种教学信息、内外部因素进行有效的质量控制，建立质量监控与信息反馈系统。注意对教学工作的各个层面、各个环节的"接口"进行设计和质量控制。强调每一个环节都符合预定的目标，以保证各项工作能紧紧围绕教学质量整体目标协调、高效地开展。同时也要注意到，教学质量不是检验出来的，而是在教育教学过程中产生的，要重视预防的积极意义，而不仅仅是强调终结性评价。

（四）全方位性

全方位是指教育质量不仅是教学质量，还包括与人才培养质量有关的所有工作的质量，如学生管理、科学研究、社会实践、学生创新创业精神的培养、校园文化的营造等。事实上，在高校内部各部门之间也存在着一种消费者和服务者的关系，如学校的实验室、图书馆、后勤、校办产业等都要为教学第一线服务，为学生服务。必须通过对教学、科研、学工、后勤等部门的全方位管理，调动各部门的积极性，发挥所有的人、财、物的作用，共同为提高教学质量服务。各级管理机构有共性职能和具体职能，其共性职能是根据总体人才培养目标，制订计划，落实措施，为教学服务，保证教学工作的正常运转；其具体职能是科学分工，各行其权，各负其责。

二、高校实施教学全面质量管理的意义

提高教学质量是高等学校永恒的主题，而提高教学质量管理水平则是提高教学质量的重要举措。教学全面质量管理理论把顾客放在第一位，强调全员参与、全过程管理、秩序改进以及发挥领导作用等。与传统教学质量管理方式相比，教学全面质量管理理念和模式更科学、更先进，并有着其他管理理论无法比拟的优势。其作用主要体现在以下几个方面。

（一）有利于促进新型教学质量观的建立

目前我国大多数高校的质量管理思想还停留在"生产观念"上，考虑"顾客""市场"较少。对学生和社会的需求没有给予足够的重视，服务意识淡薄，其结果是学生对高校没有充分考虑他们的发展需要而感到不满意，社会用人单位对高校培养的学生也不满意。"以顾客为关注焦点"是质量管理原则，其内容是始终关注顾客的要求和期望，促使组织不断地进行质量改进，提高顾客对组织的信任度和忠诚度。实施教学全面质量管理，有利于帮助每个部门、每个人都树立强烈的顾客意识、服务意识、质量意识，不断提高工作质量和服务水平，最大限度地满足顾客需求，让顾客满意。

传统的高校教学质量是指与设定的规格、标准的一致性，教学管理偏重于教育结果，主要是教学计划内各环节的考试结果，往往把学生的考试、考核成绩作为衡量教学质量的标准，而教学过程的质量控制未受重视。新的教学质量观所依据的质量标准是"满足消费者规定的或潜在需要的程度"，引入这个标准，有利于确立学生在高校中的主体地位，有利于树立形成性、发展性的学生评价观，也有利于将教学管理的重点从事后把关转向预防为主和全过程控制。

（二）有利于纠正传统教学管理目标的偏差

受计划经济体制及当时的招生分配政策的影响，我国高校的人才培养目标和教学目标是依据抽象的社会要求和单纯的学术标准制定的。学校教学管理目标就是保证教学工作达到规定的教学目标。目标的制定无须考虑其"直接顾客"（学生）和"间接顾客"（政府、社会用人单位和学生家长）的需求。而高等学校的教学质量是这些"顾客"对高校所提供的教学服务所感知的优良程度。

随着社会主义市场经济的建立和完善、高校办学规模的不断扩大、高校法人地位的确立以及生源就业市场竞争的加剧，社会用人单位和学生家长对高校毕业生的质量日益关注，社会对人才需求的标准日趋多样化，原来的高校教学目标、教学管理目标已越来越不适应社会发展和学生发展的需要。实施教学全面质量管理，则有利于纠正传统教学管理目标的偏差，帮助高校依据社会需要、用人单位及学生和家长的需要，确立自己的管理目标。在保障国家确立的基本教学目标的前提下，办出特色，办出水平，最终实现让顾客满意、本组织所有成员及社会受益的质量管理目标。

（三）有利于克服传统行政化教学管理的弊端

传统的行政化教学管理将全校师生员工排除在管理领域之外，只把他们看作是管理和支配的对象，而不是管理的主体，这就容易造成师生的逆反心理，影响教师教学水平的正常发挥和学生的学习兴趣，也难以调动广大师生员工参与学校教学管理的积极性和主动性。管理者也因管理工作缺乏广泛的群众参与和专家的咨询指导，难以发现教学管理中存在的问题，不可避免地使管理工作陷于盲目、被动和低效的状态。全面质量管理是全员参与的人性化管理，要求人人参与教学管理、个个关心教学质量，注重调动所有人的工作积极性、管理积极性。这就克服了传统行政化教学管理的弊端，充分激发了广大师生员工的主体意识和主人翁责任感，使教学质量、管理效率的提高建立在全员参与和民主管理的基础之上。

（四）有利于改革"重结果、轻过程"的传统教学管理模式

传统的高校教学管理模式往往只是重视事后的检查和把关，而忽视过程管理，如通过考试的办法来检查教学质量，通过考研率和英语四、六级通过率等来衡量学生的学习质量，而不是用提高工作质量的办法来创造和保证学生的培养质量。我国高校目前所实行的学分制管理也是一种主要注重结果的目标管理，即使有过程管理，也是针对几个主要教学环节而进行的，缺乏较细的过程管理。高校人才培养是一个高成本、不可逆的过程，"重结果、轻过程"的教学管理面对的往往是事后的既成事实，即便存在重大的质量问题，管理工作者也束手无策、难以补救。全面质量管理则倡导质量来自管理过程的理念，将对质量的监督从重视对结果的检验转向重视对过程的管理，利用灵敏有效的信息反馈机制，及时发现并有效解决教学过程中存在的各种问题，有效的预防措施也会在

这些问题的解决中得到完善，杜绝中间任何环节出现不规范行为，从而使教学与管理过程始终处于受控和持续改进的状态。

（五）有利于促进教学管理的科学化和规范化

教学管理规章制度完善和健全的程度，直接影响教学管理工作的质量和效率。当前，许多高校教学质量管理都存在规章制度和教学基本文件不够健全、岗位职责不够明确、教学计划不够严谨规范、课程安排不尽合理、专业设置雷同化、教学质量监控不够平衡等问题。所以要求有明确的质量方针目标，明确划分各职能部门的职责和权限，员工各负其责、各司其职。建立符合学校实际和操作性强的程序文件及管理系统，使人员在各自的组织部门按照规定的程序开展工作，并做到持续记录，形成明确的职责分工、密切的相互协作、科学的工作程序和有序的统一指挥，真正实现人人有专责，事事有标准，奖罚有依据，从而使高校的教学质量管理更加科学化、规范化和制度化，也有利于教学资源的优化和管理效率的提高。此外，质量管理体系文件作为学校内部的最高法则，学校领导和所有员工都必须遵循，从而最大限度地避免人为因素对管理和决策工作的干扰，也可以帮助领导从烦琐的事务性工作中解脱出来，用更多的精力去考虑学校的未来规划和发展战略问题。

第四节 基于TQM的高校教学质量管理模式基本框架

TQM的概念最早由美国质量管理专家费根鲍姆提出，经美国质量管理大师戴明、朱兰、克劳士比的创新和发展，在20世纪70年代盛行于日本工业界，80年代初又被引入美欧企业界并在全球范围内（包括我国）得到迅速推广。近年来，TQM又与其他各种先进管理理论相融合，使自身的内涵得到不断丰富，并衍生出标准化管理、六西格玛管理、卓越绩效模式等多种新的管理理论和模式。TQM的主要特点可以概括为"五全"管理模式：

一是管理内容的全面性，即质量管理的对象不限于狭义的产品质量，而是扩大到产品赖以形成的全部工作质量，TQM就是对产品相关的各个部门、各个方面的工序质量、工作质量和服务质量的全内容管理；二是管理过程的全面性，即质量管理不限于产品的制造过程，而是扩展到质量控制的所有环节，对生产全过程的一切环节进行质量监控，体现预防为主的客观要求；三是管理范围的全面性,即要对影响产品质量的各种因素进行全面系统的综合性管理,要求把全企业的各个层次、所有部门都视作质量管理的主体;四是参加管理人员的全面性,即质量管理,人人有责,组织所有成员都是产品质量和工作质量的缔造者和责任者;五是管理方法的全面性,即采用多种多样的现代化质量管理方法进行质量管理,改变以往仅凭经验主观推断的习惯做法,尽量做到凭事实、数据说话,用科学思路和方法分析问题、解决问题。

高等学校教学质量管理是对高校整个教学及教学管理过程进行的有效监督和控制,它具有全面性、全员性、全过程性和全要素性等特点,应该借鉴企业全面质量管理模式,实行教学全面质量管理。所谓"模式",一般是指"某种事物的标准形式或使人可以照着做的标准样式"。一定的教育需要一定的教育质量管理与之配合,有什么样的教育,就有什么样的教育质量管理模式。同时,一定的质量管理模式又会反过来影响实际的教育教学工作,甚至对教育教学工作有很强的导向作用。

为确保高校教学质量的提高,必须以质量为核心,以全员参与为基础,以全过程、全方位监控为手段,从发展的、系统的视角,努力构建高校内部教学全面质量管理体系,不断探索符合国情和校情的高校教学全面质量管理新模式。

在高校教学全面质量管理模式的基础上,又建立了"七全"模式:①全面的教育教学质量观,即要树立多样化质量观、全面素质质量观、大教学质量观和"以顾客为导向"的教育教学服务质量观。②全面的教学质量标准,即要坚持基础性与多样性、稳定性与发展性相统一的原则,建立与高等教育大众化相适应的多层次、多样化的教学质量标准。③全员的教学质量管理,即质量管理要依靠全校师生员工的积极参与和共同努力,他们不仅是质量监控的对象,也是质量管理的主体。必须建立健全教学质量责任制,加强教学质量团队建设、质量意识教育和质量文化的培育。④全过程的教学质量管理,即对从学生入学到毕业的全过程、各个环节进行质量控制,及时发现问题,不断改进和提高质量。要求重视预防的积极意义,而非仅重视终结性评价的作用。⑤全要素的教学质量管理,即对直接或间接影响教学质量的各种软硬件因素(包括人、财、物、教学环境以及专业、课程、师资等)进行全面的质量控制和改进。⑥全方位的教学质量监控,即建立由各部门和各方面人员组成的质量监控网络,对教、学、管的质量进行全方位监督和控制。⑦全面的教学管理方法,即运用灵活多样的方法、途径和手段,获取全面的教学信息;通过科学的分析和判断,得出正确的结论,做出正确的决策,促进教学质量管理的科学化、规范化、高效化。

第五节　高校教育教学质量管理理论

一、对"教"与"学"关系的认识

教育,特别是高等教育的主要任务是培养人才,是教师的"教"和学生的"学"的共同活动。学生在教师有目的、有计划的指导下,积极、主动地掌握系统的文化科学基础知识和基本技能。

在中国古代,人们早就把教学看作是根据特定的教育目的培养人才的主要形式,并特别重视教学的作用。当时的教学主要是传授和学习儒家经典,是实施封建主义政治教育和道德教育的主要途径,自然科学和技术知识一般不受重视。

中国古代一些教育家在关于教与学的关系问题上有不少深刻的见解。王夫之认为教与学是互有区别而又统一的过程,他说:"夫学以学夫所教,而学必非教,教以教人之学,而教必非学。"意思是说,学是学教师所教的东西,教是教人学习。又说:"推学者之见而广之,以引之于远大之域者,教者之事也。引教者之意而思之,以反求于致此之由者,学者之事也。"教者要就学者原有基础不断扩大他的知识领域;学者要根据教者的引导积极思考,独立探索事物的由来。这些论述反映了中国古代学校丰富的教学经验。

资本主义兴起以后,自然科学和技术知识纳入学校教学内容,并要求提高培养人才的速度和效果,因而传授和学习知识、技能、技巧的过程和方法等逐渐成为教育家专门研究的对象。教学的任务和内容,以及教学的性质和所起的作用,是受一定社会的政治、经济和科学文化发展状况制约的。辩证唯物主义的认识论认为:教学是由教师的"教"与学生的"学"所构成的特殊的认识活动。这种认识活动以人类已有的知识为主要对象,力求在较短时间内传授大量的人类文化科学知识,使个人认识达到当代社会的知识水平。同时,教学对促进学生德、智、体的全面发展起着重要的作用。

教学是师生双方的共同活动。教师是教学的领导者与组织者,其根据教育目的和计划,选择合理的教学方法,使学生掌握系统的科学知识;教学是在可控制的过程中进行的,教师在教学中起主导作用。学生是教学的对象和接受教育的客体,同时又是学习和自我教育的主体。

二、教学管理体系是保证教学质量的基础

教学管理体系指在高校高层的领导下，以教学管理部门为主形成的运转灵活、上通下达、有权威、高效率的教学管理系统。完善的教学管理体系应包括指挥系统、参谋咨询系统、执行运作系统。指挥系统即健全的教学工作校级领导体制，形成整体一致的目标系统，遵循学校建设总体目标，编制教学改革计划。参谋咨询系统由从事教学工作、有丰富经验的教师和懂得教学工作、有管理专长的教学管理人员组成，研究和解决教学管理工作中的重大问题。执行运作系统即教务处和教学基层单位，教务处是执行运作系统的中心，教务处的工作状态直接反映一个学校整体教学工作的状态。因此，必须强化教务处的管理职能，健全教务处的科室结构，配备素质较高、相对稳定的管理干部。在执行运作系统中，院、系级教学管理工作也至关重要，其工作效率与质量会对教学工作产生相当大的影响，应配备懂教学、会管理的工作人员，从而形成一个从主管校长到具体工作人员的结构合理的教学管理群体。

教学管理体系的运行模型可采用"环形结构"。所谓环形，是指教学工作从主管教学的校长到教学协调、管理部门，再到各教学基层单位，直至教师和学生，再从教师和学生通过一定的环节和渠道回到教学管理部门和主管校长，形成封闭的环形。作为执行运作中心的教学管理部门，在执行协调功能的同时，应及时了解有关教师的教学效果、学生学习质量等信息，不断对教学工作中出现的问题进行研究、解决，并提供给指挥系统，以提出新的管理目标，使教学工作和教学管理总能在一个新起点和更高水平的层次上运转和发展。

三、教学督导评价体系是提高教学质量的重要环节

反馈教学信息、监督和保证教学质量、评价和改进教学工作是教学反馈督导评价体系的主要工作职能。在教学运行过程中，教师的教学效果、学生的学习质量及有关问题的信息，应能够通过速度快捷、反应灵敏、准确可靠的系统反馈。信息反馈可以有多种渠道，高校应根据各自的具体情况，采用符合本校特点的有效方式。

高校应设立教学督导机构，由学术水平高、责任心强、教学经验丰富的老教师为主组成专兼职的教学督导队伍。其成员应经常深入教学一线，采用听课、

调查、座谈、访问等各种形式，检查和监督教学各个环节的秩序和质量。在督导过程中，应注重发挥老教师"导"的作用，即请他们在对"督"的过程中发现的问题进行分析研究的基础上，提出切实可行的整改措施和方案。

高校应定期或不定期对自己的教学工作进行自我评价，建立起教学质量自我监控体系，并使其成为一项经常化、制度化的工作。评价可以与督导合为一体，形成统一的评价督导机构，教学工作评价主要是学校总体教学工作的评价，专业学科与课程评价，教学基本建设评价，教师教学质量、学生学习质量评价等。开展教学工作评价要明确目标，要把教学工作评价的目标与内容作为日常教学建设与管理的主要内容，实现教学工作评价与日常教学管理相结合。

四、开展教学研究是建立教学质量监控体系的前提

我国高等教育正在经历着前所未有的深刻变革。在高等教育改革深化过程中，将会不断提出有关高等教育改革与发展的理论与实践问题，迫切需要通过研究加以回答并用正确的理论指导改革实践。随着社会的发展、科学技术的进步，许多在过去被认为是正确、适当的观念、内容、方法、手段，今天已成为制约甚至是降低教学质量的因素，必须逐项加以分析、研究和改革，摒弃旧的、落后的，增补新的、先进的内容和方法。为搞好教学研究，发挥教学研究对保证和提高高校教学质量的重要作用，建立教学研究工作体系是非常必要的。教学研究体系可以以两种形式体现：一是发动和组织教学一线的广大教师和管理人员结合各自的本职工作进行教学研究；二是设置教学研究的机构和人员，专门从事教学研究工作，形成一支专兼职结合的教学研究队伍。

第六节　高校教育教学质量保证与质量监控体系构建

一、高校教学质量保证

教学管理的本质就是协调教学系统有限的资源投入与高效率、高质量实现教学目标任务的矛盾，它涉及教学思想、教学计划管理、课程教材管理、实践教学管理、师资管理、设备管理等教学系统中的所有影响教学质量的因素，可见管理是提高和保证质量的前提。换言之，质量管理是教学管理的核心任务，而建立旨在保证和改进教学质量的监控体系是质量管理的重要内容。

质量保证是指"为实现和保证既定的教学质量规格的要求而作为教育主体的高校必须具备的办学条件的全部有计划、有系统的活动"。教学质量保证涉及所有影响教学质量的因素。

第一，办学条件的保证。办学需要具备一定的硬件标准，否则人才培养的质量就难以保证。诸如，生均教育经费、教学仪器设备、图书馆藏书量、教室和实验室面积、后勤物质保证等，优良的教学质量要有良好的教学基础条件做保证。第二，师资保证。师资是学校办学的关键因素，教师的学术与教学水平以及敬业精神和责任感直接关系到教学质量和人才培养的素质水平。第三，教学基本条件建设保证。教学工作只有建立在良好的基础上，质量才有保证，并不断获得提高。专业建设、课程建设、教材建设、实践基地建设、学风建设的水平直接构筑着教学服务与人才培养的质量平台。第四，教学改革保证。不断深化教学改革是提高教学质量的最有力的举措，是促进教学质量根本性提高的深层动力。第五，教学管理保证。教学管理是依据教学规律和人才培养的规律，有意识地调节教学系统内外各种关系和资源，以便高效益、高质量地实现既定教学目标的过程和所有活动。

（一）内部质量保证与外部质量保证

质量是高等教育的生命线。在当代社会，任何机构和单位要想继续生存下去而不被社会所淘汰，就必须提供高质量的产品和服务，即"以质量求生存，以质量促发展"，高等学校作为社会的一个机构，当然也不例外。

为实现既定的质量要求而在自身内部开展的教学质量管理活动，称为内部质量监控与保证。为确保学校所提供的教学服务和人才培养的质量能够满足规定的质量要求，政府机构和社会中介组织对学校开展的评估、审核、认定、监控等教学质量评价和管理活动，称为外部质量监控和保证。就高校自身而言，通过建立内外部教学质量监控与保证体系，形成自我约束、自我激励机制，更新教师、教学管理人员的质量观，树立全员质量意识，确保教学质量持续提高，是高校依法自主办学的内在要求。

（二）高校教学质量保证体系的构建

体系指"若干有关事物相互联系、相互制约而构成的一个整体"。高校教学质量保证体系是指与高校教学质量保证有关的若干事物相互联系、相互制约而构成的整体。高校教学质量保证体系包含许多方面，根据不同的标准可以分成不同的子体系，如根据高校教学质量保证体系的外延不同，可以分为人才培养保证体系、师资保证体系和教学辅助保证体系；根据实施高校教学质量保证体系的主体不同，还可分为内部保证体系和外部保证体系。

依据对高校教学质量的认识，质量是一种动态的状态，质量保证是一个动态的过程。现将高校教学质量保证体系分为三个子体系进行论述。

1. 目标保证体系

目标是行动之前观念存在于人们头脑中的结果，对人们的行为起着导向作用，高校教学的目标，影响着高校的教学活动，制约着高校的教育质量。由于高等教育的质量是以高等教育所提供的产品与目标的符合程度来衡量的，所以建立目标保证体系是保证高校教学质量的前提。目标保证体系，包括目标的确定、调整、修订等过程。由于质量处于动态的状态，它会随着时间的推移和环境的改变而改变，所以，作为质量衡量标准的目标也应是不断改变的，以保证目标的正确性和适应性。因此，要通过反馈信息、不断调整和修订目标，删除过时的、不适应的目标，增加新的、适应的目标，以保证高校教学活动所提供的产品能够满足消费者潜在的需要。当然，目标也应具有一定的稳定性，无时无刻不在改变的目标会使人们无所适从，失去行动的方向。总之，要以目标的正确性和适应性为前提，将变动性与稳定性结合起来，只有这样，才能建立科学的目标保证体系。

在目标保证体系中，高等学校是确定、调整、修订目标的主体，尤其在扩大高校自主权之后，高等学校都应积极主动地参与目标的确定、调整和修订；

社会应积极配合高等学校,为其提供及时、准确的信息反馈;政府应起到宏观监控、监督和管理的作用,对高等学校给予宏观的、科学的指导。

2. 投入保证体系

高校教学活动的开展需要一定的人力、物力、财力的投入。投入的质和量影响着高校教学的质量,所以建立投入保证体系是保证高校教学质量的条件。投入保证体系一般包括人力的投入、物力的投入和财力的投入三部分。

人力的投入,主要指教师、管理和服务人员的投入,要合理安排三者的比例,不仅要讲究量,还要讲究质,要提高管理人员和服务人员的素质;要确保安排具有高水平和高级职称的教师到教学和科研一线,充分发挥他们的潜力,做到人尽其才。

物力的投入,主要指对高校教学"硬件"的建设,使教室、图书、实验设备、教学仪器能够保证高校教学活动的顺利进行;要注意不能搞重复投入,要充分挖潜,做到物尽其用。

财力的投入,主要指对教学活动和教学研究与改革的经费投入,要确保经费的落实,使广大教师能安心工作;要讲究经费投入的效益,把有限的经费投入到最需要的项目上;要适当地向基础学科倾斜。

3. 过程保证体系

高校教学的质量保证是一个动态的过程,因此对高校教学活动的全过程进行保证是一个必然选择。过程保证体系指对形成最终结果的全过程进行保证,对影响质量的各个环节进行监测、纠正、反馈和修正。教学过程质量保证包括从新生入学到学生毕业的人才培养的全过程保证和为保证人才培养过程正常运行提供的服务保证。培养过程和服务过程是相辅相成的,只有全面提高了培养和服务这两个过程的质量,才能最终保证高等教育的人才培养质量。过程保证体系强调全过程的每一个环节,重视预防的积极意义,并将可能造成错误的因素消除在每一个环节,更加重视诊断性评价的作用,确保每一环节的工作质量。

二、高校教学质量监控体系

质量管理是教学管理的核心任务,而建立旨在保证和改进教学质量的监控体系是质量管理的重要内容。由于高等学校人才培养质量具有隐含性,不像工业产品那样易于测量和评价。为了有条不紊地进行人才培养管理,防止随意性和减少失误，必须根据不同的环节和内容，确定科学的方法，建立事前预防、过程控制、事后总结提高的全过程监控机制，并对全过程实行动态的控制，使培养过程的各个环节都在受控的状态下进行。

基本的、关键的要素决定和影响着系统的结构和功能，监控者、被监控者、监控活动和监控目标共同构成教学质量监控体系的四大基本要素。

（一）监控者

监控者是指高校实施教学质量监控管理的有关机构和人员。它主要由校、院、系三个层次构成。

第一层次是学校教学质量监控与管理机构及人员。主要包括主管校长、校教学指导委员会以及教务处等相关机构和人员。校级教学质量监控者在整个学校教学质量监控中起主导作用，其中，以教务处的作用最为突出，它是在校长领导下对高校教学工作进行组织和调度的职能部门，是代表学校行使全校的教学质量管理责任的专门机构，主要职责是制订教学质量管理方案，抓好教学的组织安排及教学运行中的质量调控，开展经常性的质量调研，组织开展教学质量检测评估，组织教学工作的计划、总结、交流，建立健全教学质量监控工作制度，代表学校对各院系、各专业的教学工作进行质量管理，并指导院系和基层的管理工作等。

第二层次是院系教学质量监控管理机构及人员，院长、系主任，主管教学的副主任，院系教学秘书。院系一级质量监控者的主要职责是依据高校办学指导思想和教学质量管理规定，对所属专业的教学计划、各个教学环节的安排、教学检查等进行统一领导和管理；组织好课程安排，开展教学质量研究及教学质量检测；进行教学基础建设；组织教研室对教学小组和教师个人的教学活动进行管理；对学生的学习活动实行有效管理。

第三层次是教研室（实验室）的教学质量监控管理。教研室是教学质量监控的基础，其主要职责是根据校院二级教学质量管理的目标和教学计划要求，对所属课程的各个教学环节进行组织管理，包括编写教材讲义，审批教案，组织教师业务学习，开展教研活动，进行教学改革，交流教学经验，检查授课质量，反馈教学质量信息，督促检查执行教学规章制度，对学生的学习活动进行辅导、管理。另外，对教师人数较多、课程类型较多的教研室，可将教研室所属教师组成若干教学小组。教学小组不是一级教学组织，它是教研室便于组织和开展教学工作及教研活动的教学活动单位。

（二）被监控者

在高校中，凡对教学质量构成影响、发生作用的一切因素都应是受控的对象。这种影响因素具有多方面、多层次、多因素的特点，主要包括了人的因素、物的因素和管理因素三方面。从影响教学质量的人的因素来看，教学活动主要是教师教、学生学、干部管的共同活动。因此人的因素主要包括教师、学生和教学管理人员。

影响教学质量的物的因素主要是学校为了保证教学及其管理提供的所需物质条件。这又包括了直接影响因素和间接影响因素两大类。直接的物质因素主要是教室、实验室、运动场、图书馆等场地及教学仪器设备、教材图书资料等；间接的物质因素则主要是生活后勤服务条件，如宿舍、食堂等。

在教学系统中，人的因素和物的因素虽然有他们各自独立的地位和功能，但它们又可作为一个整体产生作用。要使各因素之间形成最佳结合，发挥最佳效率，就离不开科学规范的管理。只有管理组织严密，规章制度健全，管理方法、手段先进，科学管理水平高超，人和物的作用才能充分发挥，教学质量才能得到保证。所以，管理水平的高低也是影响教学质量的重要因素，因而也是重要的受控对象。

（三）监控活动

监控活动主要是指教学质量监控中监控者对被监控者实施的控制活动的内容、形式（方式、方法、手段、途径）以及这些活动实施的过程。

1. 监控内容

从监控的内容来看，主要有教学基本建设、教学运行状况和教学管理的情况。教学基本建设包括学科专业、课程、教材、实践教学基地、学风、教学队伍、管理制度等的建设。它是保证教学质量的基础，反映的是教学质量的静态条件。教学运行状况反映的是教学质量的动态活动，主要包括教师教的情况和学生学的情况，前者包括教师的课程授课计划、备课教案、上课情况、课后辅导、作业布置与批改以及对学生学业成绩的检查与评定，后者则主要包括学生课前预习、听课、课后复习、练习和系统小结等情况。教学管理本身也是教学质量监控的重要内容，其被监控的重点主要在教学管理组织机构严密与否、主要教学管理岗位职责明确与否，以及教学管理运行规章制度健全和制度的贯彻落实上。

2. 监控形式

监控的形式所反映的是教学质量监控的方法、方式、手段等，它主要体现在制度规范、督促检查、评估评价和反馈调节等方面。规章制度是教学质量监控与管理的基础，它包括了教学计划、教学大纲、学习进度计划、教学日历、课程表、教学总结等基本教学文件，成绩考核管理、实验室管理、排课与调课、教学档案管理等工作制度，以及教师和教学管理人员岗位职责和奖励制度、学生守则、课堂守则、课外活动规则等学生管理制度。督导检查是教学质量监控管理经常采用的形式，有经常性的督导检查和定期督导检查两种。前者主要通过平时的作业、检测、期中考试、召开座谈会、检查性听课等方式进行，后者一般有开学前的教学准备工作检查、期中教学检查和期末检查等。也可分为常规教学质量督导检查和重点项目督导检查。评估评价是监控教学质量的有力手段。从高校内部的教学质量监控来看，一般有学院教学工作评估、系及教研室教改教研工作评估、教学基本建设评估、教师教学质量和学生学习质量评估等。

3. 反馈调节

反馈调节是通过建立有效的教学质量反馈信息渠道，及时准确地收集整理反馈得来的信息，随时调节教学工作，保证其始终处于良性运行状态。这包括教师教的质量信息和学生学的质量信息，以及高校培养人才进入社会，通过用人单位的使用，接受社会实践检验的信息。这种反馈信息的收集，除了通过教学检查、教学督导和评价以及听课得来外，还应通过建立各级信息反馈网来获得，即学生信息网、教师信息网和毕业生信息网。

4. 实施过程

从监控活动的实施过程看，主要有大过程和小过程之分。大过程是指招生—计划—教学—毕业，从输入到输出的全过程，它所反映的是教学产品——学生在大学四年的基本成型过程，这一过程必须始终置于教学质量的有效监控和管理之下；小过程则是指一个监控管理周期，包括制订计划—运转调控—检测评估—总结提高，一般可为一个学期。

（四）监控目标

教学质量监控与管理的目标，是教学质量监控与管理希望达到的结果。建立教学质量监控与管理目标子系统是教学管理的基础与前提，教学质量检查以目标为标准，工作的结果按完成目标的程度来评价。监控目标子系统可描述为：

总目标—教学过程和目标—影响因素分目标—教学保证分目标—教学质量分目标。

高校教学质量监控与管理首先应有一个能统领全局、起灵魂和核心作用的总目标。这个总目标常常就是一个学校人才培养的基本质量规格，体现了不同学校的特色，为学校每一个成员所认可。整个学校的教学质量监控与管理都应以此目标为根据，以达成此目标为理想追求。监控过程是在系统的可能性监控空间中进行的有目的的、有方向的选择过程，总目标的设定就起着一种方向选择与引导的作用，虽然在质量监控过程中，并不都能在完全程度上实现总目标，却可以努力缩小不确定性空间，接近理想状态。因此，还需要根据总目标与分目标的统揽关系，对总目标进行分解，以形成纵横交错、上下贯通、关系协调的教学质量监控目标体系，使之更具有可操作性。

第七章 创新创业教育视域下高校人才培养的现状与策略

第一节 我国高校创新创业人才培养存在的问题

在创新创业人才培养的过程中，各高校虽然取得了一定成绩，但是，受传统文化、应试教育体制等因素的制约，我国高校培养出来的人才创新创业能力和实践能力不强，社会适应能力和参与国际竞争的能力较弱，我国各行各业的创新创业型人才紧缺，尤其是关键领域的高层次创新创业人才匮乏。我国高校目前的创新创业人才培养水平和人才状况，还不能完全适应国家的发展战略和经济社会发展的需要，同国际发达国家相比还有明显差距。统计数据表明，大学生创业的人数在整个大学生群体中所占的比例还不到2%，远远低于发达国家大学生20%的创业比例。多年来，我国在创新创业人才培养的过程中存在着一些问题。

一、创新创业教育理念认知不清晰

由于创新创业教育在我国发展的历史还不长，部分高校和学生未给予充分明确的认知，对其内涵的理解也不是很清楚，没有与时俱进跟上时代步伐。一些高校的教育教学活动仅限于理论知识的传授，忽视对创新创业素质的培养，或者实践活动流于形式或只针对部分精英学生，没有真正达到全面提升全体学生创新创业能力素质拓展的终极目标；有些人没有认识到创新创业教育的内涵和意义，误以为就是教学生开"公司"，或者是"颠覆传统"，曲解了对创新创业人才培养的定位；更不可取的是甚至有些人认为创新创业教育的开展需求意义不大，是学生毕业以后的事，是解决就业问题的下下之策，只是极少数人的事；社会对创新创业教育认同度不够，不敢轻易冒险，害怕失败，对有创新创业想法的毕业生不够理解和宽容，不易得到家庭和社会的支持。

另外，创新创业教育在我国起步晚，仅有十几年的历史，还处于探索、摸索和起步阶段，现阶段并没有被社会和高校完全认同和接受；人们对创新创业教育的必要性、重要性和紧迫性的理性认识尚未形成。对一个以公有制为主体的国家而言，作为创业初期形式的中小企业蓬勃发展还有很长的路要走；加之中国长期以来"学而优则仕"的观念深入人心，稳定仍是大多数大学生和家长追求的目标，整个社会的创新创业意识淡薄，氛围不浓厚；现阶段高校的创新创业教育更多的价值取向还是解决目前的大学生就业困难，并没有把它当作是一种长期的培养优秀人才的行为，导致创新创业教育内涵和价值的缺失；有的高校仅仅把创新创业教育等同于创业计划大赛等简单的形式，过分注重了比赛成绩的追求，是功利性的创新创业教育理念；还有的人认为创新创业教育旨在培养经理人而非具有事业心和开拓精神的创业者，导致创业活动停留在了利润与财富创造的功利性层面上，并没有上升到开创事业的理性层面上。

总的来讲，现阶段我国的创新创业教育理念没有深入人心，创业教育作为大学生应有的"第三本教育证书"的理念还没有被多数学生、教师、学校管理部门所接受。

二、培养主体单一

目前，我国的创新创业人才培养主要依靠高校，培养主体单一，这根本不符合创新创业人才培养的规律。培养创新创业人才是一项系统而复杂的工程，需要学校、政府、社会的多方合作，尤其是需要工业企业界的积极参与。高校必须开放办学，拓宽培养主体范围，走校企协同培养创新创业人才的道路，这样才能形成完整的创新创业人才培养链。

三、忽视对学生人格的塑造

构建创新创业人才培养模式，首先要转变传统的应试教育理念和办学模式。传统的应试教育理念以学科为中心，重理论轻实践，采取的是灌输式教学方法，衡量学生优劣的主要标准就是看考试成绩的高低。我国高校对创新创业人才培养的模式进行了不同程度的创新，取得了一定的成绩，但传统的应试教育理念根深蒂固，培养出的大学生仍是寻找标准答案的工具，虽成文有余，但创新创业精神和动手实践能力不足，不敢承担创业可能带来的风险。秉承这种落后的应试教育理念培养人才的结果就是在一定程度上忽视了对学生人格的塑造和能力的培养。

四、创新创业教育与专业教育分离

目前，我国高等教育主要以专业教育为主，高校依据专业人才培养方案，按照设定的课程体系来实施专业教育。所以，要想将创新创业教育与专业教育科学合理地融合起来，绝对不只是增加几门创新创业课程的问题，而是应该在专业人才培养方案和课程体系的各个环节都融入创新创业教育的理念。但是，现在我国多数高校对创新创业教育的认识不全面，并未将创新创业多样化人才的教育纳入专业教育的人才培养体系中，创新创业教育与专业教育融合不紧密，独立设置的创新创业教育课程与专业学习的关系不大甚至相互独立，导致创新创业教育与专业教育相分离，学生吸收的创新创业知识与专业知识独立存在于头脑中，在实践中无从发挥，高校开展的创新创业教育与市场需求和社会对人才的需求难以有效地接轨。

五、教师缺乏主动性和积极性

师资是创新创业教育取得成功的关键因素，创新创业教育对于教师的综合素质和创新创业能力的要求比较高，要求教师既要具备扎实的专业理论知识，又要具备丰富的创新创业实战经验和较强的创新创业能力。而我国高校的教师大多本身就缺乏创新创业教育的理念，对企业的认识和了解不深入，虽然有不少教师能从理论层面上对市场和竞争规律进行分析，但由于缺少激励机制，加上实际情况的限制，教师无条件深入企业进行调查研究，很少亲自动手编写案例，使课堂教学拘泥于书本或现成的案例材料，创新创业教材选用的随意性比较大，教学内容不能与时俱进。教师的教学创新能力不足，多数教师在教学的过程中仍然进行"满堂灌的填鸭式"传统教学，教学方法陈旧单一，对创新创业教学法的研究缺乏积极性和主动性。

六、缺乏系统化的创新创业教育指导

在新加坡，创新创业教育从小学就开始了，而我国高校对学生的创新创业教育缺乏系统化的创新创业课程和实践活动，大多只集中在对学生创业计划竞赛的指导和就业指导上，无法全面提高大学生的创业素质并形成创新创业的浓郁氛围。目前高校的创新创业教育大多基于稳定环境下的传统工商管理知识，缺乏面对不确定环境下的应对之策，与社会大背景缺乏联系，没有形成一支面向社会的具有良好结构和职业背景的专职创业教育师资队伍。

七、忽视素质教育在创新创业教育中的作用

大学生过多地得到父母无微不至的关怀和呵护，致使其意志薄弱，缺少自信，缺乏独立自主和团队合作的精神。而这些缺乏的素质，正是创业应具备的基本素质。联合国教科文组织提出教育应做到学会认知、学会做事、学会共同生活、学会生存。高校教育要围绕素质教育展开，这是高校教育的最重要部分。创新创业教育是高校素质教育中不可分割的部分，创业教育应把关心人、爱护人、尊重人和充分激发人的创造性放在首位，将素质教育与创新创业有机融合，以全面提升学生的综合素养。

八、教学方式缺乏创新

目前各高校在创新创业教育中依然在走应试教育的老路，主要以讲授加试卷考核为主，最多增加一些案例分析、课堂讨论、作业等辅助方式。大部分学生习惯于上课记笔记，考试死记硬背，没有创新思维，不能活学活用知识，分析问题的能力和解决问题的能力差。因此，在教学方式上，要充分利用多媒体、实验室等教学资源，采取案例教学、项目教学、网络实践模拟教学和创业素质拓展训练等新的教学手段，变单向式教学为学生能够亲身体验和操作的参与性更强的教学方式。

九、教学管理体制滞后

目前,我们的教育管理体制不能适应社会对高素质复合型人才培养的需要,更缺乏对创新创业教育的支持。教学管理责权不明,权力过分集中,将从事创新创业教育专业教师的工作锁定在教学上,限制了他们面向社会、市场的积极性和主动性,造成了脱离市场、社会的封闭式教学体制。

十、创新创业教育师资队伍力量薄弱

由于创新创业教育在我国还处于发展的萌芽阶段。教师要有创新创业意识,才能引导和培养学生这方面的兴趣、意识和能力,常言说弟子的修为得靠"师傅领进门"。然而,目前我们在这方面的师资队伍较为薄弱,教师的实践经验尚浅,没有一支优良稳定的创新创业教育教学科研队伍,大多不是专业教师,而是兼课教师。虽然绝大部分是研究生、博士,但他们也是走出校门又迈入校门,知识较丰富,但缺乏创新创业的经历和经验,没有参加过一线的实际锻炼,没有接受过系统的培训,更不具备实践指导能力,这就造成了在教学过程中只会理论说教,理论和实践严重脱节,甚至滞后。所以薄弱的师资力量,加上其教学内容和模式几乎都围绕着单一的理论层面,教师队伍实际情况难以适应形势需要,难以展开到有效的实践空间去,达不到创新创业教育的最终目的。

第二节　创新创业人才培养存在问题的原因分析

一、教育理念落后

教育理念具有引导定向教育实践的意义,教育理念决定着人才培养模式。在欧美等发达国家,主张个性发展和创新创业能力培养的人文教育有着悠久的历史,以学生为中心的教育理念已经深入人心。相比之下,我国 10 余年来提倡以人为本,高校提出要树立以学生为中心的教育理念,但在实际的教学活动中,以学生为中心的教学理念却未能落实到位,而是更加倾向于以社会需求为本,相对而言,则在一定程度上忽视了对学生进行个性化的培养。另外,寻找正确答案的教育方式在我国的教育理念中已经根深蒂固，应试教育制度以教授学生寻找标准答案为方向，重理论轻实践，这种教育理念的结果就是学生虽学会了如何寻找正确答案，但与此同时，却丧失了最为重要的创造性发散思维和创新能力。

二、管理体制改革不到位

20 世纪 80 年代以来，政府通过权限下放，给予了地方政府和高校更多的管理权和自主权。但是，这种权限的下放只是把管理的重心下移，并未超出原有体制的范围。我国的区域发展不均衡，政府用相同的规范去约束各地的高等教育，是不科学、不合理的，严重影响学校办学特色的形成。高校缺乏自主性和创新活力，办学无个性、无特色，这种缺乏办学特色的办学模式十分不利于创新创业人才的培养，培养出来的人才也都是缺乏创新精神和创新能力的统一产品，共性有余而个性不足。

三、培养模式创新不够

发达国家高校的人才培养模式比较科学，以培养学生的个性发展作为明确的教育理念，把学生的个性培养放在人才培养的首位，人才培养制度具有"宽专业、厚基础、强能力"的特点。相比之下，我国高校采取的则是"窄专业、薄基础、弱能力"的人才培养方式。经过多年实践经验的总结，我国各地许多高校已经认识到传统的人才培养模式存在不足之处，纷纷开始借鉴国内外成功的创新创业教育经验，从人才培养模式的基本要素——培养目标、培养内容、教学方法及评价体系着手探索和改革人才培养模式。但是由于受传统教育观念、教育管理体制等因素的限制，人才培养模式的改革大多只是停留在口号上，创新创业的培育理念并未深入人心，创新创业课程设置不科学，缺乏系统性和科学性的、本土化的优质创新创业教育教材，校内创新创业教学平台欠缺，校企产学研结合不紧密，加上创新创业人才培养模式的评价体系并未构建起来，所有这些因素导致创新创业人才培养模式的综合改革效果并不明显。虽然经过多年的改革，借鉴了发达国家的成功经验，但按专业招生与培养的情况并未改变。大学生一旦进入高校，就被分入十几个甚至几十个不同的院系，所学的知识也就被锁定在一个个狭窄的胡同里面，有些工科院校纯"机"、纯"电"人才培养模式的现象非常普遍。在教学方法上，创新创业教育较发达的国家采用的是探究及讨论式的教学方法。相比之下，我国多数高校还是以教师系统地讲授理论知识为主，在授课的过程中只是增加提问的次数或进行简单的讨论，实践教学时间短、次数少，实习基地不丰富，产学研结合不紧密，大多流于形式。导师制度不健全，有的学校的本科生一般到最后一个学年才有所谓的论文导师。高校或用人单位对人才的评价也大多以所谓的标准答案及考试成绩定优劣，而这是极其不科学、不合理的。

四、价值导向失衡

教学与科研是高校的两个重要职能，教学是立校之本，科研是强校之路，但在实际的工作中，高校往往不能站在客观的角度较均衡地处理两者的关系，教学和科研的价值导向失衡，多数高校普遍出现"重科研、轻教学"的现象。高校主管部门在考核评价高校的等级，对高校重点学科的数量、重点实验室的数量、科研经费的审批等诸多环节上，多与高校科研成果的等级和数量挂钩，导致高校的教学与科研的失衡。加上教学效果的内隐性和科研成果的速显性，高校更加倾向于短期内即可成效速显的科研工作，反而忽视了作为高校根本任务的人才培养工作。有些高校甚至为了使科研成果的等级和数量尽快取得突破，往往对科研采取倾斜政策，使课题的立项、科研经费的取得、职称晋升、收入的分配等与教师的科研成果挂钩，鼓励全校教师积极参与科研活动。教师把精力主要放在了申报课题、申请科研经费、发表论文和专著上，教师的本职教学工作反而退居次要。在高校重科研、轻教学的大环境下，创新创业人才的培养是个难题。

五、创新创业教育观念不足

在社会层面，创新创业意识薄弱，观念陈旧，人们在思想观念认识上还存在着不少误区。我国2000多年的传统儒家文化导致的传统守旧意识、"重农抑商"和"学而优则仕"等传统保守观念，严重影响了社会对大学生创新创业教育的认识，不能主动接受变革和创新，使我国的教育长期定位于"适应性教育"，扼杀了学生勇于挑战、敢于表现自我的个性。可以说，长期处于这种环境下的大学生，因受传统文化的深入影响，其表现出自信心不足，主动性、独立性和进取精神差。缺乏强烈的创新意识和创业欲望，整个社会缺乏创新创业的氛围，不能树立正确的创新创业教育观。另外，家庭观念落后也造成一定程度的影响，很多家长希望自己的孩子顺利毕业，然后考公务员或找一个稳定的单位工作，不能理解孩子创新创业的想法，认为是瞎胡闹，而不予以支持。家长对大学生创新创业持冷漠和排斥态度，认为风险大、不稳定，直接扼杀了大学生的创新创业意愿。

在个人认知方面，大学生毕业择业期望值过高，本身又缺乏独立思考、判断、行动的能力，不能勇敢面对社会，所以多数人首选找工作而不是进行创业。现在的独生子女多受家庭的溺爱，缺少创新精神、敬业精神、团队精神、吃苦精神等，长期养成了"等、靠、要"的思想，创新创业意识淡薄，不能主动抓住机会、创造机会寻求更高的发展。

总体来说，科学的教育理念是支撑高等教育实践稳步前行的内动力。现阶段人们对创新创业教育的意识和理念较淡薄，并没有真正使这种理念和意识深入人心。江丁丁认为："当整个社会被嵌入一个以人与人之间的激烈竞争为最显著特征的市场之内的时候，教育迅速地从旨在使一个人的内在禀赋在一套核心价值观的指引下得到充分发展的过程，蜕变为一个旨在赋予每一个人最适合于社会竞争的外在特征的过程。"创新创业教育作为学生应有的"第三本教育护照"与学术教育、职业教育有着同等重要的地位和作用，尽管这种认识还没被社会和高校完全接受和认同。创新创业教育在我国起步比较晚，大家对创新创业教育的理性认识仍未成熟，经过过去十几年的发展，现在还处于摸索、探求的初级阶段，还没有真正清楚它对社会经济发展和大学生健康成才的必要性、紧迫性和重要性。目前大部分家长和学生在就业观上仍以追求稳定工作和经济收入为最终目标，社会整体对创新创业教育意识淡薄，对创新创业教育内涵理解有偏颇，对创新创业教育价值存在缺失，对创新创业教育认知存在严重方向偏离，氛围不浓厚，更多人认为创新创业教育是缓解就业压力的一种途径，是大学生就业难的一时之举、缓兵之计。这种教育仅仅是学生毕业前的常规性指导、技能技巧的加速充电，误认为创新创业教育只是职业教育的任务，误认为高校进行创新创业教育的初衷和最终价值取向就是解决大学生就业困难的问题，根本没有将创新创业教育看作是国家培育优异接班人和复合人才的思想渗透和一种创新行为的进程。根本没有具备将创新创业教育作为一种长远、恒久的培养学生创新创业综合素质的理性认识。

在高校开展创新创业教育活动中，有大部分学生认为创新创业教育只是少数学生受益的简单教育形式，只有很少数量的具有较强创新能力、理论学习成绩非常优秀的学生接受的教育，这种教育是为创办新企业，培养有潜质的学生最终成为社会的企业家或老板极为常规和技能性的一种教育活动，作为大众群体的大部分学生很难涉足其中，认为创新创业教育只是挖掘少数学生的潜能，并非面向全体学生去培养他们的开拓精神、综合素质，使他们成为全面发展的具有事业心的创业者和岗位创造者，创新创业教育没有形成全体学生受益的大氛围，错误地认为创新创业教育就是当下教育体系中的一种精英教育，学校、老师、学生过分注重了对创新或创业计划大赛比赛成绩的追求，将此类赛事变成了具有较强精英色彩的比赛。只重视创新创业能力培养，而忽视学生创业观念改变；只重视自主择业、竞争择业的就业与择业观的树立，而忽视自主创新、自主创业的创业观的树立；只重视对职业适应、岗位适应的教育，忽视创造职业、岗位创新的指引。将创新创业教育感性地认为是一种功利性活动，这种观念的偏差，很容易使比赛最终印有极强的精英化痕迹，而最终冷落了大部分学生，扼杀了学生的创新创业精神。这一切都将导致创新创业教育难以升至开创事业的理性层面上，使其仍滞留在了财富、功利、收益等功利层面上。创新创业教育的主导和灵魂是它的创新创业精神。可见，创业家和创业家精神可谓我国目前稀缺少有的资源和财富，这也是对社会经济发展起决定作用的一股坚不可摧的力量。

这种高校创新创业教育理念的缺失、观念的偏差、意识淡薄、目标定位的模糊、自主创新能力的欠缺，使创新创业教育难以升至创业理性层面，很难使培养出的学生在激烈的社会竞争中处于较强的优势，因此应该加强高校创新创业教育，使大学生学会学习、学会生存、学会发展，它是受教育者勇气、自信、诚实、协作、双赢、信仰的陶冶教育，在人才培养的全过程都至关重要。

六、社会创新创业环境缺失

许多学校还有学生对创新创业教育的环境氛围很陌生，也就是说，目前还没有形成一个有利于培养、鼓励保护大学生创新创业的良好的社会环境。究其原因，首先,旧观念的束缚，加上传统教育的影响，限制了人们的创新求变思想，造成了人们害怕风险，不敢逾矩，没有主动性。其次，我国唯一的教育培养模式，限制了大学生创新创业能力的培养,"分数成为衡量一切教育质量的唯一标准",

学生从小到大在死记硬背中接受教育，在这样的社会文化环境氛围中很难点燃大学生的创新创业热情，更别提孕育出创新创业的高素质人才。最后，社会大环境还没有形成接受个性创新的宽松的态度，社会投资支持力度不够，使得创新创业教育基础设施不够完善，创新创业观念没有正确树立，还没深入人心，与之相配套的政策、法律体系还没有建立起来。政府在当前经济需要与长远全面发展矛盾面前，有些急功近利，有些措施治标不治本，对创业培训、商务支持等方面的实施力度还有待加强。在经济环境方面，大学生创新创业的启动资金融资困难、门槛高，阻碍了其在经济社会中的竞争力。另外，在行政管理方面，大学生创新创业活动并没有从政府那里得到多少具体的支持和优惠，相反还存在一些对刚走出校门的大学生的不利条款。社会创新创业环境较差表现在以下几点。首先，社会认同度不高，没有充分认识到创新创业教育的重要意义，也没有相关和谐良好的文化氛围及工作环境支持，一些成文的不成文的"潜规则"断送了众多创新创业者的梦想和激情。其次，基金政策滞后，缺乏资金成为大学生进行创新创业活动最大的障碍，目前教育资金来源单一且总量有限，投入资本市场相对落后，创新创业投资不充足，融资困难，许多创新创业计划难以付诸实践。再次，扶持政策疲软，尤其是涉及劳动保障、银行等相关部门时，针对大学生创新创业的扶持政策尚未出台，创新创业实践得不到有力保证。最后，市场信息不完全，相关配套设施不完备，毕业生就不能及时清晰地了解劳动力市场信息、相关科技知识更新及经济形势变幻，造成信息搜索等受到客观条件限制，一定程度地束缚了创新创业教育作为社会发展强有力的推动者的作用的发挥。

第三节 高校创新创业教育人才培养目标的定位

一、高校人才培养的总体要求

高等职业院校要全面贯彻党的教育方针，落实立德树人的根本任务，坚持创新引领创业、创业带动就业，主动适应经济发展新常态，以推进素质教育为主题，以提高人才培养质量为核心，以创新人才培养机制为重点，以完善条件和政策保障为支撑，促进高等教育与科技、经济、社会紧密结合，加快培养规模宏大、富有创新精神、勇于投身实践的创新创业人才队伍，不断提高高等教育对稳增长、促改革、调结构、惠民生的贡献度，为建设创新型国家、实现"两个一百年"奋斗目标和中华民族伟大复兴的中国梦提供强大的人才智力支撑。具体要求如下。

1. 坚持育人为本，提高培养质量

把深化高校创新创业教育改革作为推进高等教育综合改革的突破口，树立先进的创新创业教育理念，面向全体、分类施教、结合专业、强化实践，促进学生全面发展，提升人力资源素质，努力造就大众创业、万众创新的生力军。

2. 坚持问题导向，补齐培养短板

把解决高校创新创业教育存在的突出问题作为深化高校创新创业教育改革的着力点，融入人才培养体系，丰富课程、创新教法、强化师资、改进帮扶，推进教学、科研、实践紧密结合，突破人才培养薄弱环节，增强学生的创新精神、创业意识和创新创业能力。

3. 坚持协同推进，汇聚培养合力

把完善高校创新创业教育体制机制作为深化高校创新创业教育改革的支撑点，集聚创新创业教育要素与资源，统一领导、齐抓共管、开放合作、全员参与，形成全社会关心支持创新创业教育和学生创新创业的良好生态环境。

二、新时期高校创新创业人才培养的目标任务

1. 完善人才培养质量标准

制定实施本科专业类教学质量国家标准，修订实施高校高专专业教学标准和博士、硕士学位基本要求，明确高校高专、本科、研究生创新创业教育目标要求，使创新精神、创业意识和创新创业能力成为评价人才培养质量的重要指标。相关部门、科研院所、行业企业要制定（修订）专业人才评价标准，细化创新创业素质能力要求。不同层次、类型、区域，高校要结合办学定位、服务方向和创新创业教育目标要求，制定专业教学质量标准，修订人才培养方案。

2. 创新人才培养机制

实施高校毕业生就业和重点产业人才供需年度报告制度，完善学科专业预警、退出管理办法，探索建立需求导向的学科专业结构和创业就业导向的人才

培养类型结构调整新机制，促进人才培养与经济社会发展、创业就业需求紧密对接。深入实施系列"卓越计划"、科教结合协同育人行动计划等，多形式举办创新创业教育实验班，探索建立校校、校企、校地、校所及国际合作的协同育人新机制，积极吸引社会资源和国外优质教育资源投入创新创业人才培养。高校要打通一级学科或专业类下相近学科专业的基础课程，开设跨学科专业的交叉课程，探索建立跨院系、跨学科、跨专业交叉培养创新创业人才的新机制，促进人才培养由学科专业单一型向多学科融合型转变。

3.健全创新创业教育课程体系

各高校要根据人才培养定位和创新创业教育目标要求，促进专业教育与创新创业教育有机融合，调整专业课程设置，挖掘和充实各类专业课程的创新创业教育资源，在传授专业知识过程中加强创新创业教育。面向全体学生开发开设研究方法、学科前沿、创业基础、就业创业指导等方面的必修课和选修课，纳入学分管理，建设依次递进、有机衔接、科学合理的创新创业教育专门课程群。各地区、各高校要加快创新创业教育优质课程信息化建设，推出一批资源共享的慕课、视频公开课等在线开放课程。建立在线开放课程学习认证和学分认定制度。组织学科带头人、行业企业优秀人才，联合编写具有科学性、先进性、适用性的创新创业教育重点教材。

4.改革教学方法和考核方式

各高校要广泛开展启发式、讨论式、参与式教学，扩大小班化教学覆盖面，推动教师把国际前沿学术发展、最新研究成果和实践经验融入课堂教学，注重培养学生的批判性和创造性思维，激发创新创业灵感。运用大数据技术，掌握不同学生学习需求和规律，为学生自主学习提供更加丰富多样的教育资源。改革考试考核内容和方式，注重考查学生运用知识分析、解决问题的能力，探索非标准答案考试，破除"高分低能"积弊。

5.强化创新创业实践

各高校要加强专业实验室、虚拟仿真实验室、创业实验室和训练中心建设，促进实验教学平台共享。各地区、各高校科技创新资源原则上向全体在校学生开放，开放情况纳入各类研究基地、重点实验室、科技园评估标准。鼓励各地区、各高校充分利用各种资源建设大学科技园、大学生创业园、创业孵化基地和小微企业创业基地，作为创新创业教育实践平台，建好一批大学生校外实践教育基地、创业示范基地、科技创业实习基地和职业院校实训基地。完善国家、地方、高校三级创新创业实训教学体系，深入实施大学生创新创业训练计划，扩大覆盖面，促进项目落地转化。举办全国大学生创新创业大赛，办好全国职业院校技能大赛，支持举办各类科技创新、创意设计、创业计划等专题竞赛。支持高校学生成立创新创业协会、创业俱乐部等社团，举办创新创业讲座论坛，开展创新创业实践。

6. 改革教学和学籍管理制度

各高校要设置合理的创新创业学分，建立创新创业学分积累与转换制度，探索将学生开展创新实验、发表论文、获得专利和自主创业等情况折算为学分，将学生参与课题研究、项目实验等活动认定为课堂学习。为有意愿、有潜质的学生制订创新创业能力培养计划，建立创新创业档案和成绩单，客观记录并量化评价学生开展创新创业活动的情况。优先支持参与创新创业的学生转入相关专业学习。实施弹性学制，放宽学生修业年限，允许调整学业进程、保留学籍休学创新创业。设立创新创业奖学金，并在现有相关评优评先项目中拿出一定比例用于表彰优秀创新创业的学生。

7. 加强教师创新创业教育教学能力建设

各地区、各高校要明确全体教师创新创业教育责任，完善专业技术职务评聘和绩效考核标准，加强创新创业教育的考核评价。配齐配强创新创业教育与创业就业指导专职教师队伍，并建立定期考核、淘汰制度。聘请知名科学家、创业成功者、企业家、风险投资人等各行各业优秀人才，担任专业课、创新创业课授课或指导教师，并制定兼职教师管理规范，形成全国万名优秀创新创业导师人才库。将提高高校教师创新创业教育的意识和能力作为岗前培训、课程轮训、骨干研修的重要内容，建立相关专业教师、创新创业教育专职教师到企业挂职锻炼制度。加快完善高校科技成果处置和收益分配机制，支持教师以对外转让、合作转化、作价入股、自主创业等形式将科技成果产业化，并鼓励带领学生创新创业。

8. 改进学生创业指导服务

各地区、各高校要建立健全学生创业指导服务专门机构，做到"机构、人员、场地、经费"四到位，对自主创业学生实行持续帮扶、全程指导、一站式服务。健全持续化信息服务制度，完善全国大学生创业服务网功能，建立地方、高校两级信息服务平台，为学生实时提供国家政策、市场动向等信息，并做好创业项目对接、知识产权交易等服务。各地区、各有关部门要积极落实高校学生创业培训政策，研发适合学生特点的创业培训课程，建设网络培训平台。鼓励高校自主编制专项培训计划，或与有条件的教育培训机构、行业协会、群团组织、企业联合开发创业培训项目。各地区和具备条件的行业协会要针对区域需求、行业发展，发布创业项目指南，引导高校学生识别创业机会、捕捉创业商机。

9. 完善创新创业资金支持和政策保障体系

各地区、各有关部门要整合发展财政和社会资金，支持高校学生创新创业活动。各高校要优化经费支出结构，多渠道统筹安排资金，支持创新创业教育教学，资助学生创新创业项目。部委属高校应按规定使用中央高校基本科研业务费，积极支持品学兼优且具有较强科研潜质的在校学生开展创新科研工作。中国教育发展基金会设立大学生创新创业教育奖励基金，用于奖励对创新创业教育做出贡献的单位。鼓励社会组织、公益团体、企事业单位和个人设立大学生创业风险基金，以多种形式向自主创业大学生提供资金支持，提高扶持资金使用效益。深入实施新一轮大学生创业引领计划，落实各项扶持政策和服务措施，重点支持大学生到新兴产业创业。有关部门要加快制定有利于互联网创业的扶持政策。

三、新时期高校人才培养方案的修订

按照国务院、教育部对高校人才培养的总体要求和高校人才培养的目标任务，各高校的人才培养方案要进行相应的修订。人才培养方案是专业人才培养目标、基本规格及培养过程、内容和方式的总体规划，是衡量学生在校期间完成全部学业后是否达到培养规格的重要标准，是高校人才培养、组织教学过程、安排教学任务的基本依据。高校学院人才培养方案要把创新创业的精神贯穿到人才培养方案中，要紧紧围绕国家、教育部的文件对高校人才培养方案进行修订。

1. 人才培养方案制订的指导思想

高校要围绕培养学生创新创业的职业能力、就业竞争力和促进职业发展的核心目标，践行高校办学理念，形成知识、能力与素质协调发展的人才培养格局，将培养学生就业竞争力与发展潜力融为一体、教学工作与学生工作融为一体、职业素质养成与职业能力培养融为一体、课外与课内培养融为一体，立德树人，以服务为宗旨，以就业为导向，以提高质量为核心，以增强特色为重点，构建出充分体现高校办学特色并具有一定优势的人才培养方案和课程体系，在"校企融合、工学结合"的发展道路上培养出创新创业的"高素质技术技能型人才"。

高校专业人才培养方案的制订要体现高校办学指导思想，符合高校的办学定位和人才培养目标，要立足于培养理论基础够用、实践能力较强、具有创新创业精神的高素质技术技能型人才。要突出应用性和针对性，以适应社会需求为目标，以培养技术应用、实践能力为主线，同时要强化综合素质教育，全面提高学生的思想道德素质、文化素质、专业素质和身体心理素质。

（1）培养适应区域发展的创新创业人才

高校人才培养要适应社会和经济的发展，尤其是区域和地方经济发展的需要。要进行充分的社会调查，注重研究分析经济建设和社会发展出现的新情况、新特点，特别要关注市场经济和专业领域技术发展态势，注重与区域和地方发展相适应，并结合高校实际情况，使高校制订的专业人才培养方案具有鲜明的地方特色、行业特色。

（2）培养全面发展的创新创业人才

高校要坚持德、智、体、美等全面发展，必须全面贯彻国家教育方针，正确处理好德育与智力、理论与实践的关系，注重全面提高学生的综合素质，切实保证培养目标的实现。

（3）培养高素质的创新创业人才

高校要依照职业院校的发展目标，树立"德才兼备、技艺双全"的办学理念，培养有知识、有技能的高素质创新创业人才。

（4）培养学生的实践能力

高校要加强学生的实践教学环节，做到理论与实践、知识传授与能力培养相结合，并将创新创业能力培养贯穿教学全过程。

（5）贯彻产学研结合的思想

在专业人才培养方案的制订和实施过程中应主动争取企业的参与，充分利用社会资源，共同制订和实施专业人才培养方案。专业人才培养方案中的各个教学环节既要符合教学规律，又要根据企业或行业的实际工作特点妥善安排。

（6）推进高校的"双证"教育

高校要鼓励大学生在校期间在获得毕业证书的同时，还要取得各种职业资格证书，同时专业课程可以和职业资格证书培训进行课程置换。

（7）加强高校课程的改革

高校要按照行动过程导向，借鉴学习领域、情境教学理念，结合专业特点，开发符合职业教育规律、有特色的学生培养方案。

2. 人才培养方案制订的基本原则

（1）按照地方政府的要求和区域需求确定人才培养目标和规格

高校要按照地方政府的要求和区域需求，以区域发展和市场需求作为人才培养的落脚点。要贴近人才需求市场，深入开展专业调研，分析专业面向的就业岗位环境、岗位职责、工作内容、岗位所需能力、任职资格等，努力挖掘专业人才培养方案与职业岗位需求之间的结合点，合理确定各专业人才培养的目标及规格。

（2）以校企合作需求改革人才培养模式

校企合作是培养适应市场需求的高素质技术技能型人才的关键。在专业人才培养方案制订与实施过程中，要充分发挥行业、企业专家和专业指导委员会的作用。以校企合作为平台，鼓励推动"校企融合、工学结合"的人才培养模式在实习实训基地建设、课程建设、教材建设和队伍建设中的落实。在完成主干课程教学的基础上，根据企业的用人需求，合理调整教学进程；要把课堂延伸到企业，聘请企业技术人员承担专业教学任务，将企业的工艺、规范和文化融入教育教学中。

（3）依据自身特点合理构建专业课程体系

各专业可依据各自特点，选择相对成熟的模式设计课程体系。就业岗位成熟稳定，任职条件强调专业技能，职业标准相对规范，以培养技能为职业能力核心的专业，可以基于工作过程设计课程体系；就业岗位波动变化大，任职条件强调素质，以培养能力素质为职业能力核心的专业，可以选择能力本位教育的课程体系设计；对于专业对应岗位分布跨度大，一部分岗位强调技能，另一部分强调素质的专业，可以采取基于工作过程的模块课程体系和能力本位教育的模块课程体系。在课程设计与实施上实现职业能力和职业素质培养的有机结合，按照认知规律、职业成长规律和职教理念构建课程体系。

同时，要加强公共基础课与专业课间的相互融通和配合，专业拓展课程内容，跟踪行业发展动态，综合拓展选修课程，实行学院和二级学院相结合的设置方式，保证学生既可以深化职业类课程，又可以选修专业外课程，促进学生文化素质、科学素养、综合职业能力和可持续发展能力的培养。

（4）统筹安排，深入推进教学方法改革

以课程开发和建设的思路管理主要教育教学活动，将课外与课内培养融为一体。将入学教育、校内集中实训、校外顶岗实习、社会实践活动等作为课程来建设、实施和管理，纳入人才培养方案教学进程安排。各专业人才培养方案应在统一规范的基础上，充分体现专业建设、人才培养模式改革、教育教学改革、制度保障等方面的特色，科学合理安排课内、课外学时，组织教学活动。积极推行"双证书"制度，将相关课程考试考核与职业技能鉴定合并进行。要积极推广项目教学、案例教学、情境教学、工作过程导向教学，广泛运用启发式、探究式、讨论式、参与式教学，充分激发学生的学习兴趣和积极性。

（5）立德树人，引导学生健康成才

遵循高校教育教学和人才成长的基本规律，从成人成才的角度，立德树人，引导培育学生自主学习、合作学习、探究学习，增强学生自我调控能力，提高学生身心健康水平，正确培育学生在知识、能力、素质方面的系统发展，培养学生具有良好的职业道德、职业能力和创新创业精神，以及可持续发展的素质，适应社会、经济发展和现代化建设的需要。

（6）完善教学质量管理体系

严格执行国家制定的教学文件，适应生源和培养模式改革的新特点，完善教学管理机制。要加强教学组织建设，健全教学管理机构，发挥企业深度参与的专业教学指导委员会的作用。按照"标准、评价、反馈、调控"四位一体的教学质量管理体系，对教学质量实施管理与监控。把学生的职业道德、职业素养、技术技能水平、就业质量和创业能力作为衡量专业教学质量的重要指标。

（7）推进专业建设不断发展

良好的办学条件是专业建设发展的基础。各专业要根据学院和专业建设发展规划，积极加强校内外实习实训基地建设，依靠校企深度合作，夯实各专业办学基础。要进一步加强师资队伍建设，构建起以高水平专业带头人、骨干专任教师和企业兼职的能工巧匠、管理与技术人员为主的专兼结合的教师队伍。高校省级以上重点专业要勇于改革创新，发挥示范、引领作用，在校企深度合作、人才培养模式改革、办学水平和人才培养质量、服务社会等方面带领相关专业不断发展。

第四节　高校创新创业教育人才培养的策略

人才培养目标是在一定社会条件中要把受教育者培养成为什么样的人的根本性问题，它是一切教育活动的出发点和归宿。

新时期高校依据国务院对高校的要求，制定高校人才培养目标，按照人才培养目标的要求及高校自身的发展特色，调整人才培养方案，要把培养具有创新精神、创业意识和创新能力的学生融入人才培养目标中，因此高校创新创业人才培养也要有相应的策略。

要实现创新创业人才的培养，就必须将创新创业教育的目标纳入高校专业人才培养目标中，形成多层面的人才培养目标，以此引导高校所有的教育活动。同时，社会对大学生的需求是多样的而非单一的，且受教育者的个性需求不一致，千篇一律的培养目标指导下的大学教育培养出来的学生尽管专业知识与技能专精，但其创新创业能力将大打折扣。这就要求中国大学教育必须充分考虑学生的个性需求，把创新创业教育、素质教育与专业教育有机融合，把人文教育和科学教育进行融合，培养既有良好的科学知识素质和宽阔人文精神底蕴，又具有创新创业精神的高级人才。

一、高校创新创业教育培养模式的改革

人才培养目标包括高校总体的人才培养目标和专业人才培养目标两个方面，要将创业人才培养纳入总体人才培养目标中。创新创业教育目标不仅要融入各高校总体人才培养目标，而且要注入各专业培养目标中，以实现与专业教育有机融合的人才培养模式。例如，将文化创新能力和创业精神的培育纳入人文社科专业人才培养目标；将技术创新能力和创业精神的培育纳入理工科专业人才培养目标等。高校创新创业教育培养模式的改革就是要将原来培养单一专业人才的高校教育模式，转化为培养既具备专业知识又具有创新创业精神和能力的多层面的人才培养模式。

（一）高校专业教育与创新创业教育融合的策略

高等教育理念进入了职业教育中。创新创业教育与高校教育的培养模式"工学结合、校企合作"改革要求是一致的，这就为依托专业教育开展创新创业教

育搭建了平台。因此对高校专业教育与创新创业教育如何融合进行研究就显得尤为必要。

1. 专业教育与创新创业教育融合的意义

专业教育与创新创业教育的融合有着重要的意义，这与国家高校人才培养的目标是一致的。

（1）增强学生的竞争能力

在专业教育中融入创新创业教育，与高校教育的培养模式"工学结合、校企合作"的改革要求是一致的，专业教育所提倡的创新教育和创造教育与创业教育在本质上是一致的，专业教育的深化和具体化表现为创新创业教育。创新创业教育能够培养学生与别人的交流能力、与企业的合作意识，使学生形成创新意识。同时，创新创业教育还能培养学生的创新能力、创造能力和创业能力，进而增强学生在社会中的竞争能力。

（2）扩大学生的就业路径

当前，高校毕业学生的就业问题日益突出，学生的自主创业不失为一种很好的途径。自主创业不仅为社会创造了财富，更创造了就业机会。把专业教育与创新创业教育融合，在提高学生自身素质的过程中培养了学生的创业竞争能力。学生掌握了基本的创业知识和技能，有着首创和企业家精神，在就业的过程中就不会完全依赖于现有的企业。如果在现有的求职过程中找不到合适的岗位，学生就会选择自主创业。自主创业扩大了学生的就业路径，有效地解决了就业问题。

（3）提高高校持续的生存发展能力

全球经济一体化不断加深，国际竞争归根结底是人才的竞争。因此中国的人力资源需求发生了很大的变化，不仅需要"高素质、高技能的专业型人才"，更需要敢于"开拓、创新的创业型人才"。高校的人才培养必须适应人力资源的需求，在专业教育中融合创新创业教育，才能培养出既具备专业知识和专业技能，又具有创业精神和创业能力的高素质人才，才能更好地应对日趋激烈的国际竞争，实现高校持续的生存与发展。

2. 专业教育与创新创业教育融合的有效路径

高校培养创新创业人才，将专业教育与创新创业教育融合可采用以下路径。

（1）优化人才培养方案

高校教育要树立全面发展的观念，要在专业教育的培养方案中融入创新创业教育，要把创新创业教育纳入高校人才培养的全过程中。高校教育要把培养创业型人才与高技能型人才放在同等重要的位置，把培养创业精神和创业能力作为人才培养规格的核心要求之一写入人才培养方案，达到优化人才培养方案的目的。创新创业教育的培养最终应成为专业学习中的一个重要主题，从而促进专业教育与创新创业教育的结构性融合。

（2）深化课程体系的改革

课程体系的改革是在专业教育中融入创新创业教育的重要策略。在课程体系的构建中，教务部门要根据不同专业的要求，针对培养高技能人才的培养目标，根据学生多样化个性的需求，灵活多样地开设不同岗位需要的创业培训课程，实施按需施教，在各专业现有的教育课程体系中融入创新创业教育课程，加强创新创业教育课程体系的构建。课程体系的改革有利于培养学生的创业意识、创业精神、创业品质和创业能力，使其能尽快适应社会的需求，在未来的社会中创建新的适合社会需要的工作岗位

（3）培养适合创新创业教育的师资力量

在专业教育中融入创新创业教育实施的关键在于教师。学校的领导首先要重视培养适合创新创业教育的师资力量；其次要对专业教师和创新创业教育的教师进行相应的整合；最后要让教师先明白创新创业教育对高校学生适应社会的重要性，对于学生生存的重要性。不断提高教师的认识，要让教师在教学的过程中把创新创业教育融入专业教育中，灌输于学生的意识中，培养学生创业的理念与精神，并带领学生进行具体的实践。鼓励专业教师积极参加顶岗实践活动，多开展教师与成功的企业家、创业成功人士的交流活动，引导高校专业教师开展创新创业教育方面的理论研究和实践活动，培养高素质的创新创业教育教师队伍。如果每一个专业教师在传授专业知识时都融入创新创业教育的知识，经过几年的教育与实践，高校学生将会有很强的创业意识，能更好地适应社会的竞争。

（4）开展创业实践活动

在培养学生创新创业教育的同时，必须要开展创业实践活动。要切实加强校内外的创业实训基地建设，使教学与社会生产实践紧密结合起来。教师要与

企业开展横向课题合作，引进企业的业务流程和真实项目，让学生以生产性实训为目的，在实践活动中完成实训计划，提高实训内容和过程的真实性。同时鼓励学生在校积极参与社会实践活动。以"典型创业案例"吸引学生的注意，以成功创业的经历鼓舞学生，激发他们的创业热情，同时让他们明确创业的艰辛。例如，在校生中有一些学生通过项目代理、网上开店的形式实现自己的创业梦想。可以此鼓励其他同学积极尝试。

（5）引导校园文化氛围

每所院校都有自己的文化氛围，而校园的文化氛围对学生的思想观念、行为方式和价值取向等都具有重要的引导作用，因此高校要营造浓郁的校园创新创业文化氛围。学校要鼓励学生积极参与省、市及学校组织的技能大赛和社团活动，学校要对成绩突出的同学予以奖励，校园的宣传栏、广播、校报要积极报道在技能大赛、社团建设等实训活动中获得奖励的优秀学生，以鼓励全体学生树立主动创业、创业光荣的观念，营造有利于创业的舆论氛围，使专业教育与创新创业教育在实践活动中相互融合渗透。

（6）建立新的考核评价体系。

高校要创新考核评价体系，以确保在专业教育中融入创新创业教育，这包括两方面的内容，首先是对教师的考核评价，其次是对学生的考核评价。对教师的考核评价包括教师的教学内容、参加顶岗实践的时间、实践实训课程的课时、与企业合作参与的横向课题的数量等，这些都应与教师的评聘、报酬等直接联系起来，采取鼓励政策和良性的评价体系，调动教师从事创新创业教育的积极性。对于学生的考核评价包括学生参加实训课程的数量、到企业实践的课时、参与技能训练的成绩、自己创业的成绩等，注重考评学生的技能水平和实践能力，把对学生的评优、奖学金的获得等与这些联系起来，制定与创新创业教育相联系的考评制度，鼓励学生积极参与创新创业教育活动，提高创业能力。

总之，从高校发展的历程中可以看出专业教育与创新创业教育的融合对于高校教育的发展有很大的意义，要采取有效的策略实现专业教育与创新创业教育的有机融合。

（二）以提高创业能力为目标的创新创业教育模式

国家对高等教育中的创新创业教育一直很重视。在《关于加强普通高等学校毕业生就业工作的通知》中，国家有关部门对高校毕业生就业时自身的创业能力很关注，明确地提出并支持高校毕业生的自主创业；《国家中长期教育改革和发展规划纲要》也明确提出，创新创业教育要面向人人、面向社会，着力培养学生的职业道德、职业技能和就业创业能力。目前高校毕业生就业的形势很严峻，加大创新创业教育才能带动就业，培养学生自身的创业能力，激发学生潜在的动力，才能实现就业的倍增效应，才能缓解就业的压力。以创业带动就业是实施扩大就业发展战略的重要措施，也是新时期实施积极就业政策的重要任务。可见大学生就业率的提高一直是国家关注的重点。要提高就业率，就要培养学生的创业能力。学生创业能力的培养，在于专业教育与创新创业教育融合的实现，因此探讨专业教育与创新创业教育的融合模式具有重要的现实意义。

1. 高校创新创业教育存在的问题

高校的创新创业教育从提出到现在已有多年，但中国的创业教育与国外的创业教育相比起步较晚，对于创业教育中国高校还没有形成完整的、固定的模式。在创业教育提出之初，许多院校只是简单地在学校开设一些创业公共课程，要求学生选择学习，但数量是有限的。随后发现，创业教育与专业教育的课程没有相互融合，创业教育并没有渗透到学生所学的专业中，不利于不同专业背景下对创业人才的培养，也不利于提高毕业生的就业率。在创业教育的探索中，中国高校目前仍然存在如下一些问题。

（1）创业教育的理念没有明确

从许多研究中发现，中国许多高校将创业教育理解为在大学里让学生开设一些小商店、商铺，让学生成为小老板；开设一些小公司、小车间，让学生成为小经理、小厂长；开设一些学会、协会，让学生成为各种会员等，认为这些就是创业教育了。其实这些只是流于形式的创业教育，没有系统地开展创业教育，没有培养学生自身的创业能力。

（2）创业教育的定位不清

在省级或全国的创业教育交流会上听到的经验介绍也只是某某大学画出了场地，给学生开办了各种不同的公司，与校外企业开展了实际的业务往来，并且许多学生已经赚到了第一桶金。最后才发现，那些办得好的学生，自己的父母就是很有钱的老板，有家里的资金支持。这些成功的学生也只是少数，整个大学大部分的学生并没有加入这种实际的操作中，这种创业教育的定位是不清楚的。创业教育要针对的是大学的全体学生，针对不同专业背景下学生创业精神的提升和创业能力的培养,而不是创业教育的功利主义价值倾向,更不是人为地将创业教育与专业教育的培养目标完全隔离开来。

(3)创业教育的局限性

许多高校的创业教育都局限在由学校成立的创业部门来完成,如学校的实训中心、创业基地等,似乎和学校别的部门没有关系。创业教育也仅仅局限于技术操作层面和技能学习层面,局限在创业实训课中完成;学生创业课程内容的设置不是由教务处统一制定的,没有根据创业教育的需要将创业理论知识与专业基础教育课程有机地结合起来,从而导致创业教育与专业教育知识的脱节,创业教育仅仅成了某种技能或技巧的掌握而已。创业教育局限在某个部门,没有渗透到学校所有教师的教学理念中,没有贯穿在学生整个学习生涯中,必然导致创业教育的失败。

(4)"双师型"教师的缺乏

高校的创业教育需要由每一位具有创业理念的教师来完成,这就要求教师是既掌握专业知识又懂创业教育的"双师型"人才。目前许多高校的教师仍然是单一性的,虽然学校要求每位教师每年要参加顶岗实践,但往往流于形式,没有真正培养出"双师型"教师,这也导致专业教育与创业教育的分离。

2. 可借鉴的国外创业教育的模式

国外的创业教育发展很快,培养的毕业生具有很强的创业能力,能很好地适应社会的要求,在社会上能很快找到自己的创业之路。国外创业教育的模式主要如下。

(1)创业教育的专业化模式

创业教育的专业化模式是把创业教育由辅助课程转变为专业课程教育的方法,从而实现创业教育与专业教育的相互融合。创业教育同专业教育一样设置学位,高校学生通过取得创业学的专业学位学分,完成创业教育课程,以此培养出具有创业能力的专门化的创业人才。例如,美国的哈佛商学院、西北大学、芝加哥大学、百森商学院、澳大利亚的莫道克大学等,都采用了这种模式。同时,这种模式的学生是经过严格筛选才加入的,学校创业教育的课程内容具有系统化和专业化的特征。美国的百森商学院创业学的专业课程体系就是经过了与创业学的整合,最终确定为战略与商业机会、创业者、资源需求与商业计划、创业企业融资、快速成长五个部分。

创业教育的专业化模式通过一系列的研究方法，把创业者应该具有的品质和特性与专业课程有机地结合起来，注重培养学生的创业能力和创业精神。这种系统化的、有机融合的课程设计，有效地保证了创业教育理念的落实和教育目标的实现。

（2）创业教育与专业教育融合模式

创业教育与专业教育融合模式，是把创业教育与日常的专业教育相互融合。这种融合首先表现在目标的融合上，创业教育的目标与专业教育的目标相互融合，才有课程设计的融合。例如，斯坦福工学院的人才培养目标为培养具备创业技能的工程师和科学家；印度理工学院的培养目标为培养具有创业创新精神的国际高科技领域里最受欢迎的人才；巴黎中央理工学院的人才培养目标为培养具有高科技、高素质的通用人才，能够领导创新项目的专家及具有广阔文化视野的"国际人"。这些国外的大学都选择了将学生专业教育的目标与学生创业教育的目标融合的模式，让学生在日常学习中潜移默化、循序渐进地掌握创新创业能力。

（3）不同专业背景设计不同创业课程模式

国外的许多大学采用不同专业背景设计不同学科创业课程的模式，这种模式在吸引本专业学生的同时，也吸引了其他专业的学生，学生可以根据自己的兴趣、爱好选择不同专业的创业课程。例如，康奈尔大学针对商科专业背景的学生设置"设计者创业学""创业学和化学企业"等创业课程，对本专业的学生有很大的吸引力，同时也吸引了大量非商科专业的学生参加学习；印度理工学院围绕信息技术专业也开设了相关的创业教育课程，并有创业的研讨会、讲座等辅助课程。因此，根据不同学科的专业背景设置不同的创业课程模式，能更好地实现创业教育与专业教育的融合。

（4）企业人员纳入师资队伍模式

在加强本校师资建设的同时，充分吸收企业人员加入教师队伍，把企业有工作经验的工程师、企业技术骨干等聘请到学校来，开设相关专业的创业课程；在引进来的同时，还要培养企业的人员学习教学教法，当好教师，能更好地完成学生的创业课程和创业实践等课程的教学。例如，巴黎中央理工学院的创业课程，专门聘请企业的总裁、企业的创始人等传授自己的创业经验；麻省理工学院的创业教育中心也聘请了成功企业家为本校学生授课，解决学生碰到的实际问题。因此，企业界成功人士与专业创业师资共同参与创业教育，能促进创业教育与专业教育的有效融合。国外院校创业教育与专业教育融合的不同模式，为培养具有创业能力的学生提供了一定的参考。

3.高校多层次人才培养模式的构建

从中国创业教育存在的问题及国外创业教育存在的模式可以看到，中国的创业教育最重要的是要注重培养学生的创业能力，才能更好地提高创业教育的发展，提高毕业生的就业率，实现"以创业带动就业"的目的。要实现学生创业能力的培养，就要将创业教育的理念注入专业人才培养目标中，建立多层次的人才培养模式。

（1）目标融合性人才培养模式

在当代社会中，人才培养目标是决定要把受教育者培养成为什么样的人的根本性问题，它是一切教育活动的出发点和归宿，因此目标的制定不能是单一的。不能单一制定专业教育的目标，也不能单一制定创业教育的目标。所培养的学生在具有一定专业基础知识的同时，还要有创业的实际能力，这就要求要实现创业教育和专业教育目标的融合。目标融合性的人才培养模式，就是要在创业教育的目标中纳入大学专业人才培养目标，在专业教育目标中也要纳入创业教育的培养目标，形成人才培养目标的深度融合，以此引导学校的所有教育活动。同时，要充分考虑到社会对毕业生的需求是多样的，学生的个性需求也是不一致的，这也要求高校教育必须充分考虑不同学生的个性需求，把创业教育与专业教育的培养目标有机融合，使培养出来的学生既具有很好的专业知识素质和人文精神底蕴，又具有创业精神和实际创业能力。例如，将文化创新能力和创业精神的培育纳入人文社科专业人才培养目标；将技术创新能力和创业精神的培育纳入理工科专业人才培养目标等，将原来单一专业的人才培养目标模式，转化为培养既具有专业知识又具有创业能力的融合性目标的人才培养模式。

（2）多层次课程体系模式

要实现专业教育与创业教育融合的教育模式，各高校要根据自身的发展阶段和学院的实践情况设计相应的课程。选择与各院校自身发展能力相匹配的创业教育模式与课程设置，使学生在校期间通过核心课程或选修课程来持续地培养自己对创业的兴趣。学校要安排老师讲授与创业有关的知识和技巧，使创业成为学生专业学习中的一个重要主题，推动学生主动规划自己的职业生涯与发展。学生可以通过学校的课程安排和自己的选择实现创业教育在人才培养过程中的结构性融合,以保证创业教育在人才培养过程中的连贯性和持续性。学校要从高层开始将创业教育的要素逐步纳入各部门、各学科、各专业的管理与教学中,要调整教学计划,不断更新教学内容、建设新的教材、变革教学方法,形成学院创业教育的多层次课程体系模式;同时学院要基于不同专业学生的学科背景去考虑不同的课程设置。例如,商贸学院的学生,可以去构建专业创业课程、普及性创业课程和商业贸易技能创业课程等不同的创业教育课程体系模式,以适应不同层次和不同专业背景的学生跨系部选修学习的要求。

(3)多元化师资队伍建设模式

目标融合性人才培养模式和多层次课程体系模式要求师资的配置多元化,这包括师资来源的多元化、师资教育技能的多元化及校内、校外师资培养的多元化。师资可以由校内在编的教师、校内聘请的其他院校的代课教师及聘请的企事业界有影响的人员等担任,这些构成了师资来源的多元化。学校的师资除了具有一定的专业知识,还必须要有一定的技能,这就对师资本身的素质提出了更高的要求。师资要求掌握传统专业教育的方法,还需掌握创业教育方法、创业教育的相关理论知识,要求创业教育的师资要具备多元化教育技能和知识架构,这样才能满足培养具有创业能力学生的要求。师资队伍的建设还要做好多元化师资队伍的培养,以校内、校外"双师型"教师的培养作为核心,在做好校内专业教师"双师型"提升的同时,做好兼职教师"双师型"的培养,以保证学校教师具有"双师"结构。聘任专业、行业领域内的成功创业者、有经验的企业家等对学生授课,用自身的成果经验进行言传身教,解决"双师型"师资匮乏的问题。通过多种途径,不断调整优化师资结构和创新教师队伍教育管理机制,坚持对学校教师培养与引进并重、能力培养与学历学位提高并重,通过校企互动,建设一支结构合理、素质优良的多元化师资队伍,以适应高校创业教育发展的新要求,为实现高校教育事业发展目标提供人力资源保障。

(4)人才培养质量监控模式

人才培养质量监控是衡量高校教育是否达到人才培养目标的一种评定活动。这种监控既是对当前教育活动的整体评定,也是发现当前教育问题、优化现有教育模式的必要手段。因此,人才培养质量监控模式的建立尤为必要。建立创业教育和专业教育融合模式下人才培养质量的监控模式,可以对人才培养过程中的教学质量、课程设置的合理性、师资质量等进行评定,并结合学生的学习质量、就业率、就业薪酬、工作单位评价等系列指标进行评定,实现对人才培养质量的监控。通过评定不断调整各种培养手段，真正实现对学生创业能力的培养，从而提高毕业生的就业率。在人才培养质量监控模式中，既要构建人才培养目标监控体系，还要构建学生毕业后的人才质量检测体系，各种体系的构建一定是在创业教育的理念下加入了创业教育的评价制度，改变了传统的评价方式。

通过以上四种专业教育与创业教育融合模式的构建，最终实现学生创业能力的培养，实现"以创业带动就业"的目的。

（三）高校创业教育与专业教育的深度融合

随着中国高等教育对职业教育的重视，中国高等职业教育在近几年得到了迅猛的发展，许多高校，设置了针对市场和社会发展的专业，培养出大批社会需要的人才，也得到了社会的充分肯定。但高等职业教育在自身发展的过程中也面临着诸多问题，其中就包括学生创业能力的培养问题。如何保证和提高教育质量，提高学生的创业能力，实现职业教育与创业教育的深度融合，促进高校教育的健康持续发展，已成为高校教育面临的现实而具体的问题。

1.创业教育与专业教育深度融合存在的问题

目前高校创新创业教育正在逐步开展，但在创业教育与专业教育的融合过程中还存在着一些问题。

（1）高校领导认识的片面性

部分高校领导对创业教育的认识不全面，认为创业教育就是在学校成立一个创业部门，具体事务交由这些部门办理就可以了，甚至把创业教育只交给某一个部门来完成，如交给学校校企合作办或学校创业中心，这些部门只能从部门层面开展创业教育，没有对创业教育进行学校层面的整体规划，无法保证创业教育在学校整体开展。这样势必造成没有大局和整体观念，没有在学校推行和开展创业教育的活动，从而造成创业教育的局限性。

（2）管理层重视度不够

学校管理层自身对创业教育没有深刻的认识，对创业教育的重视不够，没有将创业型人才培养的创业教育纳入学校整体人才培养规划和学生的培养方案中。导致学校的创业教育没有渗透到具体的教学活动中，更无法完成创业教育在专业教育中的开展与融合，学生的创业能力培养无法在专业教育中得到培养和发展。

（3）教师教学中践行力度不够

由于领导层和管理层对创业教育的认识不足，重视不够，导致教师在教学活动中的实践践行力度不够。教师甚至认为创业教育与自己无关，应该由创业教育中心去完成，自己只教基础课或专业课的内容就可以了。教师在基础课程、专业教育的教案备课中，没有从创业教育的角度去准备，没有培养学生创业能力的意识，这就造成了专业教育与创业教育的脱节。

2.高校创业教育与专业教育深度融合的途径

在教学实践中，高校不断总结摸索创新创业的方法、路径，在总结高校创业教育与专业教育融合存在问题的基础上，可以寻找融合的途径。

（1）领导层重视

这里的领导层指院校的党委常委。一所高校只有从领导开始重视创业教育，把创业教育的工作当作学校教学工作的重点来抓，才能引导学校教学工作的方向围绕创业教育来开展。首先从思想层面重视，领导要在学校全体教学大会上反复强调在高校开展创业教育的重要性；其次在行动上落实，领导必须要求学校各管理部门把创业教育的工作落实在实处；最后注重结果监察，领导要对学校开展创业教育的情况进行监督。

（2）师资队伍的建设

高校开展创业教育就需要有创业经历的教师，只有有丰富经验的教师才能培养有创业能力的学生，因此学校人事处要把好师资队伍建设这一关。在学院专任教师的培养上要加强顶岗实践的要求，注重培养专任教师的实践经验。对兼职教师和外聘教师，要选择企业、行业的优秀人才，对他们进行教学的培养，使他们能够把企业的工作经验和本人的教学能力结合起来，更好地培养学生的创业能力。

（3）教学管理层推进

教学管理层主要指学校教务处，一般学校的教学都是由教务处管理的。

教务处负责规划设计学校整体的人才培养方案，要把专业教育与创业教育的融合教学方案纳入学校的人才培养方案中。同时，要求各系部在教学规划中要有专业教育与创业教育融合的计划和安排，并定期检查方案的实施进度与实施结果。最后通过第三方对学校毕业生的跟进，调查学校对学生专业教育与创业教育的融合开展是否得当，学生是否具有了一定的创业能力，并调查学校专业教育与创业教育融合的计划。

（4）教学层面的设计

各系部要深化教学中专业教育与创业教育的融合，具体体现在深化教学内容和课程体系的改革上，要求各学科教师在基础课程、专业课程中都要写创业教育的内容，要思考如何从本学科创业教育的方面进行教案的编写和备课，从而在授课中更好地从本学科创业教育的方面引导学生，使创业教育的意识渗透到学生的心里，从各方面培养学生的创业意识和创业能力。同时要开展一定学时的创业实践活动，提高学生的创业实践能力，真正实现对学生创业能力的培养，完成专业教育与创业教育的深度融合。

（5）人才培养过程监控

高校要建立人才培养的监控体系，如督导室等，主要负责创业教育教学计划和教学工作的落实。系部要坚持领导听课、教研室听课及教师相互听课制度，以便及时深入地了解和研究教学工作中有关专业教育与创业教育融合开展的新情况、新问题，并提出解决方案。成立以系领导为组长的教学质量督查小组，亲自抓教学质量。要把教学工作检查作为主要的日常工作，安排不定期的教学课堂巡查，系领导要经常深入教学第一线了解创业教育的情况，发现问题及时提出改进思路和措施。

（6）培养质量反馈

按照教学计划完成了创业教育的过程之后，可以请第三方单位对学校毕业生在企业、事业单位工作中的创新创业能力进行调查。学校收集反馈数据后，要交予学校质量监控办公室分析，找出学校在开展职业教育与创业教育人才培养方案中存在的问题，并及时由学院教务处研究调整人才培养方案，同时再联系学院各系部，由系部讨论制订好教师的授课计划和实践方案。通过一整套的方案调整，及时改进专业教育与创业教育的实施措施，以保障学院学生创业能力的提升。

总之，高校创新创业教育要更好地开展，就要真正实现创业教育与专业教育的深度融合。

第八章 创新创业视域下高校人才培养模式的构建

第一节 创新创业人才培养模式的内涵及改革背景分析

一、"创新创业+"人才培养模式内涵分析

"创新创业+"代表一种新的人才培养模式，是适应我国经济新常态下的一种教育模式改革的发展导向，是将创新创业理念深度融入传统的人才培养模式中的一种创新。"创新创业"作为核心概念，其内涵是以构建培养拔尖创新创业人才为指向的现代高等教育模式为目的，引导学校师生不断更新和升华教育观念，深化教育教学改革，将人才培养、科学研究、社会服务紧密结合，实现从注重知识传授向更加重视能力和素质培养的转变，强化对学生创新创业精神、创新创业意识和创新创业能力的培养，切实提高人才培养质量作为模式外延，即将创新创业与高等教育中各类专业的人才培养及专业建设结合，以创新创业教育为导向，改革传统的专业人才培养模式，提升专业建设质量，以适应我国经济新常态下对人才培养的需求。

"创新创业+"的人才培养模式，其外延是无限延展的，是可推广、可复制的。该模式不仅适用于高校高专的专业人才培养模式，同样适用于综合型大学、研究型大学的专业、学科建设及人才培养模式的改革创新研究。简单地说，就是"创新创业+××专业=基于创新创业导向的专业人才培养模式"。

二、创新创业人才培养模式改革背景分析

当前，我国已进入加快经济发展方式转变的攻坚时期，形势凸显提高国民综合素质、培养创新创业人才的重要性和紧迫性。

第一,"创新创业+"人才培养模式是在理念论、思辨哲学和实用主义教育观的指导下,构建出的相对协调与完善的符合我国高等教育实际情况的创新创业理念体系,为在不同类型的高校、不同层次大学生中开展创新创业教育提供较为具体的认识定位与实践指导。理念是一个靠内在逻辑发展,其中包含着逻辑的起点和诸多的逻辑中介,最后形成的逻辑终点将起点与中介纳为自身有机组成部分的一个协调体系。高等教育的理念是对高等教育内在的本质规律、价值取向,外化的功能、目的和方法等一系列基本问题理论化、系统化的相对稳定性和生长性的理论体系。高等教育的创新创业理念从属于高等教育的理念。因此,它将更为具体地揭示创新创业的诸多方面。

第二,"创新创业+"为我国高校培养大批的创新创业型人才提供较为具体的推进模型与行为方式,以促使我国高校的培养目标由知识型向创业型转变。人类的任何一种活动,都是目标引领性的活动。由于目标设定的层次、取向的不同,就使得行为主体要设计不同行为方式来达到不同层次的目标。创新创业的目标是一个体系、一种模式,由不同的创新创业板块的分目标所构成,其合力最终成就了创新创业的总目标:培养大批的创新创业型人才,为国民经济的活力与可持续发展提供源源不断的人力资源。"创新创业+"引导学校师生不断更新和升华教育观念,深化教育教学改革,将人才培养、科学研究、社会服务紧密结合,实现从注重知识传授向更加重视能力和素质培养的转变,强化对学生创新创业精神、创新创业意识和创新创业能力的培养,切实提高人才培养质量。

第三,"创新创业+"解决了创新创业教育与专业教育"两张皮""互为孤岛"的问题。近年来国内一些高校在创新创业教育方面进行过一些有益的探索,但普遍存在未能将创新创业渗透到学校教育教学全过程的问题,以及创新创业与专业教育严重脱节的现象。然而,创新创业教育同专业教育应当是有机融合的。首先,创新创业教育必须依赖专业教育。专业教育是高等教育承担的基本职责。脱离专业教育的创新创业教育只是舍本求末、缘木求鱼。其次,创新创业教育的实施,对专业教育的改革提出了新要求。再次,高等学校应该将教育的触角从专业教育延伸至创新创业教育,实现创新创业教育与专业教育的有机融合。最后,"创新创业+"实现了创新创业教育与专业教育由"两张皮"向有机融合的转变,充实素质教育的建设内容。

第四,"创新创业+"具有较高的实践意义和价值,它适应了学生和社会多元化的需求,满足了学生多元化的需求。大学生是最具自主创新创业能力的社会群体,是创新型国家建设过程中最为积极活跃的因素,因此实施"创新创业+"的人才培养模式,可以发挥大学生的创新创业素质,为其就业、创业提供直接的指导服务。同时还可以缓解社会就业压力,对于构建和谐社会、促进经济增长、建设创新型国家都起到积极作用。

三、"+创新创业"与"创新创业"

近年来,大学生创新创业教育已成为高等教育领域的热门词汇,全国各地很多高校在健全创新创业教育组织体系、完善创新创业教育基础设施、开展创新创业教育教学与课外活动、加大创新创业资金支持等方面做出了诸多努力与探索,取得了一定的成绩。但整体来看,我们对创新创业教育的内涵和本质领会还不深、不透,大多游离在"+创新创业"的层面,即在专业教育的基础上,加上一些创新创业的元素。然而,这样的创新创业教育效果并不佳。要么把技术含量低、对传统市场"经营—消费"关系进行机械式复制的生存型创业视为创新创业教育的成果;要么把创新简单理解为"科技创新",忽略了思想创新与意识创新,认为创业是管理学科或工科应该做的事,与其他学科无关,而创新创业教育就是简单地开几门创业课,开展几场创新创业活动或者比赛,与专业教学无关,使创新创业教育游离于专业教育、知识教育之外。

而"创新创业+"是立足创新创业教育核心内涵的一种新型人才培养模式,创新创业教育不是就业的"救命草",不是利润的"孵化器",也不是学生价值的"鉴别仪",其本质是一种面向全体学生的、为其终身可持续发展奠定坚实基础的素质教育,不能简单地计算学生参加了多少创新创业活动,开展了多少科学研究,从事了多少创新或创业项目,获取了多少创业资金,或以这些指标作为衡量学生发展的参照物。其核心内涵应该是以构建培养拔尖创新创业人才为指向的现代高等教育模式为目的,引导学校师生不断更新和升华教育观念,深化教育教学改革,将人才培养、科学研究、社会服务紧密结合,实现从注重知识传授向更加重视能力和素质培养的转变,强化对学生创新创业精神、创新创业意识和创新创业能力的培养,切实提高人才培养质量。这便是"创新创业+"的出发点和立足点。

第二节　我国高校创新创业人才培养业务规格

一、多元的知识结构

（一）精通本专业领域的知识

我国高校培养的创新创业人才必须能够比较系统地掌握本专业领域宽厚扎实的基础理论知识及动手实践知识，掌握本专业基础知识，具有博大精深的专业知识与技能，对本专业大多数领域的相关知识有相当程度的了解。深刻理解本专业业务流程，能够洞察其深层次问题并结合具体实际情况给出相应的解决方案。善于将本专业领域与其他相关知识领域紧密联系起来，综合运用专业理论知识与实践知识解决创新创业实践中遇到的问题，排除障碍，不断实现产品创新、技术创新、理念创新和管理创新。

（二）具有良好的人文修养

未来社会的创新创业人才必须能够掌握基础的人文知识、法律知识、历史知识、哲学知识、艺术知识等多元合理的知识结构，了解中国传统文化和世界文化的精髓，具有良好的人文素质修养。由于教育的专门化，加强人文素养教育将在很大程度上改变各专门人才的单向倾向，使学生既有科学素养，又富有人文精神；既有专业知识储备，又有健全人格。学生会从多个不同的角度看待问题，有利于发现创新点，在创新创业的过程中取得创造性的成果。

（三）具备多语种沟通能力

高素质的创新创业型人才必须熟练掌握两门以上的外语，必须具有扎实的外语基础，掌握良好且行之有效的语言学习的方法，精通外语语音、词汇、语义等方面的知识，具备较强的听说能力和读写能力，能够熟练运用外语进行顺畅的沟通和交流，具有和他人沟通协调及进行国际交往的能力。只有具备了多语种沟通的能力，才能拥有在全球化的经济浪潮中顺利解决创新创业过程中遇到的困难与障碍的前提条件。

二、突出的实践能力

在能够熟练掌握扎实的专业理论知识和实践知识的前提下，创新创业型人才必须具备理论联系实际的能力，将理论知识及实践知识灵活应用到具体工作中去，只有在运用知识和理论的过程中，才能体现创新能力。在知识应用的过程中学以致用，独立思考，发现实践问题并创造性地运用有效方式方法或途径，全方位地综合分析问题，具有排除创新创业过程中遇到的困难或障碍，并最终解决问题的能力。

三、较强的创新意识

（一）新颖的创新思维

对培养的创新创业人才的要求在创新方面体现为，针对某项特定的问题，创新创业人才必须能够打破常规思维的界限，具有独到的见解，提出与他人不同的创造性意见或解决方案，从而产生新颖独到的思维成果。

（二）敏锐的创业意识

创业意识是创新创业人才从事创新创业活动的强大主观内驱力，是创业活动中推起动作用的个性因素。创业意识包括宏观且敏锐的商机意识、将商机转化为现实生产力的意识、创业的战略意识、规避风险的意识和敬业意识等。创业意识的要素包括不满于现状的创业需要、追求成功的创业动机、浓厚的创业兴趣和一定时间内稳定的创业理想等。

（三）熟练的创新技能

创新创业人才必须是具有一定创新性的技能型人才，必须具有综合运用理论知识，在科学技术、管理等各种实践活动领域中不断提供具有经济价值和社会价值的新思想、新理论、新方法和新发明的创新技能。创新创业人才必须具有强烈的创新欲望和较强的创新能力、博专结合的专业理论知识和精湛的专业技能。

（四）灵敏的商业经营意识

高校培养的创新创业人才必须具有足够的市场敏锐度及强烈的创新创业意识，具备宏观地审视经济环境的能力，能够洞察未来一段时间内市场形势的走向,将好的创新意识在适当的创业时间中孵化出商机来保证企业的持续发展并驱动经济社会发展。创新创业人才必须掌握审时度势、灵活机动的商业经营谋略,掌握商业营销的基本理论与原则,能够从宏观的角度权衡各种商业经营模式的利弊,具有诚实守信的商业经营作风。

四、较快的适应社会能力

(一)社会责任感

社会责任感是每个公民都必须具备的基本道德品质。对能够在经济全球化浪潮中生存并发展的高校创新创业人才来说,具有服务于国家和人民的至高无上的社会责任感显得尤为重要。社会责任感包括自我责任感、家庭责任感、他人责任感和集体责任感。作为未来社会中坚力量的高校创新创业人才,更应具备强烈的社会责任感,对待工作始终保持专业的态度,具有保护环境、保护国家财产安全的意识,在大是大非面前不被金钱或利益所迷惑,始终将对国家和社会的责任感铭记于心。

(二)团队协作精神

在创新创业过程中,不可能所有的工作都由一个人来完成,而需要团队齐心协力共同合作。未来经济社会对高校创新创业人才的团队协作精神提出了更高的要求,培养高校创新创业人才的团队精神是适应社会经济发展的需要。尊重团队中每个人的兴趣和成就是团队协作精神的基础,所有成员齐心协同协作是团队协作精神的核心,全体成员的向心力与凝聚力是团队协作精神的最高境界,团队协作精神反映的是个体利益和整体利益的统一。团队中每个人都应该意识到协作精神的重要性,并且具备协调团队内部各个成员关系的沟通协调能力。只有团队的每个成员都具备团队协作精神,才能保证组织的高效率运转。

(三)终身学习的能力

随着我国高等教育大众化中后期进程的不断推进,高校创新创业人才的学习时限也必然从单纯的学校教育扩展为终身学习。高校创新创业人才应具有随时随地主动学习的意识,并具有利用书籍、网络等工具学习知识的能力,善于与他人交流学习经验。只有具备终身学习的能力,才能跟上日新月异的知识更新速度,适应未来经济社会的需要。终身学习能力是构建学习化社会的基石,有助于提高社会成员的整体素质，为促进学习型社会的形成提供强有力的人才支持。政府应支持指导终身学习公共服务平台的构建，来为创新创业人才提供资源整合的学习支持服务系统。

（四）适应环境的能力

面对变幻莫测的经济环境和激烈的市场竞争，以及随时出现的需要正确迅速解决的问题和困难，高校创新创业人才需要有比普通人更强的适应环境的能力，要有更强的心理调控能力，能够保持积极而沉稳的心态。创新创业之路充满艰辛与曲折，只有具有适应环境的能力，在创新创业的道路上才会更容易成功。否则，一遇到挫折就垂头丧气、一蹶不振，在创新创业道路上只能半途而废。

第三节 我国高校创新创业人才培养模式

一、我国高校创新创业人才培养目标体系

确定高校创新创业人才培养的模式，应根据高校的不同类型，学生的不同特点和需求，创业实践和创业环境的不同特点，设定系统化的创新创业人才培养目标，并将人才培养模式依据目标和方向不同，分为横向目标体系、纵向目标体系和多重目标体系，对目标进行进一步的考量，最终建构起适应高校创新创业人才培养的目标体系。

横向目标体系，是指以特定的指向作为大学创新创业人才培养的目标。一般情况下，可以将其分为创业能力目标、知识目标、人格目标等。创业能力目标体现在创业涉及的活动效率上，员工的能力往往决定了企业的活动效率，能力是创业是否成功的主要保证。任何成功的创业都和其专业的经济管理知识无法分离开来。知识是创业的基础，是人才能力培养的基本保证。而员工是否具有适合企业发展的人格，对企业而言十分关键，因此，对企业员工人格目标的掌握，可以有效调节企业员工的工作动机。

纵向目标体系，是指以培养高校创业人才的实现能力作为主要发展目标。一般情况下，可以将其划分为理解创业行为、掌握创业能力、实施创业能力。要使学生理解创业行为，对学生进行理解培养是十分必要的，如果学生无法理解创业，无论其是否具有创业能力，都无法实现创业。应使学生掌握创业能力，

明了创业的内在规律、涉及的法律问题、风险论证等，使学生在未来能更好地理性规划其职业生涯，只有这样，才能使学生在特定的环境下具有实施创业的能力。

多重目标体系。高校创新创业人才培养并不是一个完全独立的教学项目，由于各高校体制与专业设置不同，因此，应从高校自身发展需求出发，结合本校学生特点，发挥专业设置优势，构建多重创业教育目标体系，在满足学生发展需求的同时，体现新时期高校创新创业教育的普惠性，搭建学生能力快速转换桥梁，培养学生各项创业能力。

二、转变教育观念

（一）变"适应性教育"为"创造性教育"

海阔凭鱼跃，天高任鸟飞。长期以来传统教育思想扼杀了学生的创造性，不敢挑战，不敢表现个性。直至今天部分高校仍未能树立正确的创新创业教育观，没有予以充分重视和深度认识，不能发挥创新创业教育应起的作用。高校肩负着时代赋予教育的使命，需要将创新创业教育的重要性提高到等同专业文化教育的高度。教育正经历着一场缓慢而深刻的革命。笔者认为应给学生一个广阔的平台，引导学生转变思想观念。具体操作形式不仅仅在课堂上，还要在课堂之外，开发"第二课堂"，也可以将国家政策性的大学生自主创业工作看作必修课，可以根据学校的办学水平、层次自主进行选择，要用创新创业教育思想来指导教学育人的全过程。

（二）借鉴外地先进经验，取长补短

他山之石，可以攻玉。在国外，很多国家都相继开设了创新创业教育，在国内，很多省区市高等院校发展得也很迅速，拥有相对完善的课程，正在国际教育发展大趋势下乘风破浪式前进。在国外教育课程中，通常以现实创业环境状况为教学切入点，以创业演练体验式教学为重要形式，经过模拟或实践，帮助学生理解创新意识、创业规律，激发创造的热情。有条件的院校还会让有志于创新创业的学生初试牛刀，在创新创业的过程中尝尽酸甜苦辣，这种崭新的教育模式，使同学们找到了最适合自己的创业方向。有的还拥有较为完备的配套服务设施，创新创业教育研究和实践体系构建已趋成熟，内容很充实，经验极其丰富，并取得了举世瞩目的成绩，值得学习借鉴。

（三）完善人才综合素质评价体系

现有的高等教育"重传授，轻参与""重课堂，轻现场"，考核评价内容也是"重知识的记忆，轻能力的掌握"，难以有效推动学生综合素质的提高。从人才培养模式的角度评价，教育质量要跟职业技术岗位挂钩或同步配套，会给操作上造成一定的难度。在追求学科的完整性、逻辑性基础上，满足实际需要的前提下，科学判断，对教育对象进行价值判断，直接体现了人才培养规格和人才质量的价值评判。创新创业教育质量评价亟须尽快实施，作为素质教育核心的内容，创新创业教育必须纳入人才综合素质评价体系之中来。教育部有关文件中也有明确要求，提出了重要评价指标，把创新创业教育教学质量、创业质量等列入标准，所以以创新创业教育为重点的人才综合素质评价体系必然要得到加强，势必将进一步完善。

三、深化高校教育体系改革

（一）重视师资队伍建设

要培养学生的创新创业意识和能力，首先要求教师能够引导，分类施教，能够以教授创新创业知识为基础，以锻炼创新创业能力为关键，以培养创新创业精神为核心，开设创新创业技术选修课、模拟实践过程的活动课、展示创业业绩的环境课，创设体验式教学情境等，使学生能够掌握基本流程和方法，了解相关法律法规政策，激发学生创新创业的热情，提高学生的社会责任感。如果没有一支既有创新创业理论知识又有创新创业实践能力的教师科研队伍，那么，学生就不能正确而全面地接收到创新创业知识与理论的系统教育，在以后创新创业实践过程中肯定会失败。因此，培养一支科研型、实践型创新创业教育师资队伍迫在眉睫。

对师资的重视也要加大投资，既可聘请企业家、企业中高层管理人员来校做兼职教师，也可以聘请创业典型人物、成功校友来校讲座，形成相对稳定的、专兼结合的师资队伍，才能使创新创业教育更贴近社会和大学生实际。为此，创新创业教育的师资建设应建立广泛的渠道、采取灵活的方式、全方位地开展，在企业一线、在活动实践中增强经验。还可以借鉴别国的做法，聘请教师，让师资队伍的约60%的教师为具有高等教育背景的小企业家，因为他们不仅具有扎实的理论基础，更重要的是他们有丰富的创业实践经验，用这些企业家作为兼职教师指导学生进行创新创业实践就不再是纸上谈兵，其操作性更强，指导学生创业成功的概率也就更高。

1. 创新创业教育师资队伍的来源

一要从培养、培训入手。首先，要加强教师的理论知识培训，邀请校外名师、专家以及企业管理人员对教师进行理论素养的培训；其次，要利用各种平台和组织、参加各类创新创业研讨会的机会组织教师学习，加强交流，获得最新的创新创业知识和内容；再次，积极创造条件组织教师到企业挂职锻炼，获得创新创业与管理的真正体验，增强教师的实践能力，丰富其教学内容、提高其教学效果和说服力，有条件的高校可以拨付经费组织教师真正"走出去"，到欧美发达国家的高校学习先进的经验；最后，随着创新创业教育的发展，逐步建立起创新创业学科，设立硕士、博士点，自我培养孵化创新创业教育教师。

二要从招聘引进入手。首先，教师招聘要严把入口关，改善师资结构，此举可以有效降低成本；其次，高校应当从企业吸收既有一定学术背景、又有丰富实践经验的企业家到校任客座教授或兼职教学，改善校内教师队伍结构，带动校内教师水平和能力的提升，此举能有效提高学生学习的兴趣，开阔学生的眼界；最后，除了成功的企业家，师资队伍还应该邀请政府人员、风险投资家、法律人士来校做兼职教师，让学生获得有针对性的指导。这些做法是动态的、开放的，应该在高校创新创业管理机构组织协调下统一开展并形成长效机制。

2. 创新创业教育师资队伍的组成

师资队伍组织构成上既要有专职队伍，又要有兼职队伍。专职队伍重点负责基础教学和实践管理工作，对创新创业教育活动进行统一规划和组织管理；兼职队伍重点解决实践教学的难题，同时帮助学生联系实践学习的基地。

3. 创新创业教育师资队伍的水平

高校的创新创业师资队伍应当有层次化和多元化的特点。除了专兼职教师之外，要加大"双师型"教师的培养，强调教师的综合素质，既要重视理论水平，也要重视实践教学，避免出现两极分化过度现象的出现。多元化一方面体现在教师来源和擅长领域的多元化，另一方面要正确看待教师自身水平的多元化，要形成教师梯队，以老带新，鼓励新人，培养新人，为其提供快速成长的环境。

（二）营造良好文化氛围

文化的影响是深远的，榜样的力量是无穷的。利用一切宣传手段，让课堂上、课堂外、校园里、家庭里都充满创新创业教育的思想火花，在学术上、实践中都能融入创新创业精神，达到全面的教育目标。此外，还可以树立勇于创新创业的榜样，通过大赛奖励支持有志于创新创业并取得成功的学生，使学生形成崇尚的目标，鼓励个性张扬，保护突破性的创造行为，这样敢于创新创业的氛围才能逐渐形成。

还要多参与其他组织的合作交流，共同探讨，发挥各自的优势，积极营造创新创业文化氛围，只有这样才能具备社会竞争和生存能力，毕业后才能为寻岗就业和创新创业奠定良好基础。

四、搭建实践教学平台

教育必须服务于社会，这是我们力行的学以致用的问题。实践教学是实践能力培养的重要环节。大学生要想造福于社会，必先走上社会。构建创新创业实践教学体系，搭建多样化的实践教学平台，让每个学生都能实际动手，学以致用，具备独立思考和判断的能力。另外借助校外第二课堂，加强校企合作，拓展校外实训基地，还可以利用假期参加社会实践等。学生可通过直接且真实的企业环境，体会到其中的乐趣与艰辛，锻炼学生的应用能力、社会实践能力、创新能力，也增强学生对创新创业的信心和决心。

所以，创新创业教育实践教学环节不能仅停留在课堂或几场讲座、培训上，要加强实践教学环节，推进实施体验式教学，强化校企合作，切实加强创业实践基地建设和成果孵化基地建设，创建大学生创新创业实践基地，让学生边学习、边实践、边创业。通过校企联合的模式，广泛搭建学生实习、实训、创业和就业的综合服务平台，让学生走进社会，全面达到应用型创新人才培养渠道之贯通的状态，这才是提高创新创业教育实效的必由之路。

创新创业教育实践的形式可以多样。第一，高校可以加强与校外企业的联系，在专业对口企业建立大学生创新创业实践基地，走校企联合道路。利用寒暑假组织学生在企业从事1~2个月的实践活动，真正感受企业文化，参与企业管理和实践，让其得到真正的锻炼，同时也能为企业带来新鲜的活力，实现一举两得的功效。比较成功的做法是"暑期实习生"的模式，组织大三学生进入企业开展实践活动，培养学生创新创业精神和能力。第二，学校可以利用自身的优势，创建企业实体。当前已有众多高校有自己的校办企业，在实体中可以为学生提供创业实战的场所和氛围。第三，有条件的高校，可以充分发挥大学生科技园的作用，发挥好科技园的孵化功能，将学生的项目或想法在科技园孵化，并派驻老师进行指导，切实让学生在项目中成长。第四，加强专业课的实践教学。课程学习之中可以组织学生进入实验室，参加创新项目，参与各类创新比赛，增强创新意识和动手能力。第五，高校可结合学校特点，设立勤工助学岗，遵循"双向收益、互惠互利"的原则，让学生参与经营，锻炼创业能力；还可以提供机会，让学生亲自参与公共活动的组织与策划、法律或者金融实践的模拟等活动。第六，重视并积极组织谋划大学生创业计划大赛。国外众多的名企都是来自大学生创业计划大赛，印度管理学院就经常组织国际性的创业计划书大赛，这是一种行之有效的教育方法。在计划书撰写过程中，能充分锻炼学生的思维能力、团队意识、竞争意识、大局观和综合运用各种手段查阅资料并获取各类信息的能力；在创业大赛的过程中，还能形成校友信息网络连接，建立校企合作网络，让学生近距离接触企业家，让创业不再神秘。第七，当创新创业实践教育体系不断完善之后，可以探讨学制的变化，在学制之内让每位学生都加入企业实训计划。现在美国已有高校将大学生的学制延长为五年。

五、我国高校创新创业人才培养课程设置

实施创新创业人才培养，课程设置是关键，因为它直接关系着培养什么样的人，关系着怎样组成学生合理的知识结构。在我国，由于创新创业人才培养还处于试点阶段，创新创业人才培养课程体系还处于探索期，仅有的少数已开发出来的课程教材成熟度偏低。部分院校多以选修课的形式开设了"创业管理""商业计划书""企业家精神"及"科技创业"等少数课程。不难发现，我国创新创业人才培养课程体系偏重理论性，其作用重在培养学生的创业意识，实用性低，对学生创业实践技能和能力的提升并没有多大价值。这主要是因为我国创新创业人才培养实践活动尚处于起步阶段，创新创业人才培养课程的研究开发力量比较薄弱。创新创业人才培养是专业教育的重要组成部分，它对所有专业必然具有一定的普适性；同时，由于高校人才培养目标定位不同、学科及专业特点不同，决定了创新创业人才培养必须适合专业特点的特殊性，这就构成了创新创业课程开设的难点。我们设想，将那些符合所有专业且具有普适

性的课程列入创新创业人才培养课程基础平台，再在这个平台上，根据各专业特点，开设结合各学科专业特点的创新创业课程。前者具有普适性，可以共同开发；后者具有特殊性，可由专业人员开发。

（一）创新创业人才培养课程设置原则

高校的创新创业人才培养应以第一课堂课程教学为载体，融合专业教育，着力培养学生的科学精神与人文素质，以及未来创新创业所需的心理品质、知识和能力等。创新创业人才培养的课程设置要从其培养目标出发，遵循的原则有：首先，突出专业特色，创新创业人才培养课程的设置要与专业课程体系有机融合；其次，理论联系实际，创新创业实践活动要与专业实践教学有效衔接；最后，专业教育与创新创业人才培养相结合，在专业教育实际教学中渗透创新创业思想。

1. 与传统教育体系相结合

传统教育体系主要分为普通教育和职业教育两类，普通教育往往致力于培养德、智、体、美、劳全面发展，而且生理、心理、社会文化素质整体都有所提高的合格的社会公民；而职业教育是在前者的基础上，更注重培养职业技能、素质，主要是为社会、经济发展提供专门人才。随着教育多年的发展，这两类教育体系逐渐趋向独立、完整。而且，在办学、教学方式等方面也具有一定特色，在整个教育、社会系统中获得了比较稳固、独立的地位。传统教育体系中包含着某些不自觉的、处于零散、间断、偶然状态的创新创业教育的因素，同时，也有某些相关实践措施，但仍然处于缺乏明确指向、固定目标的状态。

创新创业教育是一种新的教育理念，它是在传统教育体系的基础上，培养创业素质和本领，为社会发展提供具有创新意识、开拓精神和创业能力的社会财富、就业岗位的创造者，它们与传统教育体系之间相互渗透又相对独立。

在这种情况下，在对创新创业教育体系框架进行设计时，必须单独或凭空进行，结合普通教育、职业教育领域，并且充分利用普通教育生所提供的一般知识结构、智力、能力，以此来作为创新创业教育的培养基础——培养创业社会知识结构、创业能力和技能的基础；加上普通教育所提供的健康个性、道德规范可以作为一种生长基因——培养开创个性、社会责任感和义务感、开拓精神的生长基因。除此之外，还可以利用职业教育所提供的职业知识、职业规范、职业技能作为创新创业教育的一种基本条件和发展背景。此外，创新创业教育的目标、内容有自己独特的层级体系，逐步递进、逐级上升，以适应不同年龄段、教育阶段学生的要求。利用学校现有途径、方式，并结合普通教育和职业教育的内容与方式，逐步实施。

2. 创新性与实践性相结合

创新是民族进步的灵魂，也是国家兴旺发达的不竭动力。国家要走向富强，那么大批具有开拓创新精神的高素质人才是必不可少的。在这样的大环境下，高校提倡开拓与创新，强调创新办学的理念，实施创新教育，注重知识创新，培养创新人才，并对学校管理、功能、教学、科研等方面进行创新。创新创业教育是一种大众教育，它的创新性主要体现在教育模式、教师教学方式以及学生学习方式的创新上，要求培养出具备开拓性、独创性、发散性思维和批判性思维的学生，就必须根据其培养目标来选择、组合和构建教育体系的元素、结构和系统。

此外，除注重创新性外，实践性也是很重要的。创新创业教育体系与传统教育体系有很大区别，相较之下，它更着重培养学生的创新创业意识、创业能力、个人素质、创新思维等。同时，它也是素质教育的深入与发展，这是一项十分艰苦的创造性活动，因而，要取得成功，创新创业主体就必须具备很强的实践能力。教学中的实践性主要通过教学活动与现实生活之间的密切联系来实现的，培养学生的动手、交际、分析、心理承受能力等综合能力。

3. 一致性与差异性相结合

高等教育的基本任务就是培养具有创新精神、实践能力的高级专门人才。高校实施创新创业教育有一个基础——创新教育，并且以创业教育为载体，将两者结合起来作为整体来推进，更重要的是，要针对全体的学生进行设计、实施，全面提升全校学生的创造意识、创造精神、创造思维、创造知识以及创造能力。因此，创新创业教育并不是一项临时性任务或活动，而是一种人才培养手段，是与高校专业培养目标一致的手段。

不同偏重面的高校，在体系设计上也有所不同。一方面，不同的高校所处地域不同，因而所具备的社会环境也会有所不同。当然，高校的创新创业资源条件也会有很大的差别。这就使得高校在对学生进行创新创业指导时，在培养和实践方面所采取的方式、目标内容的设定等都不尽相同。另一方面，不同类型的高校，在人才培养规格的定位上有所不同；同时，根据不同专业、个体的不同需求与定位也会对此分别实施不同类型的创新创业教育，主要是结合专业性、普及性，设定不同的创新创业教育目标，选择合适的创新创业项目内容，定位合适的创新创业层次，不可以不加选择地效仿。

4. 主体性与互动性相结合

作为培育人才的系统，创新创业教育体系设计的第三个原则是要将主体性和互动性结合。创新创业教育的参与主体主要是教师和学生，而高校所汇集的高水平专家学者、教授以及研究生，使得其拥有大量可以身兼教学与科研的复合型人才。努力让学生成为能够适应社会发展的有用人才是学校培养学生的目的，因而，教育体系必须要尊重并注重不断完善学生的人格，包括稳定的心理素质和高尚的道德品质，鼓励他们发扬自己的个性，贯彻以人为本的教学理念。

此外，通过建立各种互动性的内容、活动方式来加强教师与学生之间的沟通、理解以及学生之间的协作与交流。利用多方位的人际互动的环境和相对平等的学习关系来启发、引导学生的创新创业思维。创新创业教育常被理解为"培养企业家"的教育、"解决就业问题"的教育。这两种观念会导致创新创业教育成为面向个别学生的树典型式的教育以及在创新创业教育上的急功近利行为，偏离高校实施创新创业教育的初衷。

（二）创新创业人才培养课程设置

目前，高校学生的知识结构和专业技能主要是通过专业教育获得的，学生的知识结构和专业技能基本决定了其就业和创业方向，尤其是创业初期的发展方向。因此，创新创业人才培养想要落到实处，就必须融入专业教育中，使专业理论知识的学习、运用与创新创业活动结合，创建特色鲜明的课程体系，构建专业学习和实践能力相结合的桥梁，有的放矢地培养具备创新意识、创业精神和创业能力的专业人才。

当前高校创新创业人才培养应以培养创新创业意识、提高创新创业能力、增加创新创业人才培养实践为主线。其课程由创新创业人才培养课程基础平台、创新创业人才培养课程能力平台、创新创业人才培养课程实践平台三大平台课程组成，创新创业人才培养课程能力平台和创新创业人才培养课程实践平台可根据专业课程情况逐步实现与专业教育课程的融合。每个学生都应该学习各个学校应在创新创业人才培养课程基础平台的基础上，根据学校特色，结合专业学科特点，适当分别加入符合专业特点的创新创业能力类课程和创新创业实践类课程，开发适合本校学生的创新创业人才培养课程，实现专业教育与创新创业人才培养的融合。创新创业能力类课程和创新创业实践类课程是专业教育的深化和延伸，高校的创新创业人才培养强调以专业教育为基点，发挥专业优势，尤其是专业前沿的优势，满足创新创业的需要，使学生在专业教育的基础上，根据其兴趣、需要和能力，提高创新创业能力。

1. 创新创业人才培养课程基础平台

创新创业人才培养基础平台课程旨在培养所有学生的创新意识和创业精神，使学生在短时间内集中、系统地学习创新创业知识，对与创新创业相关的学术理论知识有更深的领悟，树立正确的就业观，为以后更进一步从事创新创业实践和研究工作打下扎实而坚固的基础。这一课程平台是全校性的、跨专业的课程，可以以公共必修课、公共选修课或者素质拓展课的形式开展。创新创业人才培养课程基础平台包括创新创业意识类课程和创新创业知识类课程。创新创业意识类课程重在培养学生的创新意识和创新精神，促进学生创业心理品质的形成。创新创业知识类课程重在丰富学生的创新创业知识，对创新创业活动有初步的认知。

2. 创新创业人才培养课程能力平台

创新创业能力类课程是一类和专业教育紧密融合的课程，是将创新创业知识渗透结合到各专业的课程教学中，通过在专业课程教学内容中适当增加创新创业元素，优化课程结构和内容，培养学生基于专业知识的创新创业能力。这类课程在现有专业开设可能有很大难度，甚至是一种挑战，但是没有与专业相融合的创新创业人才培养课程，创新创业人才培养就很难深入进行，甚至只是纸上谈兵。尽管在当前高校的各学科专业教育中还缺乏这一类的教育资源（教师、教材等），但是融合的意识要有，融合的行为要逐渐发生，作为一种理想化的设想，我们希望在专业课程体系中增加专业市场调研、基于专业特点的创新创业能力训练、专业典型创新创业案例分析、专业领域前沿问题的创新性研讨等课程。具体途径设想如下：

其一，增加专业领域的职业发展研究与教育内容。大学的专业教育一般都有相对应的职业领域，但学生了解不多，对就业前景迷茫，创业更无目标。增加该方面知识，可增加学生对未来职业的设想空间，使其明确创业目标，增加课程学习的目的性以及对未来的知识储备和心理准备。其二，增加专业领域的科研与技术开发分量。目前在本科阶段，学生很少参与教师的科研，应该改变这一习惯，让学生在适当时机介入科研或者开发，尽管大多数学生的水平对教师的科研起不到多大的帮助，但学生通过参与科研活动，体验科研过程，增加工程体验，对提高学生的工程意识、工程实践能力都有很大帮助，为今后的技术创新、技术创业打下良好的基础。特别是技术开发、小制作，这是点燃学生创造意识的火花，提高创新能力的工具，只要适当组织、引导，一定会有好效果。其三，提高专业领域的创新创业案例教学，案例教学在发达国家的大学教学计划中占有重要比重，哈佛大学的经济类专业面向世界收集案例，以增加学生的相关知识和开阔学生的视野。案例教学最直接的作用是把学生带进了社会职业拼搏的现实中，通过剖析别人的成功和失败，改变自己的认识和经验，并产生一种对自己职业的现实感，是通过课程增加创新创业经验的好机会，而对这些经验、教训的理解和认识，可以从理性上提升学生的创新创业意识甚至能力。上述课程可以穿插于专业课程中，也可以独立开设专门课程，关键是如何把这些零散于社会、行业甚至是生活中的素材变为适合学生的素材，这是当前创新创业人才培养课程建设的一个难题，需要学校、专业教师以及课程工作者的共同努力。

3. 创新创业人才培养课程实践平台

创新创业实践操作类课程是指在专业实践环节融入创新创业活动的实践课程。创新创业实践活动与专业实践教学的有效衔接为创新创业型人才的深入培养提供了路径。它强调以学生的专业知识、社会需要和问题为核心，以有效地培养和发展学生综合实践能力为目的，强调超越教材、课堂和学校的局限，在活动空间上向自然环境、学生的生活领域和社会活动领域延伸，密切学生与自然、与社会、与生活的联系。

首先，改革教学方法，建立以课题和问题为核心的实践教学模式。为了提高学生的动手能力和创新能力，学校要改变传统的课堂讲授教学方式，选用案例式、模拟式、互动式和实训式的教学方法，变"教学"为"导学"，进行探究式教学、沟通合作式教学，将科学研究思维训练和科学研究方法训练融入实验教学中，引导学生主动学习，激发学生的主动性和创造性。教师要面向企业和社会积极承担行业课题，激发学生参加科研项目和技术开发工作的积极性。其次，学校应积极组织开展学科专业竞赛，并有意识地与创新创业人才培养相结合，突出竞赛活动的创新性、创造性和工程实用性。再次，结合专业特色建设大学生实训模拟基地，积极开展各种创新创业实践活动。利用学校原有的教学实习基地，依托大学科技园，充分发挥大学科技园孵化器功能及其支撑和服务体系，设立产学研合作专项资金，专门支持高校、企业和科研院所共建创新研发中心、开展技术合作。最后，高校应结合本校的专业教育资源尽可能地开设模拟创新创业项目，鼓励学生积极参与，提高学生的实践能力、科研创新能力，让学生提供具体的创业策划方案，指导学生开展创业实践，体验创业过程，提升学生的创新创业能力。

4. 创新创业人才培养课程时间安排

创新创业人才培养应贯穿于高校的整个教学计划中，融入人才培养的全过程。创新创业人才培养基础平台课程应该在大学一、二年级开设，意识是行动的先导，对刚入学的大学生来说，他们的创新意识、创业精神比较淡薄，对未来的职业发展没有清晰的规划。这一阶段，要加强对学生的创新意识和创业精神的培养，建立职业生涯规划意识，树立职业理想，有针对性地规划大学期间的学习、生活、工作。

创新创业能力课程和创新创业实践课程应在大三、大四开设。首先，学生经过专业知识的学习，才能明确创业方向，才能有的放矢地进行创新创业实践活动。其次，厚实的综合人文素质是提高创新精神和创业能力的前提，大三、大四的学生在经过大一、大二的基础课程学习以后，具备了一定的社会、人文和自然科学知识，加强了人文修养和科学精神的训练，在知识储备上有了一定的准备；最后，学生通过两年的大学生活，生理和心理大大成熟，对自己的职业选择、人生规划有了更加清晰的把握，探讨、分析较为复杂的创业问题会更有深度。

六、建立高校创新创业教育评价反馈机制

有人说过，没有最终的评价，就没有最初的激情，中途的毅力很有可能不堪一击。由于创新创业教育具有成本高、实践性强、成效滞后等特点，所以其评价反馈机制要力求科学多元，既要提高高校的积极性，给出合理准确的判断，又要避免过度进行形式上的评价。

创新创业教育工程巨大，涉及方方面面，所以评价的内容、方法和标准应当多元。有学者在多年的研究基础上提出了进行评价的七个要素：提供的课程、教师发表的论文和著作、对社会的影响力、毕业校友的成就、创业教育项目自身的创新、校友创建新企业的情况、外部学术联系（包括举办的创业领域的会议和出版的学术期刊）。

第一，国家应当根据高校的类型制定科学合理的评价机制。不同的高校比如重点与非重点、职业学校与非职业学校、综合性与专科性高校应当有所不同。评价机制中的专家学者要兼具资深的理论与丰富的实践，时机成熟，可以建立评价资格认可制度。有了评价就要有激励处罚措施，在资金、政策和教师晋升上给予优惠条件，这样能充分提高高校的创新创业教育动力。

第二，高校也要根据自身特点建立评价机制。评价要力求过程与结果相结合、定量与定性相结合、静态与动态相结合。评价的内容不仅要关注外显的知识掌握，也要强调学生的品德、情感和意志的评价。评价的结果要及时反馈，以便引入竞争意识，促使各方有针对性地提高创新创业教育的水平。

七、构建全社会支撑体系

（一）引导积极正确的创新创业舆论

思想是行动的先导。我国传统的"重农抑商"和"学而优则仕"等思想，严重影响了社会对大学生创新创业教育的认识，可以说，长期处于这种教育环境下的大学生，因受传统文化的深入影响，其表现出信心不足，主动性、独立性和进取精神差，缺乏强烈的创新意识和创业欲望，是不足为怪的，是会害人的，是会阻碍社会发展进步的。我们首先应该转变过去的教育观念，树立积极正确的创新创业舆论，全社会应当对创新创业教育予以必要的尊重和支持。

（一）创造良好的创新创业环境氛围

"蓬生麻中，不扶自直"，有什么样的环境氛围，就会培养出什么样的人才质量。创新创业教育的成功不仅取决于个人的努力，更需要营造浓厚良好的氛围。应由高校牵头，以国家为主导，省级主管部门积极协调配合，为大学生自主创新创业提供新的支撑平台。力争在政策、程序方面为大学生提供方便，积极开发利用各种资源，用以扶持大学生创业。只有切实有效的政策支持和良好的创业环境相结合，才能使大学生创新创业教育活动有效展开并取得成功。建立相应的工作机构和服务体系，组合经验丰富的教师、企业家、政府有关部门共同开展解读、咨询、协调和各种相关服务，为有创新创业潜力的大学生建立起社会化的创新创业教育的良好大环境。

（三）动员全社会创建各种支援体系

创新创业教育支援体系内容丰富，结构庞大，涉及很多的利益相关者，不要只看到创新创业活动存在的风险性和艰巨性，还要认识到它的利益性和战略性，需要方方面面共同努力来构建，如家庭、社会、媒体、政府、学校和企业支持等，还包括他们的建议、咨询和指导、人力、物力、资金支持等，这些表现都会影响大学生创新创业的水平。而社会的普遍认可、政府的提倡、非政府组织的参与、企业的接纳、学校的积极行动都能带来一个良好的创新创业教育环境，为创新创业教育搭建一个很好的平台。因此创新创业教育不能只是学校的课堂教学和活动，而应把整个社会环境都包括进来。在美国，创新创业教育支援主体涉及"民、官、学"，并不是单以政府为主，需要全社会的支持。我们应利用人际网络并发挥其重要作用，如与商业界朋友联系，既可以获得资金的支持，还能为大学生实习提供场所；与有创办企业经验和有资金实力朋友联系，会降低创业风险，增加新创企业的存活率。所以高校除了内部努力开展创新创业教育整合校内资源外，还应建立政府、高校和社会之间的有效沟通协作机制，大力开发社会扶持力量，加强与兄弟院校的交流合作，构建大学生创新创业人才培养体系，使更多的学生成为创新创业人才培养的受益者。

第九章 多样化人才培养模式的质量保障

第一节 多样化人才培养模式的质量观

人才培养模式是指为受教育者构建什么样的知识、能力、素质结构,以及怎样实现这种结构的方式。它包括人才培养目标、培养规格以及基本培养方式等具体的教育标准,它决定了所培养人才的基本特征,集中体现了办学方的教育思想和教育观念。就具体操作而言,它包括专业设置、培养目标、培养规格、培养方案、培养途径等几个要素。

教育教学质量是高校为满足社会发展和求学者需要而确立的,是围绕教育教学目标而设计、组织、实施的,是对实现这一目标的教育教学活动预期效果的度量。当前,我们将建立一个什么样的教育质量观呢?

多样化是高等教育大众化、国际化、市场化、产业化发展的必由之路。联合国教科文组织《关于高等教育的变革与发展的政策性文件·高等教育的趋势》指出:"多样化是当今高等教育中值得欢迎的趋势,应当全力支持。"多样化教育,不仅仅是一种多层次和专业多样化的教育,更重要的是一种柔性的、多种培养规格的教育,充分体现以人为本的教育理念。在优化的教育体系中,让不同潜质和不同志向的学生都能找到合适的培养渠道;同时,学校要建立多样化的培养目标和培养规格,确立多样化的教育质量标准,以适应社会经济对人才规格、类型、层次需求的多样化,求学者需求的多样化以及办学主体、办学形式的多样化。但是,多样化并不是随意化和随机化,为了有利于培养各种规格的人才并保证毕业生达到一定的基本水平,就应该有基本的质量标准,即制定多样性和统一性相结合的质量标准。

高等教育首先要使受教育者的身心素质全面、和谐地发展,这是国际教育理论界和教育实践工作者所认同的。从 1972 年《学会生存——教育世界的今天与明天》，到罗马俱乐部提供的《学无止境》研究报告，再到1989年联合国教科文组织在北京召开会议提出的《学会关心》的圆桌会议宣言，进而到1996年《教育——财富蕴藏其中》的发表；从"学会生存"到"学会学习"，继而到"学会关心"，再到当代和未来教育"四大支柱"的确立，反映了教育界对人的身心素质全面、和谐发展的理解与把握的"与时俱进"。在我国高校的教学质量观中，也包括促进学生的职业道德、认知、情感、体质、个性等多方面发展的内容。在人才培养中，既要适应社会现实的需要，更要适应社会长远发展的需要；学校既要对学生进行专门化的职业教育，也要进行人文教育，偏执于任何一方，都可能使教育教学活动偏离正确的方向。

国际上，经济全球化迅速发展，我国进入了一个开放的、法制化的全球市场，不同地区的各行各业均要面对激烈的国际竞争及经济市场化、国际化和现代化的挑战，对高素质人力资源的争夺将日趋国际化和白热化。随着科技进步和社会的发展，我国高等教育将由精英型向大众型转变，高等教育的毛入学率在2003年已经达到15%，这些因素驱动着高校创建多样化、多规格、多层次的人才培养模式，为我国在21世纪的发展提供重要的人才支持。同时，一些高校领导的办学指导思想在实践中有所变化，有的高校为追求建设高水平大学，把重要精力放在学科建设、科研和研究生培养上；有的高校则比较注重扩大招生，重视扩大学校规模，而忽视了教学质量等。这些因素都会影响高等教育教学质量。首先，我国高校目前的教育思想、专业设置、教学内容和教学方法能否适应"两个根本转变"和实施"两个战略"的要求？其次，我国高校培养的人才能否适应激烈的国际竞争？能否促进知识经济在我国的发展？能否自立于国际竞争之中？第三，高等教育不但外延拓展，内涵也发生了深刻的变化，随着高教规模的扩大及数量的增加，"量"的增长必然引起"质"的变化，即数量增长必然导致高等教育体制、结构、功能、质量、专业设置、入学条件、教学方式方法、教育组织形式以及教育教学管理等方面发生一系列变化，我们如何应对？

社会是一个复杂的巨大系统，对人才的知识、技能和素质的质量要求千差万别。不同层次、不同类别的人才培养模式，其方法与培养目标不尽相同、要求不一、跨度更大，甚至大相径庭，从而形成学术型、技术型、实用型、文化补偿型等多层次结构的高等教育人才培养体系。对于学术型、研究型人才的培养，学科发展前沿和各学科的交互性显得十分重要；对于应用型技术和管理人才的培养，社会的需求偏重于对人才知识、技能和素质的要求，因而对学科的深度就相对淡化了。例如，同样是法学领域，培养一个法学家和培养一个法官或律师，其质量要求和培养方式与途径是不同的；同样，造就科学家和工程师、经济学家和企业家、文艺理论家和作家等，其质量内涵和培养方式也有明显的差异，因此，学科门类不同、学科性质不同，衡量人才的质量标准也不同。学生个人的能力基础、性格特征、内在需求不同，所能达到的质量要求亦不同，这些都决定了质量标准的多元化，用统一的尺度去衡量是行不通的。这就要求各类学校提出不同的办学目标和要求，并建立不同的质量标准体系。

另外，发展高等职业技术教育既是我国现代化建设的客观要求，也是加快高等教育大众化进程的重要举措。其主要培养应用型人才，直至培养企业的"高级蓝领工人"或一线的技术、管理人员，而不是造就专家、经理人才。但是，我们的学生、家长以及有关院校的教师和校长等，尚未意识和重视这一正在发生的变化，或者尽管已经看到，然而仍然难以接受这一变化。当前影响高等职业教育质量和毕业生就业竞争能力的重要原因，就在于它往往仍是"压缩型的本科教育"。在该教育领域已经有一些学校在新的质量观构建及实施方面进行了大胆而富有成效的探索。如苏州工业园区职业技术学院，借鉴国外举办高校教育"教学工厂"的先进模式，明确以培养技术技能型人才，尤其是高新技术企业的一线技术管理人才为主的目标，以及"以明天的科教，培训今天的学员，为未来服务"，先问"会了没有"，再问"懂了没有"，"学生也是客户"等全新的办学理念，与国内外企业密切合作，营造综合科技教学环境，建立"以工业项目为先导"的应用技术强化培训体系，帮助学生适应未来外资企业和其他高新技术企业的用人质量要求，着力提高"先进技术的操作应用能力""英语的实际交流能力"以及"质量意识和团队精神"。在高等教育大众化进程中，我们需要的正是这种对新的质量观的深入思考及其指导下的切切实实的教育教学改革。

在多样化人才培养模式的选择中，应该注意的问题是：是服从学校长远信誉效益还是短期经济利益？是盲目跟在社会求职热潮后面，还是根据科学的预见性眼光走在市场应用需求的前面？这是每个学校必须认真思考的问题。

第二节 多样化人才培养的质量保障体系

目前，由于市场经济的负面影响，社会上各种不良因素对教学工作产生了不同程度的冲击，造成教学经费不足，学校领导、师生对教学的精力投入不足，教师队伍不稳定，高校内部管理体制改革还不完善等，这些对教学质量有很大的冲击。

因此，加强教学管理，建立和强化一个科学、合理、有利于教学质量高水平持续发展的教学质量监控和保障体系，是确保教学工作的中心地位和提高教学质量的关键性举措。

人才培养质量必须依照学校整体的教育质量方针，覆盖人才培养活动的全过程，它几乎涉及全校教职员工，并且只有通过关注一系列与教学有关的活动的质量才能得到有效的保障。该系统是一个闭环式的控制系统，即在教学质量监控的一个周期内，对发现的教学质量或质量保障问题及时加以改进，在新的监控周期内，人才培养的质量才会有新的提高。质量保障活动作为学校对教学价值的追求，只有对它进行持续改进才能保证其走上正确的轨道。

一、人才培养的质量保障体系的概念框架

1. 质量方针

质量方针是指由组织的最高管理者正式发布的该组织总的质量标准与质量改进方向。

《中华人民共和国高等教育法》第四条规定："高等教育必须贯彻国家的教育方针，为社会主义现代化建设服务、为人民服务，与生产劳动和社会实践相结合，使受教育者成为德、智、体、美等方面全面发展的社会主义建设者和接班人"。第五条规定："高等教育的任务是培养具有社会责任感、创新精神和实践能力的高级专门人才，发展科学技术文化，促进社会主义现代化建设"。

据此，我国高等学校的教育质量方针可概括为：培养适应社会主义现代化建设需要，德、智、体、美全面发展，基础扎实、知识面宽、能力强、素质高、富有创新精神的高级专门人才。

2. 质量控制

质量控制是为达到质量要求而采取的贯穿于整个活动过程中的操作技术及监督活动。

目前我国高校一般实行的质量控制是：学校、院系两级管理，以日常教学质量管理为基础，以对有关部门或教学环节的质量状况进行周期性评估为特征的教学质量监控和保障体系，其要点有以下几个方面。

（1）建立健全并严格执行教学管理和质量监控的规章制度，发现问题，提出并实施改进措施。

（2）制定政策，鼓励教师在课程体系、教学内容、教学方法和手段等方面进行改革。

（3）聘请教学督导员和学生信息员，建立教学管理信息系统。

（4）学生可根据教学计划自主选课，同一门课程可以选择不同的教师，教师按教学质量和授课学生数计算工作量。

（5）对学科专业建设、课程建设、教材建设、毕业设计、课堂教学、实践教学以及院系教学工作水平等各单项或综合项目定期进行评估。

3. 质量保障

质量保障是一种特殊的管理形式，其实质是通过提供足够的产品和服务信任度，阐明其为满足顾客和服务对象的期望而做出的某种承诺。

教学质量保障是指学校质量保障活动的制度性安排，是将学校对教学质量的关注独立化、系统化、持续化。

独立化是将原有的质量管理功能从学校常规性组织管理功能中独立出来，明确其任务和职责，使其具备对全校教学质量负责的能力，严格规范一切教育服务活动，使每一项工作始终处在有效的控制和监督之下，并向社会和求学者证明其教育服务的质量保证和质量控制能力是有根据的。国外高校经验表明，只有从学校组织层次对教学质量予以关注，并加强对其领导，教学质量才能得以保障。从长远上来看，教学质量只有成为学校的组织行为，学校才有可能适应复杂多变的生存和发展环境。

学校的质量保障涉及所有与教学有关的活动，其管理的重心在基层。强调以人为本，并通过提高管理的质量促进教学质量的不断改进和提高，并使质量保障系统化，从而有效地保护和支持基层组织和教师的教学质量创新活动。学校要制定有关的政策和措施对教学质量予以保障，特别是对师资队伍建设和教学条件的保障。

用事实管理教学质量，用数据说明教学质量。事实是教学质量活动的基础性资源，无论是证明质量的成就，还是说明教学质量措施的合理性，都需要以事实为依据。为此，在教学条件的评估上，应以数据和教学文件作为定量考核的依据；在各种教学环节的考核中，应以各种相关事实为证据来说明问题，如教学计划、课程大纲、会议记录、教学档案等；对教学活动的效果和管理成效的评价，则通过以教研立项、获奖成果、出版教材、用人单位与毕业生的反馈意见、社会舆论等为依据进行。

应尽快制定高等教育质量标准和多元化的教学质量评估体系，建立与国际接轨的高等教育质量认证制度，以法律形式在全国范围内强制执行，实行教育质量标准国家化势在必行。

4. 质量审核

质量审核是确定质量活动和有关结果是否符合计划安排以及安排是否有效实施并达到预定目标而设立的独立的检查过程。

高等教育质量是要满足社会和求学者明确的或潜在的需求，它取决于社会和求学者对高等教育服务质量的预期目标和高等教育教学水平的对比；教学质量的载体是学生，高等学校的教学质量要依据学校培养的人才适应社会需要的情况而做出判断。

质量审核分为过程审核和结果审核。过程审核是指在教学过程中，教育主管部门或社会专门机构对教学环境及各个教学环节或教学阶段进行的审核，以确定是否达到教学质量的预期目标；结果审核是指对毕业生情况进行全面审核。审核的结果是做出质量判断和问题诊断的主要依据。

5. 质量评估

质量评估特指高等教育评价机构对高等学校所进行的质量检查。教育教学质量评估是高等教育质量保障体系的重要组成部分，由高等教育评价专门机构制订标准、规划和组织评估活动，这种机构应当独立做出自己的评估结论，不受行政权力的干预。

高等教育是否适应并满足社会和求学者的需求，是评估高等学校教育质量及其对社会贡献的基本参数。让社会参与监督和评估学校的教学质量，有助于学校吸纳各种积极力量，建立多样化的质量保障机制，提高学校教育教学过程及质量评价过程的透明度，从而有助于增强人们对质量评价过程和评估结果的信赖。

二、人才培养质量保障体系的基本特征

高校教学质量保障体系的基本目标是：保证高等教育满足国家、社会和求学者的基本需要；增强高校主动适应环境变化的能力；促进高校对资源，尤其是人力资源的合理利用，不断改进和提高学校人才培养的质量。它具备以下基本特征。

1. 系统性

提高教育质量是高等教育永恒的主题，是高等学校的生命线。人才培养质量体系必须制度化、结构化和持续化。它包括教学管理机构、教学反馈机构和教学质量评估机构三个部分；它分为学校、院系和教师三个层次，分别覆盖相应范围内教学输入、教学过程和教学输出质量的管理，每个层次要承担相应的责任和义务，并要求达到相应的质量。质量体系具体包括办学目标定位、信息管理、质量决策和执行、质量评价与问题诊断、质量信息反馈、质量审计、质量文化建设等一系列结构化功能。高等教育的核心使命是培养人才，而培养人才的中心工作是教学。不管是研究型大学、教学研究型大学还是教学型大学，都必须强调教学工作的中心和基础地位。育人质量作为教学活动满足社会和个人需要的度量，是通过一系列结构化的教学活动来实现的，它是一个传授知识、培养能力和提高素质的全过程，而不是单指结果。人才培养涉及学校几乎所有部门的所有人，在以教学为主的高校，所有的人都应对教学质量负责，这就要建立人才培养质量保障制度，全面进行质量管理。

从校长到职能部门，从院系到每个教师，从政工人员到每个学生，都要考虑教学质量；从招生入学到毕业分配、从理论教学到实践训练、从课堂内外到考试考查等，每个环节都要有人考虑、每个步骤都要有人负责，否则学校不可能适应复杂多变的社会环境。在这个系统中，目标是一致的，要求是统一的，但同时要给予基层和个人以较多的自主权，调动他们提高教学质量的积极性和创新性。

质量保障和监控系统要持续化，从全局上讲它是不间断的，从具体操作上讲，它可以是周期性的综合教学评估，也可以是单项教学检查。

2. 全面性

人才培养质量保障体系必须包括学校活动的所有方面，并使学校所有成员都积极参与育人全过程。首先，高校主要的任务就是培养高素质人才，学校的中心工作是教学工作。其次，学校领导对教学质量负有首要责任，学校各职能部门和辅助部门，作为推动或实施教学活动的职能机构，对有效地保障教学质量同样有不可推卸的责任；真正的教学质量是由教师决定的，社会和求学者对高等教育的要求，只有转化为教师的质量意识，才能体现在教学的全部过程中；没有人能比教师更了解他们所教授的学科该传授给学生什么知识、培养学生什么能力、提高学生哪些素质；教师的埋头苦干、甘做人梯、无私奉献、教书育人的思想和行为，以及对教学活动有效性的认识和判断，是外行人无法替代的；以教师为主组成的学术委员会或教学指导委员会参与学校或院系的重大教学决策活动和教学管理，同样体现了教师对教学质量的主导地位。再次，学生是教学质量的载体，也是人才培养质量保障体系中的主体之一，没有学生自觉的学习活动，没有学生对教学过程的积极参与，教师的一切努力都可能付诸东流，特别是在因材施教和培养学生个性化等方面更需要学生的主动性和积极性。

保障教学质量是学校所有成员的共同责任，但并不意味着他们以相同的方式承担同样的责任，在整个质量保障体系中，各教育主体按照人才培养活动的性质、任务和过程，各自承担不同的质量责任。同样，教学质量涉及育人全过程，但也应该有重点、有选择地保障其重要环节，如学校的教学质量观、人才培养模式、师资队伍和教学条件，以及学校希望重点改进的环节等。

3. 动态性

社会是不断发展变化的，社会和求学者的需求也在改变。

一个与原有的特定条件相联系、具有特定内容和标准的教学质量观，并不能必然地与变化了的环境相适应。因此，学校的教学质量观也应随着社会的变化，对新的环境条件做出及时而有效的反应，不断地更新、丰富和完善，以适应变化了的新形势。

在人才培养模式的探索和人才质量观念上，要根据经济发展和学校自身情况，由计划经济体制下强调人才培养的针对性向市场经济体制要求的适应性转变；由强调"一技之长"的专业性人才向强调知识、能力、素质综合于一体的复合型人才转变；从强调统一规格、按计划培养向重视社会需求与个性发展、创新意识相结合及人才规格、模式的多样化转变；从压制个性、重视知识灌输向强调个性发展、强化技能培训转变。质量管理是学校追求不断进步的过程，在飞速变化的当代社会，它是一个没有终点的过程，只有不断地改进提高，才能真正保证人才培养的质量。

4. 多样性

衡量、评价高等教育的质量标准从来就不是单一或唯一的，一方面，科学技术的发展伴随着生产的全球化、社会生活的现代化，必然需要多种多样的人才；另一方面，求学者自身对知识和能力的要求也呈现多样化趋势，要满足社会和求学者的多样化要求，高等学校的人才培养模式也需要多样化，高等教育质量和质量观的多样性将日益凸显。对学术研究型、应用开发型、经营管理型、复合交叉型和高校技术型等不同层次、不同类别的人才培养模式，其质量标准和评估要求都不相同，这就需要建立不同的质量标准体系。

三、高等教育质量与人才培养质量的关系

人才培养的质量标准是高校为满足社会发展和求学者需要而确立的教育教学目标，该目标是使求学者成为掌握先进科学知识和技术，具备科学素养、创新意识和能力、懂管理、善经营的高素质应用型人才，成为掌握扎实基础知识和深厚专业理论并有很强的终身学习能力、受到科学研究方法的系统训练、有相当科技创新能力、德智体全面发展的高素质研究型和工程型人才。

培养大批量的高素质创新人才将有助于促进国家科学技术文化发展和社会主义现代化建设，而人才培养主要依靠教育，尤其是高等教育。因此，人才培养质量可以从一个主要的侧面说明高等教育的质量。从某种程度上讲，人才培养质量高，高等教育的质量也就高；反过来，高等教育质量的提高又可以大大提高人才培养的质量，二者是相辅相成的。高等教育的质量主要取决于高等教育的结构、规模和效益以及这几者之间的组合关系，而这些要素又直接影响着人才培养质量。当前，随着高等教育大众化时代的到来，我国一部分院校，尤其是地方院校刮起了一阵升格风、合并风，许多高校把扩充规模和提高层次作为迎接大众化教育的一种措施，结果导致规模、结构、效益失调，教育资源紧张，教学质量下降，培养出来的人才质量令人担忧。因此，必须协调好高等教育规模、结构、效益之间的关系，保证高等教育质量和人才培养质量都获得提高。

第三节 多样化人才培养质量管理的原则

一、科学决策的原则

质量管理的科学决策主要考虑以下几个问题。

1. 不断研究、改革

高等教育是一种复杂的社会活动。"质量"事实上是当代社会对高等教育提出的一个无所不包的要求，突出地反映了不同机构、团体、社会阶层和个人对高等教育所寄托的各种各样的期望，他们所关心的是高等教育的输出，很少或根本不关心高等教育活动的性质及其过程，而这恰恰是提高人才培养质量的关键环节。因此，高校如何从各种各样的外部要求中选择与自身发展规律和条件相适应的要求，如何有效地处理学校内外关系中难以预料的各种变化，如何在满足社会需要的过程中促进自身的发展等，需要不断地加以研究、实践、改革、创新。

2. 质量标准的制定和运用

这一方面要以各种与教学有关的客观证据为基础；另一方面，要依赖于管理者、教师、同行专家等对这些证据的感知和解释。最终以"顾客"满意为标准，在一定的程度上，"社会和求学者满意"是判断人才培养质量的一个重要的标准。

3. 质量监控和保障方式方法的合理性以及方法运用的合理性问题

教学活动是一个依靠全校师生员工的自觉努力才能不断接近预期目标的过程，只有当质量监控的方式方法成为学校领导和师生改进和提高教学质量的工具时，才能达到预期的效果。

4. 掌握原始资料

人才培养是一种十分复杂的教育教学活动，学校层次不同、学科类别不同、整体与基层不同、教师与学生不同等，就使得质量监控和保障的方式方法不同，重要的是搜集和掌握教学工作的第一手资料，通过对教学工作的全面监控，促进教学改革的不断深入和教学质量的不断提高。

二、服务导向原则

该原则强调高等学校要服务于"内部顾客"和"外部顾客",要满足各种社会需求。

高等教育是国家的事业,是为国家、为社会、为公众利益服务的。高等学校通过执行国家政策培养的人才,主要是国家需要的人才,反映了国家对社会需求的认识;从教育本身的属性来看,高等教育要培养高层次的、有专业知识和能力的人才;培养高素质的国家和社会各方面所需要的骨干力量,对国家和社会发展有着重要作用,而且在大学教育期间,正是青年学生世界观、人生观形成的时期,这对学生一生的发展都有重要的影响。所以,高等学校必须按照国家发展战略的要求,优先满足国家和社会发展的需要。随着我国市场经济的发展和学生缴费上学、毕业生自主择业等制度的建立,个人对高等教育的需求越来越多地受市场因素的影响,高等教育对市场需求的识别和判断,主要取决于劳动力市场的需求及各职业的工资水平。同时,依据判断做出合理的调节,使求学者对职业层次的选择能够分布在不同收益、不同层次的职业领域,保证每一个个体都能够找到适合自己的职业;同时,也保证每一种职业都有人从事,从而避免教育资源和人力资源的浪费。

培养人才是高等学校区别于其他社会组织的最根本的属性,离开育人谈教育质量毫无意义。高等教育的职能,经历了以教学为主到教学、科研两个中心再到教学、科研、服务社会三项职能的发展过程。但无论是发展科学、振兴学术,还是服务社会、培养社会的建设者,都无一例外地主要通过一批批学子来完成,教学、科研和服务社会一定要以育人为中心展开,这是高等教育的本质特征所决定的。所以,要将人才培养质量作为衡量一所大学水平的主要标志。

学校培养的人才最终是为社会服务的。经验表明,教师认为最有价值的东西,社会并不总是赞同,对以服务社会为己任的高校来说,外部社会的要求是应该而且必须考虑的;教学质量保障体系应该主动向社会开放,欢迎校外人员参与质量保障活动,要让学校在接受社会监督的过程中证明自身活动的价值,并推动校外的参与和监督逐步规范化、制度化。

目前,求学者的家庭环境、入学基础、发展潜力等有很大的差异性;社会经济变更和毕业生就业竞争的压力等外部因素的驱动使求学者对新观念、新知识、新技能、新文化有强烈的学习愿望。因此，高校必须想方设法满足求学者的这些需求。学校是为学生存在的，培养人才是学校教学的根本任务，学生的学习质量是教学质量管理的核心，所以，必须强化学生在教学活动和质量保障体系中的核心地位和作用，应该将学生的认知和情感引到教学思想和教学管理的质量控制中；将对学生的教学、生活和就业指导服务引到教学过程的质量控制中；将学生知识、能力、素质的提高情况引到教学结果的质量控制中；同时，把学生对学校全部教学活动的满意程度作为评价教学质量的重要因素。

人才培养必须处处体现以人为本的人本情怀。从表面意义上看，以人为本是指学校在教育教学中体现以学生为中心、服务学生、方便学生的思想；从深层次上讲，以人为本是指在教育教学中体现更多的人文关怀，不仅要向学生传授知识和技能，而且要教会学生做人做事，学会善待他人和服务社会，使学生成为和谐发展的个体，尽量避免科学与技术造成的个性异化。

三、不断改进的原则

教学质量保障体系，无论是为了稳定教学秩序，还是为了改进提高，总是与质量标准联系在一起的，而质量标准通常与人们对高等教育的认识和期望相联系。在高校管理的实践中，确定教学质量标准的基本依据通常是教育教学目标，但现在人们普遍承认，教育教学目标本身的合理性也需要经常受到评价；标准不是不可变更的、绝对的东西，不能在绝对意义上做出足够合理的解释，它随着客观条件和主观需要的变化而变化。当前，我国大众化背景下的高等教育质量标准，应该与以往计划经济下"千校一面"的质量标准不同，其质量标准的制定，不但应该以当前社会可接受的标准为基础，而且应当鼓励高校探索更加长远、更加多元、更具特色的质量标准。

质量保障体系是一个闭环的控制系统，对发现的教学质量或质量保障问题应及时加以改进，人才培养质量才会有新的提高。质量保障活动作为学校对教学价值的追求，只有予以持续改进才能走上正确的轨道。

四、个体性原则

该原则一方面强调全员参加，同时要尊重个体意志和价值。

在教学质量管理，特别是在质量的评估中，由于参与人员所担负的工作不同、对材料的掌握不同、采用的方式方法不同，甚至对质量标准有不同的理解，因而在学生之间、教师之间、专家之间、专家与被评单位之间，会出现对质量措施或评估意见的不一致。这种现象是正常的，应允许他们各自保留自己的看法，并尊重他们的意见或做法。评价者应单独向主管部门提交自己的看法，对有争议的问题做出说明，主管部门则按一定的程序安排必要的仲裁。

第四节　多样化人才培养质量保障体系的实施

高等学校培养什么样的人，采取什么样的培养模式和手段，越来越多地受到学生个人愿望和社会需求的影响和制约。学校应随时关注这些变化，对变化进行监控和预测，根据具体的环境因素来做出决定并随环境因素的改变而改变。

一、人才培养模式的选择

这首先要考虑学校的定位，然后确定其服务的方针。如地区性理工科大学应面向区域发展，为区域经济、文化建设服务，应以本科教育为主，并根据区域经济发展需要，多层次、多规格办学；应以区域经济建设和社会发展需求为导向，调整和重组学科及专业配置，优化课程结构，调整招生人数。

进入大众化阶段以后，高等教育不但外延拓展，内涵也将发生深刻的变化。社会，特别是用人单位对高等学校毕业生知识、技能和素质的要求不同：对学术性、研究型人才的质量要求，其理论深度、学科发展前沿和各学科的交互性显得十分重要；对于应用型技术和管理人才的质量要求，则偏重于对人才知识、技能和素质的要求，而对学科的深度就相对淡化。不同层次、不同类别的人才培养，其模式、方法与培养目标不尽相同，要求不一，跨度很大，甚至大相径庭，这就需要有不同的人才培养模式。

从理论上讲，人才培养模式按组成要素可分为专业设置模式、目标模式、制度模式和过程模式等；若按人才的学科知识结构可分为通才型、专才型、通专结合型、复合交叉型；按知识、能力、素质结构侧重可分为知识型、技能型、学术型、KAQ型（知识、能力、素质协调发展）；对理工科教育而言，可分为工程科学型、应用开发型、经营管理型、研究型（基础型）、能力型（技术应用型）等；按制度分类可分为（与企业、国外大学）合作办学型、本硕连读型、本硕博连读型、双学位双学历型；按培养过程可分为"2+2"模式、"3+1"模式、"3+0.5+0.5"模式、"3+2"模式等；按教育理念可分为服务型模式、创新型模式、客户定制型模式等。学校在选择培养模式时，可以是以上几种形式的组合，也可以是适合本校的其他模式。

随着现代科学技术对教育的一步步渗透，传统的面对面教学开始向网络教学拓展延伸。在不远的将来，当教育技术职能化、教学内容数字化、教育空间网络化、教育对象全民化、教育资源共享化时，高等教育的人才培养模式将享有更大的生存和发展空间。

与人才培养模式直接关联的有以下几个要点。

1.学科、专业是立校之基，要积极推动学科和专业的融合

要加强基础学科建设，发展重点学科和优势学科。如同哈佛大学第26任校长陆登庭所说的那样，任何一所优秀的一流大学，都只能在部分领域做到一流，均衡用力只会削弱大学实现一流的目标。因此，任何高等学校都应该在兼顾、综合的基础上非均衡性地发展优势专业，扶持新兴专业，真正构筑起布局合理、结构优化的学科框架，使得基础学科力量雄厚、应用学科前景广阔、交叉学科活跃强劲、新兴学科不断生长，基础和应用学科相互结合、相互促进，真正建立起符合社会发展和时代需要、符合高等教育发展规律的学科建设与发展机制，学校的办学实力和水平才能得到提升；同时，要打破学科专业界限，按区域经济发展和社会发展的要求设置专业；按宽口径、大学科类别招生，培养口径宽、基础厚、能力强、素质高、适应范围广的复合型人才。

2.加强教学与科研之间的联合，真正把知识的传授与创新能力及实践能力的培养结合起来

在现实中，很多人总是容易把教学和科研割裂开来，认为加强科研就会削弱教学，或者强化教学就会削弱科研，这样的观点和做法都是极为片面和有害的。教学和科研之间并不是对立的矛盾，而是相互促进、相得益彰的。正如美国著名的高等教育学家克拉克认为的那样，科研本身是一个效率很高和非常有力的教学形式，如果科研也成为一种学习的模式，它就能成为密切融合教学和学习的内在整合工具；欧内斯特·博耶同样认为，教学支撑着学术，没有教学的支撑，学术的发展将难以为继。因此，高等学校必须推进教学和科研的融合，既重视知识的传授，又注重学术能力和实践技能的培养。

3. 实行多样化的办学模式

对外要实行开放办学，要吸引更多的办学主体参与到高等学校事务中来，如合作办学、多渠道筹资等。对内要实行灵活办学，采取多种教育教学形式，如实行学分制，以学生为本，因材施教。改革传统的教学方法，推广 CAI 和其他现代化教学技术。

4. 要加强人才培养基地建设

人才培养基地分为校内基地和校外基地，前者如校内实验室，后者如实习工厂、产学研基地等。特别要加强基础学科人才培养基地的建设。要大力增加资金投入，改善实验室和基地条件，拓宽人才培养范围，构建宽松的实践教学平台。

总之，要逐步构建起以学生综合素质教育为核心、以知识传授为主线、以能力培养为重点、以创新精神养成为突破口，基础教育与专业教育相结合、知识传授与技能训练相结合的基础厚、口径宽、适应广、能力强、素质高、一专多能的复合型人才培养模式。

二、教育教学质量的控制

学校应以区域经济建设和社会发展需求及招生就业情况为依据，实施教学创优工程，提高教学质量。要实施网络教育工程，推进教育信息化和教育技术手段的现代化；要实施基础实验室建设和改造工程，促进基础实验室教学和手段的现代化；要进一步优化学科专业结构，确立学科专业的发展方向和特色，支持重点学科专业的发展，改造传统专业，积极推进新兴学科、交叉学科的形成，重视应用文科、人文社科和数理化等基础学科专业的建设，整体提升人才培养质量，以适应区域经济结构战略调整和高新技术产业发展对高素质创新人才应具有的知识、能力、素质的综合要求。

1. 教学管理的质量控制

教学管理是体现教育思想，贯彻教育教学原则，为实现教育目标而制订和实施的一系列规章制度。教学管理的质量控制是实施高等学校全面质量管理，建立高效率质量保证体系的一个重要环节。只有高质量的管理，才能保证教育教学资源的合理运用，才能保证教育教学工作的正确方向，才能控制整个教育教学过程，实现预定的教育目标。对教学管理的质量控制主要集中在这样一些方面：首先，必须转变教育思想，更新教育观念，树立以人为本的育人思想。管理部门是服务部门，不是衙门，应尽力克服管理部门固有的推诿、拖拉、居高临下的工作作风，激发工作热情，提高工作效率，增强责任感和使命感。要做到这一点，除了加强管理者自身的素质、责任意识及职业道德等的培养以外，还必须建立有效的、制度化的监督和奖惩体系。其次，必须重视教学管理在整个质量控制体系中的地位和作用。各级领导要重视，责任要落实到人，为此，应该建立党政联席会议制度，定期审议教学工作；应成立学术、教学等专门委员会，提高学校教学管理的决策水平；应建立健全和严格执行各种教学管理规章制度，建立教学质量监控和教学质量激励并重的运行机制。再次，要加强对教学管理工作的研究，推动各项工作的改革和创新。从事教学管理的人员应该积极开展研究工作，要对实践过程中遇到的新问题、新现象进行理论研究和深入思考，以理论研究指导和纠正实际工作中存在的偏差，同时把实际经验提高到理论层次。最后，要把各项具体的教学工作细化为可以量化的指标体系，从而为各种规章制度的顺利贯彻提供规范化、制度化的保证。

2. 教育资源的质量控制

教育资源主要包括人、财、物等方面，是指投入教育教学活动的物质设备、经费、师资力量、教学条件、学生生源等。此外，学校的传统、办学特色、区位优势、社会声誉等也是可以利用和开发的无形资源。教学资源的控制是整个质量控制体系的中心，这个环节不仅关系着如何充分发挥现有资源的效能，避免浪费和无谓的消耗，而且更为重要的是，通过对这个环节进行质量控制，可以充分挖掘现有资源的潜力，使这些资源的利用最优化，以最少的资源获得最大化的教育教学成果。从各高等学校的教育资源状况来看，普遍存在教育资源不足的问题，即使在西方一些发达国家，其一流大学也存在教育投入不足、经费紧张的问题，尤其是我国的高等教育正处于向大众化结构转型的时期。因而，如何用有限的资源实现大众化的目标是我国高校普遍面临的重大课题，因此，加强教学资源的质量控制有着现实的意义。

教学资源的质量控制主要表现在：首先，要建设一支高素质的教师队伍和管理人员队伍。一流的大学必定有一流的师资，正如梅贻琦先生所言："所谓大学者，非谓有大楼之谓也，有大师之谓也！"可见，大学教学的质量和声誉，关键在于有没有一流的师资，尤其是大师级的学者和教授。师资队伍的建设，一方面要积极引进高素质的人才，特别是一些学贯中西的大学者、名教授、"海归派"或者卓有建树的中青年学者；另一方面，要加大对本校师资力量的开发和培训，提高他们的教育教学水平和科研水平。为此，学校应该打破各种常规的束缚，为教师的进修和提高提供各种机会和条件；要不断地改善教师的学习工作环境，为他们的学习、生活和工作创造一个宽松的环境。总之，通过各种努力，建设一支学历、年龄、职称、绩效等都比较合理的高素质教师队伍。其次，要对各种物质资源和财力资源的使用进行规划和监督，要保证每一项投资都能够发挥最大化的效能。一方面，要拓宽筹资渠道，争取更多的办学资源；另一方面，要合理利用现有资源。显然，如果没有一定的物质资源做保证，教育教学活动是不可能取得任何成效的。因此，应该最大化地开源节流、合理统筹、优化使用各种物质和经费资源。再次，要充分利用学校的传统、办学特色、区位优势、社会声誉等无形的资源，把这些资源转化为现实的物质资源和经费资源，从而不断改善学校的办学条件。

3. 教学过程的质量控制

对教学过程进行质量监控，是保证教育教学资源能够合理使用，教育教学目标能够顺利实现的一个必要手段。在教学过程中，一方面要通过行政管理或行政辅助性管理机构和制度对教学过程进行监控，如教学督导机构、学生信息员制度、教学评估和教学检查制度、计算机专家监控系统等；另一方面还要注意各教学环节的管理和建设。教学过程主要包括课堂和课外两个部分，因此，对这个过程的监控也应该延伸到课堂内外。对高质量的教学过程而言，应该包括以下内涵：首先，应该营造一种合理、优良的教学氛围。这种氛围能够激发和调动学生学习的积极性和教师教学的积极性，在这种氛围下实施的是人性化、柔性化和科学化的教育教学，注意每一个人的参与及反应，形成某些集体认同的行为定向和心理趋向。其次，能够紧紧抓住学生这个中心。通过采用新的教学方法、因材施教、增加现代化教学手段等方式，向学生提出明确的学习目标，使学生由知识的消极被动接受者，变为知识的积极主动思考者；要尊重学生的才能和不同的学习方式，对学生的进步保持敏感和关心，提供对学生真正有用的反馈；要激发学生的兴趣、思考和理智的好奇心，鼓励学生与教师之间的接触和交流，鼓励学生间的合作；要培育学生独立学习、控制学习策略并主动投身学习；要在教学管理中引入竞争激励机制，如奖学金、转专业、重修收费等；加大教学奖励力度，设立教学业绩津贴和基础课教学津贴，奖励教学成果与教学改革，教学质量与提职、晋级和聘任挂钩等。再次，教育教学的实施过程必须有助于学生全面素质的提高，包括知识素质、技能素质、人文素质、道德素质、情感素质等。要充分发挥教学活动的育人作用，它不仅仅是一个传授知识的过程，而且是一个传授情感、道德品质的过程。克拉克认为，教学过程实际上在传授两种知识，一种是有形的知识，包括"文化知识""特定的实质性知识"和"信息"；另一种是缄默的知识，包括"体验""思想风格""工作方法"等。因此，教师在教学过程中不仅要重视书本知识的传授，而且更应该重视人格的、方法的、思想的潜移默化的影响。最后，必须把课堂教学和课外学习结合起来。课外学习实际上是课堂教学的延续，要加强学生的课外活动和社会实践活动，丰富学生的课余学术和科技活动，鼓励学生参加学科竞赛和撰写论文；对于学有余力的学生，应坚持"高标准、严要求、小范围"的原则，实行"双学位""本硕连读"或提前毕业等培养方式，使这部分学生能够有更大的发展空间。

4. 教学效果的质量控制

这是对教育服务质量的监控、分析和改进的过程，它是由以下几个要点组成的。

（1）考试管理。建立试题库或试卷库，实行教考分离。

（2）对试卷和学生考试成绩的统计分析。对分析结果进行评估，以改进教学，提高质量。

（3）教学检查和系列教学质量评估。教学建设（学科、专业、课程）、教学管理（院系本科教学工作、教学文件等）、教学质量监控（督导组听课、领导专家听课、学生信息反馈）、教学改革成果（CAI课件、教材、实验室改革、教学技术成果等）和教学研究（立项、结题、鉴定）等。

（4）毕业生追踪调查制。定期到用人单位回访，征求对教育教学质量的意见。从学生的就业开始，对毕业生受欢迎的程度、一次就业率、社会认可度等进行评价。然后，通过教育中介组织，对毕业生在社会各行各业的工作状态、对社会所做出的贡献以及社会声誉进行科学评价，并将评价结果向全社会公布。

（5）邀请和参与教学主管部门和社会评估机构对学校教学质量开展评估。

（6）针对教育教学质量存在的问题，制订纠正、预防和持续改进的措施。

三、教育教学质量的审核

1. 内部审核是指学校根据本校实际，面向全校进行综合性的校、院、系三级办学水平审核或单项的学科专业建设、课程建设、实践教学、毕业设计、教材建设、教师教学水平、学位授予质量、教学改革、三好学生等的质量审核。对人才培养规划的制订、学科专业的设置、人才培养方案的设计、专业教学计划的制订和修订、学科建设规划、课程结构、课程内容的选择、教学要求的确定、实践教学环节的要求、学生学习的评定以及教师教学情况的评价、教师的选拔、教师的培养和使用等也要组织专家进行论证和质量审核。高等学校的内部审核必须做到公开、公正、客观，要敢于自报家丑，要积极寻找存在的问题、不足及矛盾，并探索解决这些问题的途径。

内部审核需要制定系统的、可操作的、全面的评估指标体系。每所学校要根据自己的实际情况，结合自己的发展定位，提出不同的、个性化的评估量化标准。例如，原吉林工学院（现为长春工业大学）在20世纪90年代初就制订了一系列学校内部的审核评估文件，这些文件包括：

（1）《学科建设评估方案》。它包括学术梯队建设、科研建设、专业建设、教学工作、对外交流与合作、教学条件建设、教学组织管理和学科长远规划等8个一级评估指标。

（2）《专业建设评价（论证）方案》。它包括专业规模和需求情况、师资队伍、实验和设备、教学文件和教材、科研情况和专业办学质量等6个一级评估指标。

（3）《系级教学工作评价方案》。它包括教学条件、教学状态、教学效果和办学效益等4个一级评估指标。

（4）《课程建设验收评估实施方案》。它包括师资水平、教学条件、教学实施过程、教学管理和教学效果等5个一级评估指标。

（5）《实验教学评估方案》。它包括教学内容及教学改革、教学过程、教学效果、教学队伍及水平、教学文件、设备及仪器等6个一级评估指标。

（6）《毕业设计（论文）教学质量评估方案》。它包括指导教师情况、毕业设计（论文）教学文件、毕业设计（论文）组工作进行情况、毕业设计（论文）的质量与基本能力的培养等6个一级评估指标。

（7）《优秀CAI课件和计算机试题库展评工作方案》。它包括软件水平（结构设计、脚本设计和创新性或者试题数量、难度系数和结构设计）和使用效果等2个一级评估指标。

其他高校也有各自的教学审核评估文件和教学检查制度，这些文件和制度的制定并认真执行是教育教学质量的重要保障。

2. 外部审核

外部审核是指同行、社会人士或者相关社会机构、组织等对高等学校教育教学质量的审核。高等教育的质量体现在其满足社会和求学者明确或潜在需求的广度、深度和效度上，它取决于社会或求学者对高等教育服务质量的预期目标和高等教育教学水平的对比。因此，教育教学质量必须受到教育行政部门、社会机构、用人单位、毕业生、公众与舆论、国内外高校等外部机构的监督和审核。教育行政部门组织的审核，包括学校、专业的合格审核等；社会团体组织的审核，主要是学校办学水平和毕业生质量审核，尽管后者审核往往不够准确，得到的结论往往不能令人信服，但能沟通高校与社会的联系，有助于调动社会各界关心、支持和参与高校事务的积极性，这对高等教育事业的发展进步是有益的。

外部审核主要有以下几方面：

（1）教育部各专业、各基础课程教学指导委员会对各自教学领域重大改革问题的检查和指导。

（2）教育主管部门建立教学状态统计报表制度，强化对高校教学基本建设、教学过程以及教育结果的监控。

（3）用人单位、公众与舆论对高校教育教学改革的关注、对毕业生质量的调查。

（4）教育部建立基础课程试题库，对某些重要课程实行统一考试，加强对重要教学活动输出质量的控制。

（5）加强对高等学校设置、专业设置的监控和对学校办学水平的评估。

（6）督促学校加强教学管理，加强对考试等重要教学环节的监控。

（7）加强对高校招生和毕业证书发放的管理。

（8）改善教师的生活、工作环境，加强师资队伍建设。

（9）奖励优秀教学成果、教学研究成果和教学管理与改革成果。

（10）通过各种方式监督学校主管部门和学校对教学的各项投入。

（11）定期举办全国大学生数学建模、电子设计、机械设计、建筑设计、计算机编程、科技发明等竞赛活动。

教育部评估专家委员会通过对近十年的评估工作进行总结后认为，前一阶段的评估工作有两方面的特点：

（1）评估内容相当全面。它体现了教育部对高校办好本科教学的总体要求，要达到指标规定的水平，各类高校都要经过一番认真的努力。

（2）评估过程相当深入。专家组的评估意见能够比较真实地反映学校本科教学工作的状态和水平，这对学校加强教学建设、深化教学改革、提高教学质量有很大的帮助。

这些评估对各高校教学工作所起到的主要作用有：进一步明确了办学指导思想，并促使学校进一步重视本科教学工作；加大了教学经费投入，进一步改善了办学条件；教学基本建设，包括师资队伍建设、专业与课程建设等，取得了明显进展；促进了面向 21 世纪教学改革的深化；增加了学校的凝聚力，明确了本校教学工作的传统和特色；起到了各高校之间交流经验、相互促进的作用。

四、教育教学质量评价

从整个社会来讲，所谓高等教育教学质量，是指高等教育所具有的，满足个人、群体、社会明显或隐含需求能力的特性的总和。这些特性往往通过受教育者、教育者和社会发展所要求的目标、标准、成就、水平等形式表现出来。由此可见，高等教育的质量不应只是一个标准，个人、群体、社会都有不同的要求，但最后他们要统一到社会的要求上来，因为教育除了为满足个人的爱好外，青年的求学总是为了谋求一种社会职业。前面已经讲到，由于科技的进步及社会的现代化，社会的职业需要是多规格、多层次的，因此不同层次、不同类型的学校只要培养出来的人才能够受到社会的欢迎，就应该说是达到了一定的质量标准。当然，对不同层次、不同类型的学校应有不同的要求，更何况低层次的学校也能出人才。在我国，专科毕业生考上研究生，后来成为有用人才的现象并不鲜见。质量与一个学校的培养目标、培养规格、任务和职能密不可分，因此要针对不同层次、不同类型的学校,提出不同的质量要求,这种对学生的基本质量要求,除应使学生适应职业的要求、具备职业的知识和能力外,更应使学生具备较好的整体素质。它包括高尚的思想品德、社会责任心、创新精神和能力、终身学习的意愿和意志力等,对任何层次、任何类型学校的学生都应做这样的质量要求。如果说我们担心高等教育质量的话,最担心就是这些方面,即学生的整体素质。

1. 教学质量评价

教学质量的高低取决于多种要素,对其的评价主要包括教学条件、教学过程和教学效果等三个方面。

教学条件不仅包括师资队伍、教学实验设备、现代化教育手段等硬件因素,还包括办学思想、教学管理、教学质量监控和保障体系等软件因素。

要达到满意的结果,必须要有严格的过程。对学校培养过程的考核涉及影响教育质量的各个环节,如理论教学、实践教学、第二课堂等各个方面。

《中华人民共和国高等教育法》规定:"高等教育的任务是培养具有社会责任感、创新精神和实践能力的高级专门人才,使受教育者成为德、智、体、美等方面全面发展的社会主义建设者和接班人。"因此,对高等学校的教学质量评价,最终要从学生是否适应社会主义现代化建设需要,是否德、智、体、美全面发展,是否基础扎实、知识面宽、能力强、素质高、富有创新精神等几方面进行。

2. 个人需求评价

高等教育的目的之一是满足求学者的个体需要,通过求学者的发展再促进社会目标的实现。正如唐纳德·肯尼迪所说的那样,对学生负责是大学的主要使命,也是教师的主要学术职责。大学的主要产品是人,然后才是技术。因此,高等学校必须把满足个体的需求放在首位,只有满足了个体的需求,才能最终满足社会的需求。高等学校教育教学的最终目的,就是让学习者形成一定的素质结构,它包括知识结构、能力结构、人文素养结构等方面。这些基本素质在很大程度上是通过一定的知识学习和能力训练而获得的。虽然能力、情感、品德等方面的东西不属于知识的范畴,但是这些东西只有在掌握牢固的知识基础之上才可能产生,因而传授什么样的知识就显得至关重要。知识结构越完善,学生在教育教学过程中形成的综合素质也就越全面。针对求学者的需求,要注意以下几个方面:首先,要为学生个人提供学习的环境、场所、内容和条件、良好的学习氛围，这对个人的成长发展有很大的促进作用，是获得更高水平发展的必要条件，因此，个人在这方面的需求应该得到优先满足。其次，要保证每个求学者都能够获得发展和进步，这种发展不是保证每一个人都获得相同的发展或者进步，而是指每一个人在各自不同的基础上的进步，这种进步是有差异的。这种进步主要指学习者在各自原有水平基础上的完善和提高，包括思想政治素质的提高、文化素质的丰富、价值观和世界观的形成等。从这个角度来讲，高等教育就是成人之学，是使每一个生理意义上的人成为一个有知识、有文化、有修养、有道德的社会人的一门学问。再次，高等学校的教育教学必须有助于个体在将来社会中的生存和发展，要为求学者将来所从事的职业做准备。这并不表明高等教育必须以迎合学生的就业需要为目标，而是说，通过接受高等教育，求学者必须获得必要的生存本领，包括知识、技能、判断力等。如果高等学校的教育教学满足不了个体的这种需求，那么，从一定程度上讲，这样的高等学校不是成功的。随着人力因素越来越被看作是一种决定经济兴衰的资本，个体对大学在这个方面的要求显然提高了。因此，对个人需求的评价，实际上可以相对简化为对个体思想进步状况的评价、对个体素质进步状况的评价以及对个体就业状况的评价三个方面。

3. 社会效益评价

高等学校的社会效益是评价其办学水平的一个最为重要的方面。实际上，由于高等学校在促进求学者的发展方面所发挥的作用相对而言是隐性的，常常难以用量化的标准进行评价，因此，一所高等学校到底有什么作用，发挥了什么样的功能常常是通过它所发挥的社会效益来评价的。对高等学校社会效益的评价主要包括：

（1）高等学校为社会培养了什么样的人才？这些人才的规格、层次、类型如何？是否满足了社会各部门的需求？

（2）高校为社会提供了多少科研成果？这些成果在多大程度上转化为现实的生产力和经济效益？是否促进了社会的文明和进步？

（3）高等学校为社区和社会提供了什么样的服务，如咨询、培训、开放图书馆和校园等服务活动？是否满足了公众的需要？

随着高等学校逐渐从社会的边缘走向社会的中心，高等学校不再是与世隔绝的神秘象牙塔，它成为社会的服务站和发动机，因此，高等学校卷入社会事务不可避免，服务功能成为高等学校的基本功能之一。对高等学校的评价，也将越来越取决于它的社会效益。当前，重要的是应该建立规范的高等教育质量评价体系，对各类学校有一个基本要求，定期进行评估。最有效的评估是社会和用人单位对学校毕业生的评价、对高校基础理论和科学研究成果的评价、对高校科技成果向社会经济领域转化的评价。在社会主义市场经济条件下，应建立专门的高等教育评估中介机构，这样既有利于教育行政部门的职能转变，又有利于发挥专家和各方面因素的作用。

新闻报道和舆论监督是评价高校社会效益的又一重要方面。实事求是的新闻报道和社会舆论既可从正面反映高等学校为满足社会发展和科技进步、满足市场经济需求而做的种种改革和所取得的成果，又可反映我国高等学校与世界一流大学之间的差距，以及社会和求学者对高等教育新的要求，这样可以促进高校不断地开拓、进取，不断地树立"质量是生命线，以质量求生存、以质量求发展"的全员全程质量意识，树立教育品牌意识，强化质量哲学思维，重视和提高教育教学质量，以满足社会发展对高质量人才的需要，满足公众和求学者对高等教育日益增长的期望。

总之，质量问题关系着高等学校的生存和发展，必须常抓不懈。

参考文献

[1] 邵文佳，刘宇．基于"工匠精神"的应用型高校"双创"人才培养模式探究：评《做应用型人才创新创业教育的领航者》[J]．中国教育学刊，2024（2）：112．

[2] 吴爽．一流人才培养模式下高校创新创业教育与思想政治教育双向建构研究[J]．科教文汇，2024（2）：53-56．

[3] 张运浩，房施龙．高校体育教育专业人才培养模式创新研究[J]．体育世界，2024（1）：28-30．

[4] 滕智源，杨倩．高校创新创业教育"价值流动"人才培养模式的探索[J]．产业创新研究，2024（2）：178-180．

[5] 柳长安．创新高校人才培养模式实施高等教育强国战略[J]．北京教育（高教），2024（1）：5-6．

[6] 丁珺．跨学科教育视角下的高校会展专业应用型人才培养模式创新研究[J]．中国会展（中国会议），2023（24）：61-63．

[7] 孟维杰，吕晓峰，邵华．"五力"合育创新地方高校心理学专业（师范类）复合型人才培养模式：以鲁东大学教育科学学院为例[J]．阴山学刊，2023，36（06）：94-98．

[8] 宋飞，张静．基于"A+T·CDIO"理念的案例全流程创新人才培养模式研究：以高校职业教育环境艺术设计专业为例[J]．化纤与纺织技术，2023，52（12）：180-183．

[9] 郭敏，李肖雄．基于创新创业人才培养模式下高校艺术类专业实践性教学改革探索[J]．齐齐哈尔高等师范专科学校学报，2023（6）：106-108．

[10] 陈卓．一流本科教育视域下高校人才培养模式创新研究[J]．产业创新研究，2023（19）：184-186．

[11] 刘金刚，余心悦.保定学院艺术管理专业"课堂＋剧院"创新模式初探：以 OBE 教育理念为前提的高校艺术管理人才培养为例 [J].乐器，2023（10）：45-47.

[12] 刘东皇，林新波，刘凡.基于创新创业教育的地方应用型高校人才培养模式的优化与创新 [J].海峡科技与产业，2023，36（7）：52-55.

[13] 张婷，徐欢，丁和永.基于产研创融合的实践创新能力培养模式研究：以工程造价专业为例 [J].投资与合作，2023（6）：205-207.

[14] 王崇娟，陈晓忠，邱一峰，等.创客教育视阈下视觉传达创新人才培养模式探索简谈：以产品包装课程教学为例 [J].绿色包装，2023（6）：41-44.

[15] 徐立，贾楠，杨占君.校企深度融合视域下高校人才培养创新教育教学新生态探析 [J].现代企业文化，2023（17）：137-140.

[16] 禹兴海，史彩虹，金淑萍，等."专创融合"开放创新实验课程体系的建构实践：以功能高分子材料创意产品设计制备为例 [J].创新创业理论研究与实践，2023，6（10）：6-10.

[17] 李学先，魏晓.基于高校创新型人才培养的环境化学课程教学模式改革 [J].创新创业理论研究与实践，2023，6（9）：118-120.

[18] 王玉荣.基于创新人才培养的高校信息素养教育模式 [J].山西财经大学学报，2023，45（S1）：262-264.

[19] 马星，王赫莹."互联网＋"背景下高校创新创业教育人才培养模式实践研究：评《大学生创新创业教育——基于互"联网＋"视角》[J].科技管理研究，2023，43（8）：255.

[20] 高健磊.新时期高校管理与发展路径探索 [M].北京：中国政法大学出版社，2021（9）：236.

[21] 谢同祥，罗冬梅.现代教育技术 [M].南京：南京大学出版社，2020（1）：292.

[22] 吴振顺，余博，熊健，等.基于"卓越计划"的管理类专业人才培养模式改革研究 [M].成都：四川大学出版社：2018.

[23] 胡平凡，饶玲.高等教育学 [M].南昌：江西高校出版社：2018.

[24] 谷晓瑞.高校综合改革背景下的创新型人才培养模式研究 [D].青岛：青岛大学，2017.

[25] 杨莹. 构建长春市高校体育教育专业创新创业人才培养模式的研究 [D]. 长春：吉林体育学院，2017.

[26] 屈茂辉. 高水平大学卓越法律人才培养研究 [M]. 北京：世界图书出版公司：2017.

[27] 顾翔. 媒介融合背景下我国地方高校新闻教育人才培养模式创新研究 [D]. 天津：天津师范大学，2015.

[28] 张潇. 山东省高校体育教育专业创新型人才培养模式的研究 [D]. 苏州：苏州大学，2013.

[29] 纪梅玲. 拔尖创新人才培养模式下高校思想政治教育创新研究 [D]. 成都：西南石油大学，2012.

[30] 鲁君. 高校审美理想教育与创新人才培养模式研究 [D]. 西安：西安电子科技大学，2010.